U0822760

新/闻/传/播/学/丛/书

——·第二辑·——

新闻:历史的初稿

致敬中国新闻教育100年

李煜 刘昶 艾红红/主编

中国传媒大学出版社
·北京·

序

一百周年新闻教育梦 六十五载广电传媒情

——写在中国新闻教育百年华诞之际

1918年10月14日，中国第一个系统讲授并集体研究新闻学的团体——北京大学新闻学研究会正式成立，标志着“中国报业教育的发端”。

百年巨变，沧海桑田。中国的新闻学从当初的“初设选修课”，到如今已成为与哲学、历史学、经济学、政治学、法学、社会学、民族学、人口学、宗教学、心理学等并列，对我国哲学社会科学具有支撑作用的一级学科。

回望百年，我国的新闻教育由弱趋强，走过了一条曲折前进的道路。民国时期，北京大学、燕京大学、复旦大学、上海圣约翰大学、暨南大学、厦门大学等多所高校，相继开设新闻系（报学系），以各种方式讲授新闻学的课程。延安时期，中国共产党的新闻教育事业在中国女子大学、延安大学、华中建设大学等学校里起步；同期在上海和武汉，中国共产党领导的新闻工作者组织致力于阐扬“以社会主义为根据的科学的新闻学之理论”。

中华人民共和国成立后，我国的新闻教育事业迎来了翻天覆地的变化。1949年，复旦大学新闻系重生；1952年，北京大学中文系开设编辑专业（后改为新闻专业）；1955年，中国人民大学开设新闻系；1959年，以培养广播电视人才为办学宗旨的北京广播学院正式创建。此后，包括北京、江苏、陕西、浙江、甘肃、广东、山东、安徽、吉林、天津等地的高校相继开办了新闻系（专业），中国社会主义新闻教育体系已然确立。“文革”十年期间，我国新闻教育事业受到重挫。

改革开放带动了我国新闻教育事业的恢复和发展，各地高校原先开设的新闻系（专业）相继恢复，冀、川、晋等地又有高校创建了新闻系或新闻专业。1978年，复旦大学、中国人民大学和北京广播学院在全国率先招收新闻学专业硕士研究生，拉开了我国新闻学硕士研究生教育的序幕。之后，新闻学博士研究生教育也正式启动。

2000年后，中国新闻教育进入了高速发展时期。截至2017年底，我国共有681所高校开设了1 244个新闻传播学本科专业，在校本科生约23万人，教师大约为7 000人，拥有新闻传播学一级博士学位授予点的高校已达16所。

从民国时期到中华人民共和国成立初期，我国的新闻教育一直以报学为核心，形式相对单一。但广播的巨大作用在战争时期和建设年代已经显现。1956年5月，刘少奇同志在听取中央广播事业局负责人汇报工作时，提出要“创办广播大学，培养自己的专门人才”。在此意见指导下，1959年9月，北京广播学院（广院）在1954年开办的中央广播事业局技术人员训练班和原北京广播专科学校的基础上正式创建。周新武兼任学院党委书记和院长；左荧被任命为党委副书记、副院长兼新闻系主任。学院创建之初开设了新闻系、无线电系和外语系。北京广播学院的建立，既为广播电视人才的培养奠定了基石，也使得我国的新闻教育体系更加完整。

北京广播学院成立后，一方面，领导层借助他们多年来在广播事业实践中积累的资源，从中央人民广播电台、中国国际广播电台等媒体邀请了一部分业务过硬、经验丰富的“老广播”前来任教（如邀请原中央广播事业局业务研究室副主任康荫担任新闻系副主任、原中央人民广播电台农业组组长苑子熙担任广播业务教研室主任、原中央人民广播电台著名记者高而公担任采访教研组组长等）；另一方面，从北京大学、中国人民大学、复旦大学等名校选拔了一批优秀毕业生充实广院师资，形成了以老带新、理论实践并重的教学团队，人数近百。教师们很快开设了“广播业务常识”“新闻广播史”“中国广播史”“新闻写作”“广播业务”等特色课程，并编写出《中国新闻广播文集》《马克思恩格斯列宁斯大林论报刊·列宁论广播》《毛主席论报刊宣传工作》《采访写作》《新闻广播史》《广播概论》《编辑评论》《录音报道》等一批专业教材和教学参考资料。

20世纪60年代初，我国高等教育方针大调整，全国多地高校新闻系（专业）相继停办，但北京广播学院依然坚持办学，并与中国人民大学新闻系、复旦大学新闻系一起成为当时中国最重要的三大新闻教育机构。

“文革”期间北京广播学院因受影响而暂停办学，师生被下放到河北农村和中央广播局河南淮阳“五七干校”劳动学习。1973年，在周恩来总理的关怀下，北京广播学院着手重建，并于翌年招收了编采专业、播音专业、电视摄影专业3个专业的工农兵学员。

“文革”结束后，北京广播学院恢复正常招生，并于1980年开展硕士研究生教育。此时，学院自己培养的第二代师资已与第一代创院师资一起，担当起中国广播电视教育的重任。

随即，广播电视新闻科研领域传来捷报：1980年夏，参与重新考订人民广播创建日期的教师发表学术论文，确认了延安新华广播电台的筹建历史可追溯到1940年春，首播时间为1940年12月30日。这一考证对我国广播电视事业具有重大意义，很快得到了党和政府的正式确认。

与此同时，广电新闻教材建设也取得突破性成就。新闻系广播史教研室在1981年重建后的短短几年中，就编写并出版了《中国广播史料选辑》《旧中国的上海广播事业》《中国现代广播简史》等教学用书。其中，《中国现代广播简史》作为第一部全面系统概述1923—1949年我国广播事业发展历程的学术著作，填补了广播史研究的空白。此后，北京广播学院又相继编纂了《中国广播电视年鉴》和《广播电视简明辞典》等工具书，为新闻学专业的师生、媒体工作者和新闻研究者提供了宝贵的资料。

20世纪90年代，在恢复高考后入学的毕业生以及从其他工作领域转向广播学院从事新闻教学工作的第三代新闻师资融入教学梯队，为北京广播学院的发展夯实了基础。1990年，“中国广播电视通史”获批国家社科基金项目，成为广电系统第一个国家社科基金项目。此后，学院教师集体编写的我国第一部《中外广播电视百科全书》问世，并获得广播电影电视部高校科研成果一等奖。2004年，北京广播学院更名为中国传媒大学，拥有了中国新闻传播学教育领域的首位教育部“长江学者”特聘教授。

建校至今，中国传媒大学已经培养了包括中央人民广播电台台长、中国中央电视台台长和中国国际广播电台台长等在内的一大批杰出新闻人才。如今，中国广播电视学科已自成体系，广播电视学成为从属于新闻传播学的二级学科，并在全国开设了234个本科专业点。而作为我国广播电视人才的摇篮，中国传媒大学已发展成为拥有包括新闻传播学在内的两个国家“双一流”建设学科的高校。

回顾中国新闻教育百年沧桑，我们感怀新闻教育界的前辈们，他们的开创精神和作出的贡献将永远激励着在新闻教育事业发展道路上不忘初心、牢记使命、砥砺前行的后来者。

为了向中国新闻教育及其践行者们致敬，我们选编了中国传媒大学新闻学院青年学子的论文集，入选的习作均来自李煜教授和艾红红教授的新闻史课堂，它们在一定程度上反映了年轻一代的历史观，记录了师生们教学相长的成果。

是为序。

编者

2020年8月于北京

目录

新闻：晚清时政与经济

"西风东渐"中的文化与观念的维新

现代化中的社会风云

—— 民族之痛："阿芙蓉"的"罪"与"罚"

—— 晚清新媒体 新文人 新技术

新闻：晚清时政与经济

《申报》版面上戊戌变法的时代风云

霍麒如

我出生于1998年8月13日，一百年前，即1898年8月13日，正值百日维新中后期，不难想象，当天的《申报》或多或少会与维新有一定联系，就让我们翻开这一天的报纸，一览戊戌变法的时代风云。

在这份《申报》中，头两版的前四篇文章为：《论改试策论后士人家塾诵习课程》《本馆接奉电音》《戊戌科拔贡复试等第单》《接录奏设陕西武备学堂章程》。

或许是巧合，这四篇文章均与科举考试、人才培养密切相关。接下来笔者将以科举改革为切入点，分析这几篇文章，看看能否从中读出戊戌变法中科举改革的发展态势，概览百日维新的时代风云。

我们先来看一下头版的第2篇文章《本馆接奉电音》，探究科举考试改革的政治紧迫性和时代意义。

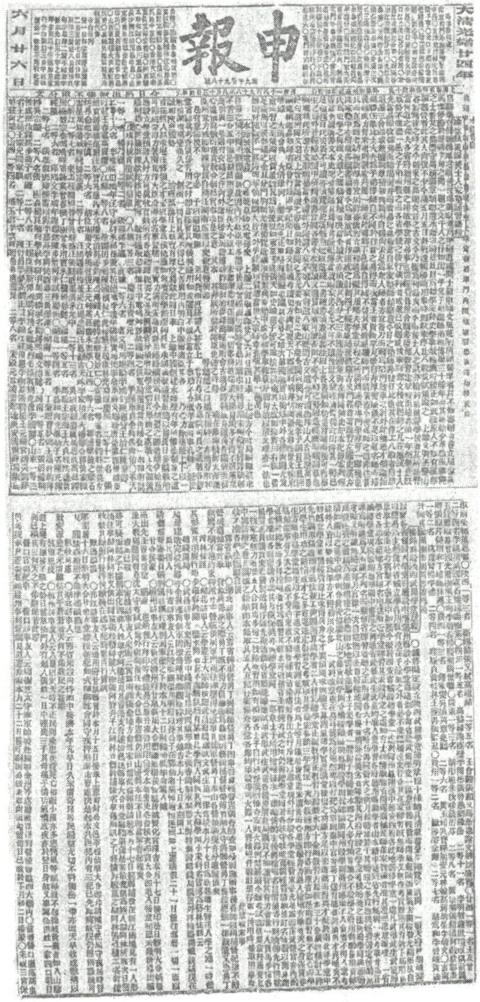

图1　1898年8月13日《申报》第1、2版

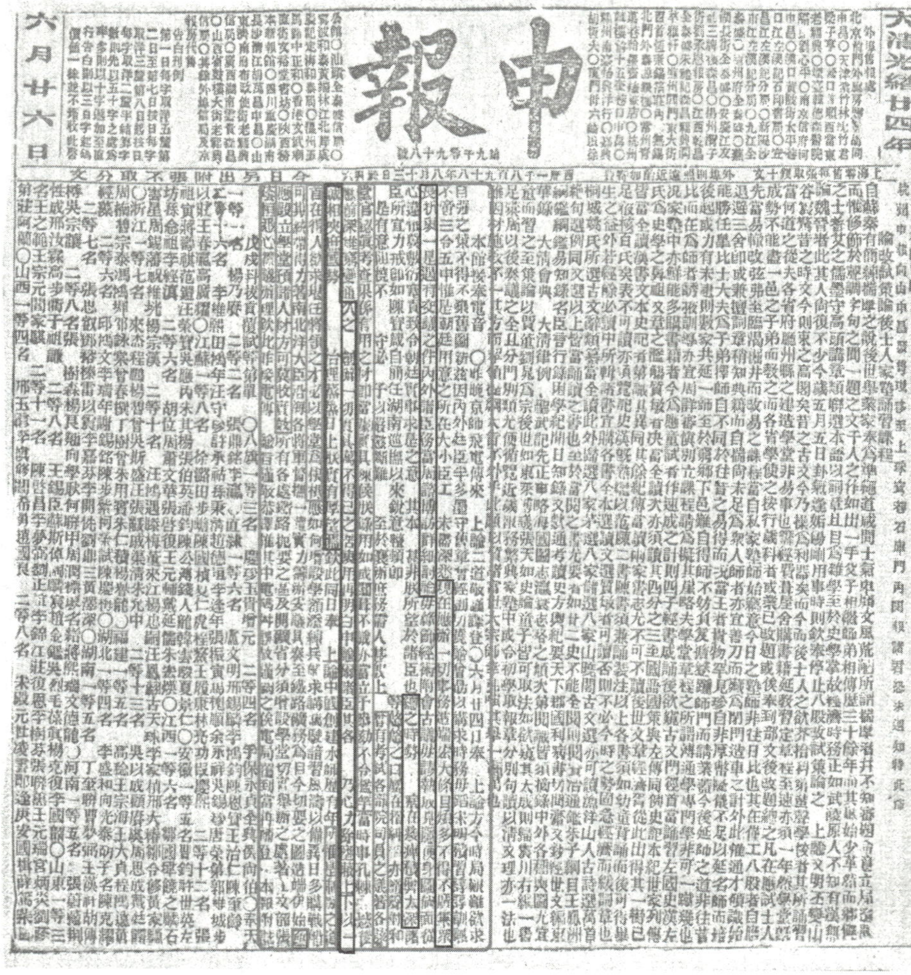
大清光緒廿四年
申報
六月廿六日

图 2　1898 年 8 月 13 日《中报》第 1 版第 2 篇文章《本馆接奉电音》

这篇文章中“接奉”的“电音”，是两封光绪皇帝的诏书。第 1 封诏书大体可以概括为以下三点：

第一，劝勉大臣们提高变法的积极性，不要嫌项目繁杂；

第二，鼓励相关部门选贤举能，攘除滥竽充数的官吏；

第三，表达自己对于国势好转的期望。

再来细读品味诏书的语气，光绪帝在第一句话就直指变法的必要性：“方今时局艰难，欲求自强之，不得不弃旧图新。”可见光绪帝认为，变法起到的是缓解时局艰难的重要作用。但是，当时许多墨守成规的大臣对变法的态度并不是很积极，光绪帝明确提出了“遇有交议之件，内外诸臣务当周咨博访，详细讨论”的要求。从“实具万不得已之苦衷”一句可以看出，变法也是光绪帝无奈的选择，他已经发现社会“病在痿痹，积弊太深”，存在太多的问题。因此光绪帝此时求贤若渴，在诏书中写下“果系有用之才，即当据实具陈，候朕录用”，厚望于“其各乃心，力除壅蔽，上下以一诚相感，庶国势以定，而治理蒸蒸日上”，以期能构建一个政治清明、人尽其才的政府。

而在第2封诏书中，他又提出设立水师学堂，在铁路矿务发达地区开设相关专业的学校，以培养专业性人才的想法。这样的想法在当时是很先进、开明的。

总体来看，光绪帝面对国家风雨飘摇的现状既焦急又担忧，他知道变法的诸项事宜“造端宏大，条目繁多”，但他还是抱有极大的政治热情，对自己的臣民也充满希望，渴望通过广招人才来拯救国家。

光绪帝如此恳切，那地方上对于皇帝的期望又是怎样反馈的呢？从接下来的《接录奏设陕西武备学堂章程》一文中我们或许可以找到答案。

所谓“武备学堂”，是清末培养军队初中级训练及指挥人员的陆军学校。光绪十一年（1885年），直隶总督李鸿章首设天津武备学堂，仿照德国陆军学校办法，学生学习枪炮射击，建造台垒，操习马队、步队、炮队、行军布阵、分合攻守诸式。光绪二十四年（1898年），清政府改革武科，准令各省仿照设立武备学堂。①

而本文所说的陕西武备学堂在这个时候还只是拟定好了章程，处于筹备阶段，是在次年（1899年）正月正式成立的。也就是说，戊戌变法失败后，陕西武备学堂的筹备并未因变法终止而夭折，不过通过这个章程还是能看出当时筹备现代军校的艰难。

当天的报纸只节选了该章程的前四段，大致内容如下：

第一，学堂的地理位置安排（总校和分校所在地区）；

第二，学生的选拔和分班（正课、附课、又附课）；

第三，教师设置——精通西洋战法兼工具舆图测算诸学者两人，学生考

① 哈恩忠. 光绪朝各省设立武备学堂档案（上）[J]. 历史档案，2013（2）.

核标准和奖惩——推崇文武双全，且掌握先进技术者；

第四，教学中所用枪炮的配置及相关规定。

从框架来看，这篇章程中所交代的事项都与普通新建学堂的章程无异，但深读其具体字句，我们发现，文字背后暗含的无奈似乎比内容本身更值得玩味。

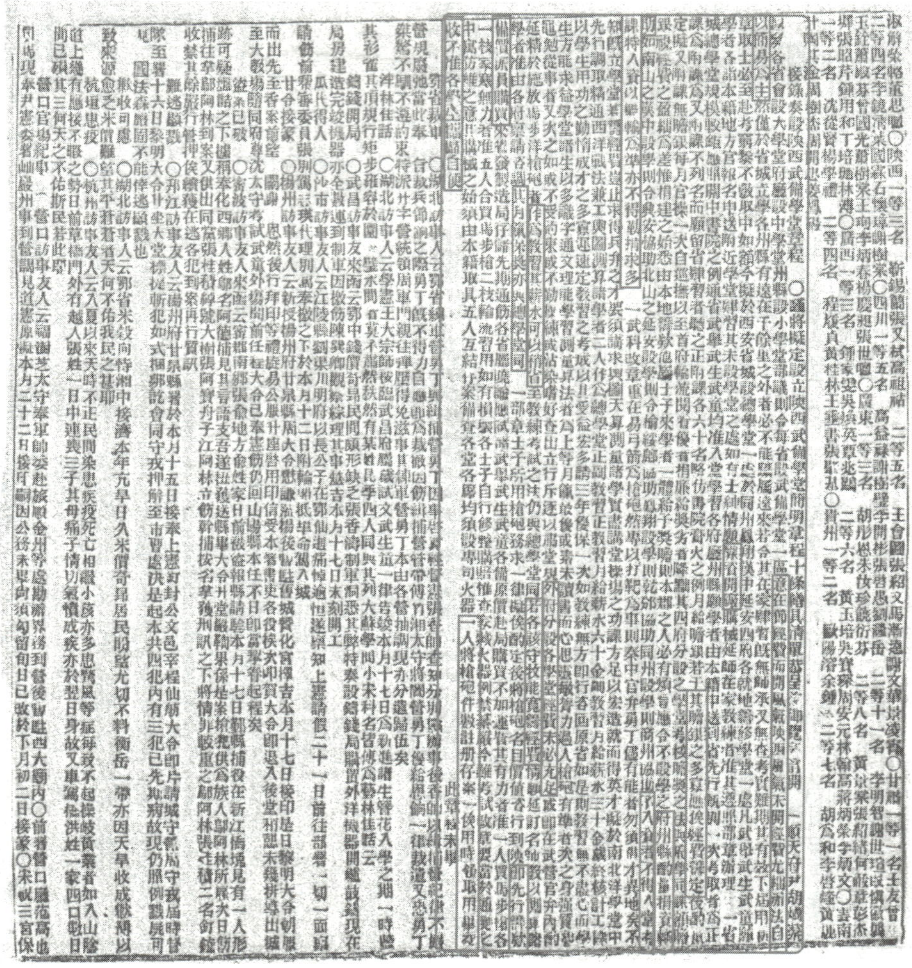

图 3　1898 年 8 月 13 日《申报》第 2 版第 1 篇文章《接录奏设陕西武备学堂章程》

在四段章程里，没有一段不提到经费、物资等字句，而且每一段提到的次数都不少。文中体现出的，显然是地方政府经费捉襟见肘，根本不够开办学堂、但又不得不办的窘境，于是也就有了文中的“办法自以简易为主”“其赡银之多寡，应俟经费筹定后酌定”等语句。看着其中惨淡的词句，我们不难想象，在“赔款割地”的背景下，地方政府还要承办武备学堂，是背负了何等沉重的压力。

此时的清政府真的有经济能力开办学堂吗？

资料显示，戊戌变法之后“新政”时期清政府面临的局面是这样的：

> 在经过多次对外战争的失败后，特别是甲午中日战争和八国联军侵华战争后，巨额的战争赔款，使清政府的中央财政已经到了崩溃的边缘。所以清末官方的教育经费投入基本上都是靠地方政府来筹措。官方向学堂拨付的官款在学堂经费来源中占有相当的比例，但这些经费数额其实是十分有限的。①

1898 年，《辛丑条约》还未签订，我们可以推测戊戌变法时期的财政状况应该会稍好于上文的描述，但也可以从中看出当时清政府有心无力的困境。而对于武备学堂，种种参考文献表明：

> 武备学堂发展的主要困难是资金拮据。很多地方本身财政困难，又没有充足、固定的转款来源，因此武备学堂的发展是十分艰难的。②

因此，虽然我们可以从建学堂这一举措中看到当时清政府改革的决心，但在当时的社会条件下，这些举措确实又显得有些书生意气，不够实事求是。

兴建学堂，储备人才，我们已经看到了戊戌变法顶层设计的宏大愿景与艰辛的现实条件的巨大反差。接下来再去看本期《申报》的头版评论，就容易理解《申报》主笔的良苦用心了，为旧有的家塾开具新书单也许才是更务实的“补位”方式，高高在上的治国者是否能体会到呢？

---

① 周磊. 清末学堂经费研究［D］. 天津：天津师范大学，2007：6.

② 宋云. 浅析清末绥远武备学堂及其影响［J］. 语文学刊，2016（5）.

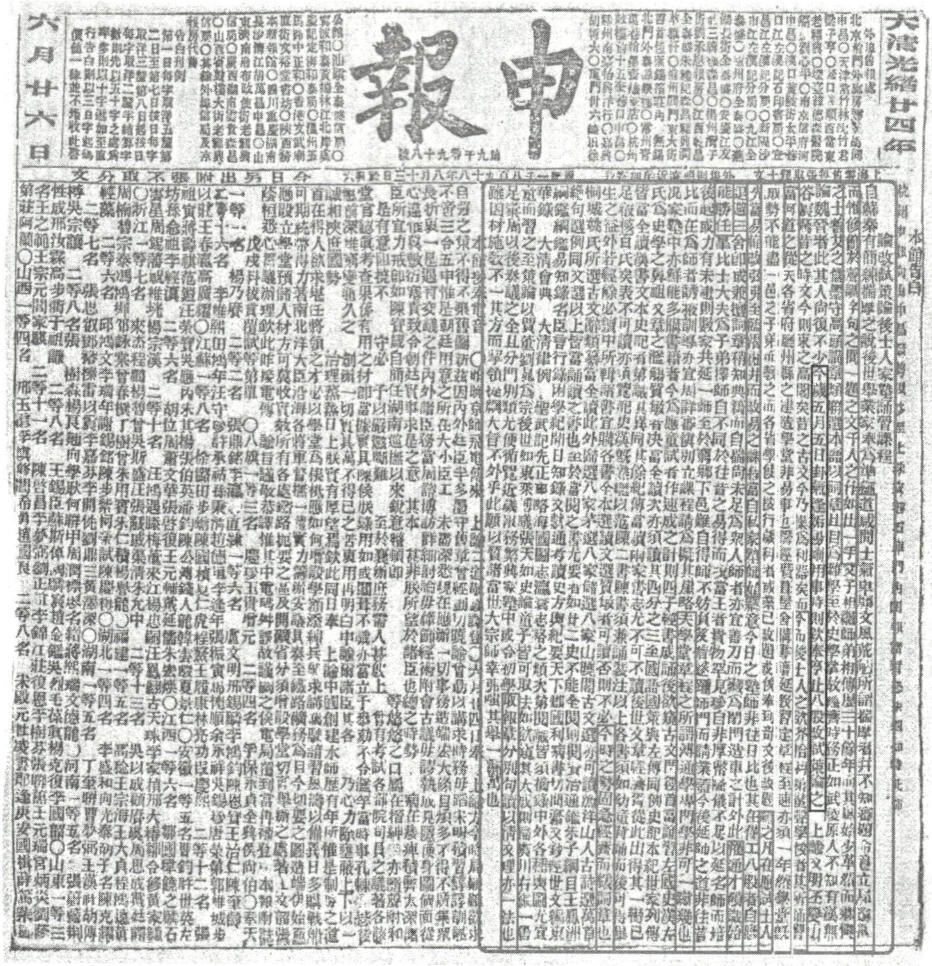
申報
大清光緒廿四年
六月廿六日
論改試策論後士人家塾誦習課程

图 4　1898 年 8 月 13 日《申报》第 1 版《论改试策论后士人家塾诵习课程》

这篇文章开篇说的是：在八股文的荼毒下，现在士子行文已经不懂“揣摩”，只是一些修饰性的辞藻，没有任何实质内容。特别要注意一下，这时的“经济”是指“经国济世”，和我们现在所说的“经济”不同。

第二段所说的“今岁五月五日”也就是 1898 年 6 月 23 日，这一天发生了一件载入史册的大事件，也就是文中说的“钦奉停止八股改试策论”。可是我们回看整段，并没有发现作者对这一改革的具体评价，而只是发出了这样的疑问：“而今而后士人之欲芥拾科第蜚声学校者，其所诵习当何道之从？”

在接下来的论述里，作者提到在各地开设学堂，一是执行起来十分繁琐；二是并不能辐射到所有的地域；三是所教授的内容，也并不能保证一定能跟上科举考试变化的步伐。所以，在这一段末，作者给出的结论是：想要求学最好的方式还是家塾。

在第三段，作者对合格的塾师也提出了很高的要求。他认为以前那些仅懂八股的老师并不算是合格的老师，而作者给出的标准是“惟通才硕学始能胜任”。后半段的意思是，符合这样高标准的老师已经很少，学子们一旦找到这样的老师，一定要积极地向他请教。

最后一段，作者开头便说“夫《学堂章程》之所谓普通学专门学，非可一蹴几也”。他认为，想要学到东西并不像学堂章程所说可以一蹴而就，而是需要大量地读书。于是，作者为读者们列出了一串长长的“书单”，内容丰富，涵盖广泛，既涉及传统的历史、地理、文学，又涉及现代的法律、政治。最后作者甚至提到孩子们可以多看看报纸，“分别句读，以清文理”，锻炼自己对文章的理解力。从这里我们也可感受到，现代报纸在文人阶层已成为策论考试新学知识的一种知识来源。

在本篇评论中，文章的主旨并不是直接评说废八股改策论的是非曲直，而是相当务实地揭示出科举改革后，民间需要做出哪些相应的改变。学校如何办，教师哪里找，课本如何编……只有顺利解决这些问题，科举改革才算是真正迈出了关键性的一步，否则再好的顶层设计，最终也只会流于空洞的纸上谈兵。

作为商业报纸，《申报》在戊戌变法的浪潮中看似中立、保守，甚至略显迂腐，但是这样的言论何尝不是一种高歌猛进中不随波逐流的冷静和坚守？千年科举列车，紧急刹车，旁观者、后来者当然可看作是一道历史风景，可车上的人呢？制度惯性是会让人赔上身家性命的，有谁知道吗？

本期《申报》头两版中，除了以上三篇文章，还在第 2 版上刊印了《戊戌科拔贡复试等第单》，在第 4 版的广告和通知中，有一半都是关于书院、学堂的内容。

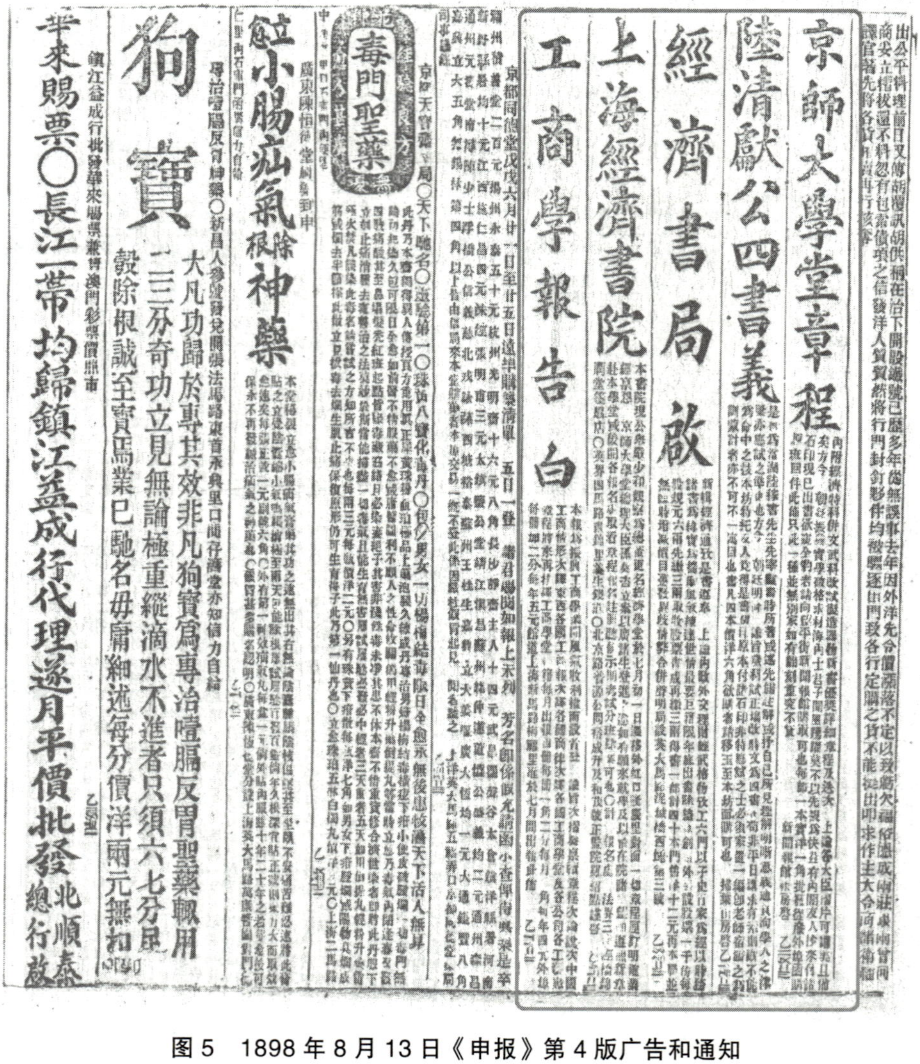
京師大學堂章程

陸清獻公四書義

經濟書局啟

上海經濟書院

工商學報告白

毒門聖藥

小腸疝氣除根神藥

狗寶

大凡功歸於專其效非凡狗寶爲專治噎膈反胃聖藥輒用二三分奇功立見無論極重縱滴水不進者只須六七分且能除根誠至寶焉業已馳名毋庸細述每分價洋兩元無扣

來賜票○長江一帶均歸鎮江益成行代理逐月平價批發 北順泰總行啟

图 5　1898 年 8 月 13 日《申报》第 4 版广告和通知

在社会转型和汹涌的时代变革中，培养人才永远是一个国家的基本议题。在《申报》的版面安排上，我们看到广纳人才是戊戌变法的主旋律，也看到《申报》采用各种专业手段在大力宣传、报道这个议题。但更多的是，在这些文字与版面背后，也许是曾经参加过科举考试的《申报》主笔们太多的人生感悟，以及作为现代报刊传播者刚刚萌生的职业自觉。

参考文献：

1. 谢丰. 从书院到学堂的三重变化［J］. 湖南大学学报（社会科学版），2011，25（6）.

2. 哈恩忠. 光绪朝各省设立武备学堂档案（上）［J］. 历史档案，2013（2）.

3. 哈恩忠. 光绪朝各省设立武备学堂档案（下）［J］. 历史档案，2013（3）.

4. 马勇. 从废八股到改科举：以1898年的争论为中心［J］. 商丘师范学院学报，2005，21（1）.

5. 张智辉. 戊戌变法时期的教育改革［J］. 丽水师专学报，1984（3）.

作者为2016级新闻学专业本科生（数据新闻报道方向）

指导老师：李煜

从《申报》看“三门湾事件”

黄钟洋

我出生于1999年8月14日，我出生那日的一百年前是1899年8月14日，即清光绪廿五年七月初九。

这一天的《申报》是第9458号，共有14版。

引起我兴趣的部分是位于头版的一则快讯。

原文如下：

> 香港循环日报云，六月二十七日伦敦来电，言日来意大利国新派战舰二号，鼓浪至华，因意国派驻东方舰队中有二舰已届瓜期，是以派此庖代，并非增添舰数欲与中国为难也。

这则快讯单独看来不免有些不知所云，不过最后的“并非增添舰数欲与中国为难也”显然是有所指的。在《申报》数据库中检索后，我便发现，这一年《申报》关于意大利的报道，几乎都是围绕“三门湾事件”这个主题，这则快讯也是《申报》紧跟事态发展，进行持续报道的一个例证。

从《申报》看“三门湾事件”，最早的一篇报道是1899年3月9日的《意人占地》（《申报》第1版），简述了意大利欲租借三门湾的事实：

> 华历本月二十六日（即公历3月7日），伦敦来电云，英国某日报馆派赴意大利国访事人，述及意国官场接得电音，悉刻下已调水师至中国浙江宁波府属之三门口登岸矣。

随后，3月12日的《申报》刊出《追记意人占地缘始》，指出意大利索地的目的是“以为屯煤之所”，意大利还要求清政府承认其在浙江全省的特权，租借三门湾的相关事宜则依照旅顺大连湾的租借情况办理。在意大利驻华公使马蒂诺至总理衙门交涉无果后，意大利派兵舰三艘至三门湾地区示威。

3 月 17 日，《申报》刊登《意人索地》报宁波访事友人来函，谈及当地官员对意舰停泊的应对："舟山镇总兵余总戎会同宁波海关穆税务司前往履勘"，"勘毕即备文详覆"；翌日，又刊《详述意人占地缘由》提到意大利提出要求的借口是中国官商席庆云在与意商签订的京西铁路合同中违约，意驻华公使马蒂诺还威胁道："如不允许，即调兵舰自往攻取。"

清政府坚持不应允的态度有违当时中国的外交路线，这种态度是在意大利意料之外的，接下来的半年时间，双方僵持不下。其中曲折，或可从《申报》相关刊文的标题之中窥知一二。

表 1 《申报》"三门湾事件"相关刊文标题

序号	刊登时间（1899 年）	标题	版次
1	3 月 9 日	《意人占地》	1
2	3 月 12 日	《追记意人占地缘始》	1
3	3 月 17 日	《意人索地》	1
4	3 月 18 日	《详述意人占地缘由》	1
5	3 月 21 日	《答客问索地事》	1
6	3 月 21 日	《意国兵船计数》	1
7	3 月 23 日	《索地近闻》	1
8	3 月 26 日	《浙洋防务》	1
9	3 月 26 日	《意船志略》	1
10	3 月 27 日	《论意人占取三门湾事》	1
11	3 月 28 日	《意事已松》	1
12	3 月 29 日	《再论意人索取三门湾事》	1
13	3 月 31 日	《意国底情》	1/2
14	4 月 10 日	《意舰行踪》	1
15	4 月 18 日	《意事电音》	1

续表

序号	刊登时间（1899 年）	标题	版次
16	4 月 23 日	《意添兵舰》	1
17	4 月 30 日	《意兵已撤》	1
18	5 月 13 日	《意事近闻》	1
19	5 月 14 日	《意人深意》	1
20	5 月 17 日	《意相休官》	1
21	5 月 18 日	《意相宣言》	1/2
22	5 月 22 日	《意船过港》	1
23	5 月 27 日	《移营赴防》	1
24	5 月 29 日	《纪英员议意事》	1
25	5 月 29 日	《意舰被阻》	3
26	5 月 30 日	《意事要闻》	1
27	6 月 2 日	《意国裁官》	1
28	6 月 4 日	《意国师船表》	1
29	6 月 11 日	《意国内讧》	1
30	6 月 24 日	《论意人请由三门湾筑铁路至杭州》	1
31	7 月 3 日	《意舰调回》	1
32	7 月 6 日	《意国近事》	1
33	7 月 9 日	《拒意篇》	1
34	7 月 14 日	《记意大利议院宣示索地缘始》	1/2
35	7 月 16 日	《意使入觐》	1
36	7 月 18 日	《意舰赴华》	1
37	7 月 19 日	《意乱稍平》	2
38	8 月 14 日	《意舰来由》	1
39	8 月 20 日	《意舰计数》	1/2

续表

序号	刊登时间（1899年）	标题	版次
40	8月30日	《意事近闻》	1
41	9月5日	《暂停索地》	1
42	9月9日	《论意人要索事》	1

上列新闻报道和评论中近九成刊于《申报》头版，可见三门湾事件影响之大。

在19世纪末列强瓜分中国的狂潮中，清政府自始至终都没有答应意大利的要求，面对武力威慑，采取的措施是加强防务、做好应战准备。1899年9月5日的《申报》中《暂停索地》这篇报道提及“议政大臣尾纳可脱侯爵亦欲将三门湾作为罢论”，至此，前前后后折腾近一年，清政府最终通过外交手段取得了胜利，迫使意政府租借三门湾的企图草草收场、不了了之。

我查阅了一些研究文献后发现，清政府以强硬的态度应对三门湾事件，绝非偶然，究其原因，有如下几点：

其一，国内舆论的压力。

显然，这一事件在国内引起了轰动。3月13日，《申报》刊登《开通民智说》一文，提到“恨中国见侮于外人之甚”，3月14日，刊登《练兵御侮论》一文，谈道：“中国几如砧上之肉，人人得而取之”，“为今之计，亟宜修明武备”。这两篇政治评论，都在《申报》头版占了大块版面，这也从侧面反映出当时国内舆论对这一事件的关注。当时流亡日本的康有为闻讯后赋诗《闻意索三门湾以兵轮三艘迫浙江有感》：“凄凉白马市中箫，梦入西湖数六桥；绝好江山谁看取？涛声怒断浙江潮。”[①] 以伍子胥吴市吹箫乞食以及乘潮来看吴国灭亡之典警告清政府。负责海防的官员也上书主张备战，朝野一致的舆论态度，无疑促使清政府下决心与意大利抗争到底。

① 陈永正. 康有为诗文选[M]. 广州：广东人民出版社，1983：180.

其二，清政府认清了意大利的实力，有必胜信心。

1899年3月31日，《申报》刊登《意国底情》一文，转发了日本大阪《朝日报》的消息，详细介绍了意大利的地理位置、政治制度、土地面积、人口数量、贸易情况、财政收入及各类船舰计数。指出意大利“外具虎豹之鞹，内实贪若豺狼，而其武备之废弛，财用之困穷，素所脍炙于人口”。面对这样一个实力相对软弱的次等列强的讹诈，清政府当然不会轻易答应。更何况，1896年清政府从英、德两国共订购了五艘巡洋舰，随后重建北洋水师，从纸面数据来看，确可与意大利一战。据《申报》1899年1月15日的《闽省官场纪事》一文报道，1898年底，三艘巡洋舰到华后竟无人驾驶，各舰管带不得不急赴福建招募水手，临时拼凑的船员操船技术差，身体素质也令人担忧，《申报》1900年1月26日的《病毙可怜》一文即提到有水兵在街头行走时倒地暴毙。

其三，外交上态度始终强硬，防止列强群起效尤。

1899年5月25日《申报》的《论葡人觊觎》一文中提道：“今见中国孱弱不振，英法俄德日本诸国皆据其岩疆而有之，意大利更索取三门湾，西班牙亦借端请割地通商，葡人遂欲得地以广澳门租界。”面对群雄环伺，取得三门湾事件的胜利也就有了更多的意义，借此若能产生示范效应，逼退西葡等国，自是再好不过，再不济，至少可以防止列强群起瓜分的局面出现。1899年3月23日《申报》的《索地近闻》一文提道：“中朝诸大臣亦佥恐意国既如愿以偿，他国必借口于利益均沾，继赴以谋割据也。”在这样的背景下，清政府在“三门湾事件”中的强硬态度颇有几分以儆效尤的意思。

三门湾事件取得胜利，清政府强硬的态度可谓是最主要的原因。客观来看，不可忽略的因素还有意大利的国内危机，以及各大列强的插手掣肘。

事实上，意大利国内的工业危机与农业危机交织，使阶级矛盾趋于尖锐，促使意政府走上了殖民掠夺的道路。1898年春，意大利爆发革命，统治阶级急欲通过殖民扩张转嫁危机。[①]在这样的背景下，企图侵占三门湾的意大利，甚至根本没有做开战的准备，妄想仅凭武力威慑就让清政府屈服，不料清政府在这一事件中坚持强硬的态度，甚至积极备战。

① 倪侃.“三门湾事件”述论[J].浙江社会科学，2001(3).

1899年7月6日《申报》（第1版）刊载《意国近事》一文，说明了意大利的国内形势：

> 日本时事新闻云，意大利国北部之民，久欲扩张土货销路于亚东，故一闻政府有要索三门湾之举，人人踊跃，力赞其成。既而知要索宗旨不在商务而在殖民，民心遂为之大变，一时讴歌忽歇，谤议沸腾。其最足令政府受惊者，为米兰市民人。初政府之将有为于中国也，先告之市中，素封家佥曰：是美举也，吾党敢不竭全力以助之？讵料今者反谣诼丛兴，责政府之轻举妄动。其称扬政府者，祇有南部之民。盖南部俗尚奢华，轻佚好事；且一有兵船出口，商人为之备办军装火食，即可广浚利源。以故趾高气扬，依然欲政府向中国力持前说。若夫议院中望政府之为此者，未尝无人，然并无领袖之人，徒使攻击党任情鸱张。盖攻击党之意见，虽不悦政府之索取三门湾，其实则专在倾覆政府也。

可以看出，对于三门湾事件，意大利南北方民众意见有分歧，议院又倾向于反对侵占三门湾。此后反对党借此大做文章，乘机倒阁。新政府上台后，仍欲侵占三门湾，却不愿为之付出过大的代价。

此外，各大列强在此事件中也态度各异，对事件结果产生重要影响：

英国暗中支持，但不主张用兵强索——1899年4月30日刊于《申报》的《意员私议》一文提道："未索三门湾以前，先与英日两国商议妥洽：如意国不用兵力强索，则英日可相助为理。旋即知照友邦，皆蒙允许矣。"5月5日刊于《申报》的《英员答问》一文中还提到英国驻华公使窦讷乐，他暗中支持意大利。英国默许意大利侵占三门湾甚至给意大利支持，无非是为了自身利益，意在假借意大利之手，与俄法日等国抗衡。

法国密切关注，唯恐英国得利——1899年3月23日刊于《申报》的《索地近闻》一文指出："法人先有所闻，将情形潜达。"可见法国对此十分关注，甚至提前预警清政府。其中心思，或是恐英国从中获利。

日本明确反对——声称根据中日协定，三门湾在不得割让给任何其他国家的地区的范围之内。①

俄国态度相对暧昧，没有站队——毕竟三门湾距其控制的利益范围尚远。

其实列强的态度，无非是基于自身利益最大化。从这一角度看，三门湾事件在一定程度上是列强的角力场。意大利忌惮列强过多干预，不敢真正出兵；英法日则伺机谋利，扩大自己的势力范围。清政府周旋其中，列强纵有瓜分之势，终是互相掣肘。

三门湾事件是清政府面对列强侵略取得的少有胜利，未用武力而是通过外交斡旋抵抗殖民者侵略，值得称赞。此后清政府一度决心整治海防，欲将强硬的外交路线走到底，但还是被列强打回原形，招致1900年几乎被瓜分的辛丑之灾，自是后话。

在今天看来，《申报》积极跟进报道，持续追踪，及时将事件进展告知民众，在闭塞的王朝社会末期扮演了信息传播、舆论监督的角色。一方面，《申报》以《开通民智说》《练兵御侮论》之类的政治评论引导舆论，鼓舞民心，支持清政府就这一事件在外交上的强硬立场。另一方面，通过转载国内外各类报纸的消息，刊出"是全国底情竟被和盘托出矣"的《意国兵船计数》《意国底情》等文章，详尽分析意大利的情况，让朝野上下得以知晓双方实力与事件态势。同时还有动态性的报道，如《浙洋防务》等报道介绍海防态势，有《意舰行踪》等报道介绍意国兵舰动向，还有《纪英员议意事》等报道介绍各方态度的。《申报》的系列报道较为全面、立体地反映了19世纪末列强瓜分中国狂潮背景下的三门湾事件，如此有力的大众报纸的"在场"与"发声"，也让百年后的我们得以更好地了解、认识这段鲜为人知的历史。

参考文献：

1. 贾浩.《沿江沿海各省炮台图说》与叶祖珪的海防思想[J]. 中国国家博物馆馆刊，2016(8).
2. 刘圣宜. 早期中西交流中的华文报纸——以《循环日报》为例[J]. 华南师范大学学报（社会科学版），2003(4).

---

① 马士，宓亨利. 远东国际关系史[M]. 上海：上海书店出版社，1998：411.

3. 倪侃. “三门湾事件”述论［J］. 浙江社会科学，2001（3）.
4. 白佐良，马西尼. 意大利与中国［M］. 萧晓玲，白玉崑，译. 北京：商务印书馆，2002.
5. 黄明. 清军逼退意大利舰队原因探析［N］. 团结报，2014-07-24（7）.
6. 黄庆林. 戊戌、庚子年间的《申报》评论与晚清政治［J］. 乐山师范学院学报，2009（9）.

作者为2017级新闻学专业本科生（数据新闻报道方向）
指导老师：李煜

晚清列强环伺，《申报》怎么报？

葛皓珺

我阅读的是1898年1月26日（清光绪二十四年正月初五），总第8899号的《申报》。此时中国正处于甲午战争结束后，八国联军侵华之前。

報
申
大清光緒廿四年
正月初五日

图1　1998年1月26日《申报》第1版

本期《申报》第1版中，除头条外的其余篇幅都在讲国际问题，这些报道分别是：《电述俄事》《电述英事》《电述法事》《德员问答》《又禁华人》《侦探军情》。

我们可以看出，这天的头版新闻中同时涉及八国联军中一半的国家——俄、英、德、法。这引起了我的好奇，想看看一百年前的《申报》究竟是如何报道国际新闻的。

先来看第一则新闻《电述俄事》：

> 去腊本报曾记，英廷愿贷银与中国，惟须中国允开通商口岸三处云云。本月初三日，伦敦来电云，三口岸中大连湾亦在其内，俄人闻之声言，中国如允将大连湾作为通商口岸，我政府决不依从。又云俄京圣彼得罗堡官场以去冬每有英国兵船驶至旅顺口，因向英廷请问缘由，英廷闻之即檄令各兵船一律退去。

这则新闻是在报道英国要挟中国，要以开放三个通商口岸为代价，才会同意借款给中国。但是，英国指定的通商口岸包括大连，这就引起了俄国的不满，“俄政府决不依从”。

此事件的历史背景是这样的：甲午战争后为了偿还日本的巨额战争赔款，在三年多时间里，清政府先后向俄、法、英、德四国借了三次巨款：第一次是1895年7月，向俄、法借款共计4亿法郎；第二次是1896年3月，向英、德借款共计1 600万英镑；第三次是1898年3月，再次向英、德借款共计1 600万英镑。帝国主义列强对承揽借款的意义看得很清楚，他们认为这是在中国取得特权、获取经济利益的大好机会，俄国一家杂志写道：“中国的借款是欧洲渗入中华帝国内部、为欧洲工业和贸易开拓广阔天地的工具。”[①]

显然这则《电述俄事》表达的其实是俄国的不满，是对中国向英国借款，却以开放东北港口为条件的反对态度。这就使得中国夹在英俄两国之间，难有腾挪的余地。那么，中国能不向英国继续借款吗？

我们接着往下看《电述英事》：

① 潘君祥. 略谈我国近代史上的赔款［J］. 文史知识，1984（1）.

图2 《申报》刊登漫画《时局图》

本月初三日伦敦来电云，英国海军大臣宣言，目下本国水师已足与他国所增之军对垒，倘中朝贷银一事半途而废，则当执所立通商和约，与之理论是非。

这里所说的“中朝贷银”应该就是上文提到的1898年3月的“续英德借款”，在1898年1月26日这一天的报道中提到了两个月后的借款事件，电报中英方决绝的语气说明中国答应借款的必然性。

看到这里，我终于明白这几条国际新闻为何紧挨着放在头版位置了，这是对中国在列强纷争的夹缝中的危机情势的及时报道。

接下来再看《又禁华人》：

香港《循环日报》云，哥店么剌等处地方民主又立新例，禁止华人不得至哥店么剌及尼加剌架两处，中国出使大臣伍秩庸星使拟即为之声驳。惟中朝与哥店么剌向来未立和约，故此事颇觉棘手，然按哥尼两地归英美两国保护，是则星使或可向英美理论也，又闻所议禁约计共三款，中有一款，凡中国土著之人一概不得至尼地云。

香港《循环日报》是“中国新闻报纸之父”王韬于1874年2月4日创办的。作为一份具有改良思想的近代报刊，《循环日报》的办报宗旨是“强中以攘外，诹远以师长，变法以自强”，这就使得《循环日报》总能刊登最新的国际新闻，以警醒国人，求变法自强。而《申报》转载的这条国际新闻，确实与中国密切相关，即英美托管国禁止华人进入受其保护的地区。因为有晚清著名外交家伍廷芳出面与英美斡旋抗衡，这个事件应该说相当具有时效性和重要性。

为何标题是“又禁”？原来，1882年美国颁布了《排华法案》，此法案直到1943年才废止。这是美国政府制定的歧视华人移民、排斥华人劳工的一部法案。该法案规定10年内不准华人入境，对私运华工的船主处以500美元的罚款或1年以下监禁；其他中国人入境，须持有中国政府颁发的英文证书，入境后还须经美国海关人员稽查。此案通过后，美国法院一概不准中国人享有归化入籍的权利，“非法”入境的中国人将被全部驱逐出境。[②]

研究者在《美国〈排华法案〉的兴废与中美外交关系》一文中报道：“清政府的长期闭关自守及对海外移民的禁止与忽视是美国出台《排华法案》的基本成因，中美间实力对比与中国对美外交的弱势是美国毫无顾忌地歧视华人移民的重要原因，清政府对《排华法案》的软弱应对造成了美国《排华法案》没有付出相应的代价。”[③]

清政府的软弱导致帝国主义列强对中国的歧视，美国《排华法案》的实施显然对其他资本主义国家都是有影响的。这才是《申报》中《又禁华人》这篇报道真正的新闻背景。把这样的新闻放在头版显著位置，可见《申报》编辑的良苦用心。

从《电述俄事》到《电述英事》，再到《又禁华人》，这显然是从国际新闻的角度来体现中国国内深重的民族危机，而且文字冷静克制、简明扼要，在不加修饰的电报引语中，将晚清时期内政外交危机四伏的形势相当写实地呈现在读者面前，百年后的今天，读来仍然令我们扼腕叹息！

作者为2016级新闻学专业本科生（数据新闻报道方向）

指导老师：李煜

---

① 张玮. 公理对强权的抗争——晚清外交家伍廷芳出使美国［J］. 国际人才交流，2003（5）.

② 杨生茂，张友伦. 美国历史百科辞典［M］. 上海：上海辞书出版社，2004：374.

③ 黄智虎. 美国《排华法案》的兴废与中美外交关系［J］. 世界经济与政治论坛，2013（5）.

谁说《申报》不维新?

陈元恺

以今人之视角去评价历史人物之优劣，甚至以此论断，未免欠妥。一则有失对古今差异之思量，二则缺少对史料的考究。故此文将从1898年4月25日的《申报》入手，着力于史实，勾勒出被时人评为“昧于时势”的《申报》主笔黄协埙先生的“另类”面象。

我们且先了解历史背景。1898年，正值列强侵占土地，国之大厦将倾之际，中日签署《马关条约》、中德签署《中德胶澳租借条约》、中俄签署《旅大租地条约》。自洋务运动以来，对“物质器具”的改革并没有令以康有为、梁启超为首的维新派知识分子满足于现状。追随康梁的爱国者们，怀着拳拳之心，图变法以强国。故于此年，百日维新正式拉开了序幕。

而此前，为使维新思想普及至各个社会阶层，维新派大力办报。据不完全统计，在1896至1898年的三年中，国人新办中文报刊105家，而从1873年第一份中国人自办的现代报刊《昭文新报》创刊到1895年，这23年中，国人创办的中文报刊尚且不到20家。①

值得注意的是，在这105家报刊中，有70%以上或是维新派所办，或同维新派有密切关系。另外，维新派办报活动最为活跃的地区是上海和湖南。②

本期《申报》广告版面中出现了《时务报》与《湘学报》的广告，两报分别来自上海和湖南。前者由梁启超任总主笔，第一期便刊登了著名的《变法通议》，该报还发表了多篇主张“伸民权”“设议院”“行君主立宪”的文章，广受维新派人士欢迎，是维新派所办报纸中影响力最大的。后者由谭嗣同创

---

① 史和. 中国近代报刊名录[M]. 福州：福建人民出版社，1991：390-393.

② 丁淦林. 中国新闻事业史[M]. 北京：高等教育出版社，2007：60.

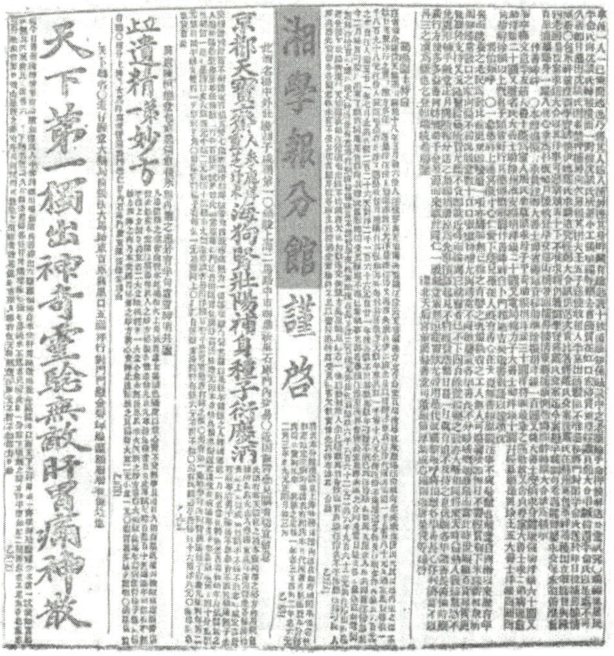
湘學報分館 謹啓
天下第一獨出神奇靈驗無敵肝胃痛神散
遺精一妙方

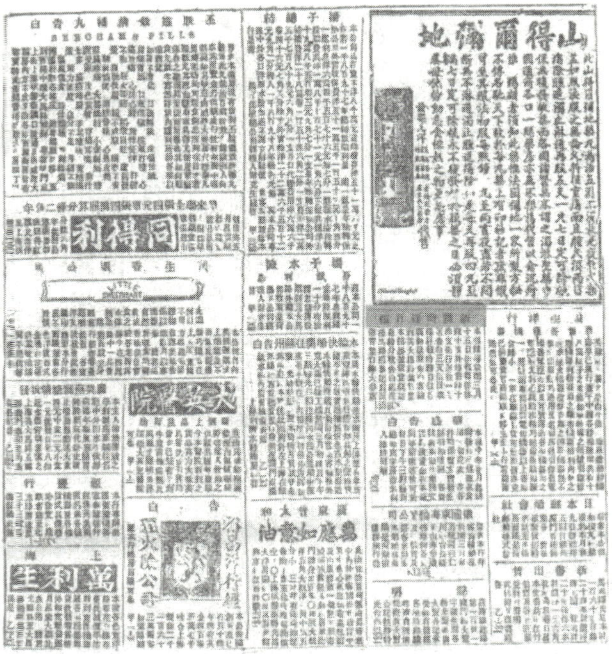
同得利

图 1　1898 年 4 月 25 日《申报》第 4、7 版

办于其家乡湖南，是三湘四水地区的第一家中文新式报刊，也是维新派在湖南的喉舌。①

在国内报界都大肆宣扬维新思想时，《申报》似乎显得有些形单影只。

本期《申报》刊登的国内新闻中，58% 为关于大众的新闻，31% 为关于政府的新闻，11% 为关于列强侵略的新闻（如下图所示）。从新闻类目来看，没有涉及主流的维新思想的新闻，反而出现科举试题一则。

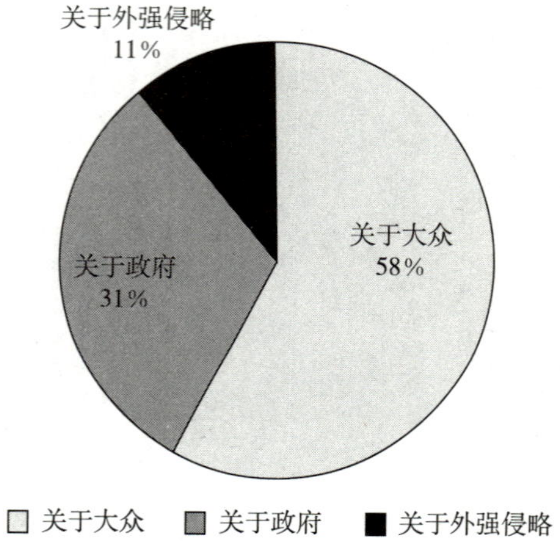

图 2　国内新闻分类

表 1　本期《申报》新闻类目

社论	国际新闻	国内新闻
交际说	吕宋备兵	割地新闻三则
	吕宋所闻	科举试题一则
	中俄述事	政府示谕三则
		官场记事四则
		火灾两则
		租借记事四则
		地方新闻九则

① 丁淦林. 中国新闻事业史［M］. 北京：高等教育出版社，2007：72，78.

然而，从新闻内容便推断《申报》不维新，这样推理也许略显武断。

《申报》创刊于1872年春天，由英国商人安纳斯脱·美查（Ernest Major）创办，馆址设在上海公共租界。《申报》作为以盈利为目的的商业报纸，从禁止议政的同治时期到可以议政的光绪时期，近30年间，把报纸受众扩大至有新闻需求的各个群体。这得益于其现代的新闻理念：

“凡国家之政治，风俗之变迁，中外交涉之要务，商贾贸易之利弊，与夫一切可敬可愕可喜之事，足以新人听闻者，靡不毕载。务求其真实无妄，使观者明白易晓，不为浮夸之辞，不述荒唐之语，庶几留心时务者，于此可以得其概；而出谋生理者，于此亦不至受其欺。”①

本期《申报》，兼具国际国内的新闻，既满足了知识分子及政府官员的新闻需求，也满足了部分普通百姓的日常消息需求。虽没有报道“维新”新闻，但也没有过分强调国难当头要“尊君爱国”。中规中矩，却也不失基本专业水准。

《申报》虽然是“外报”，但除了创办人，经理、编辑都是中国人，主笔更是在科举场上历经多年的传统文人。尽管当时“维新”浪潮席卷知识界，但出现诸多旧式文人彷徨疑惑、跟不上主流思潮的现象亦在情理之中，比如当时《申报》的总主笔黄协埙，他对时代的理解可能与康梁不同，而且他又受雇于人，职业行为自然不能与背靠“金主”的“维新志士”相较。但是如果径直就说黄协埙的思想落后、迟钝，那么何来《申报》上刊载的《时务报》和《湘学报》的广告呢？也许，在历史的岔路口，“黄协埙们”选择了另外一条“维新”之路。

本期《申报》头版社论是《交际说》，这也许正是《申报》及其总主笔黄协埙“维”现代“新”思想的佐证。

《交际说》的核心论点有二：

其一，外交使节“交际”之时需推心置腹，由此“交涉”之时才能友好商榷。

独仆则以为，必寻常交际之时，置腹推心，礼隆赠答，而后

① 本馆告白[N]．申报，1872-4-30(1)．

一遇交涉之事，始可和衷商榷，两得其宜。

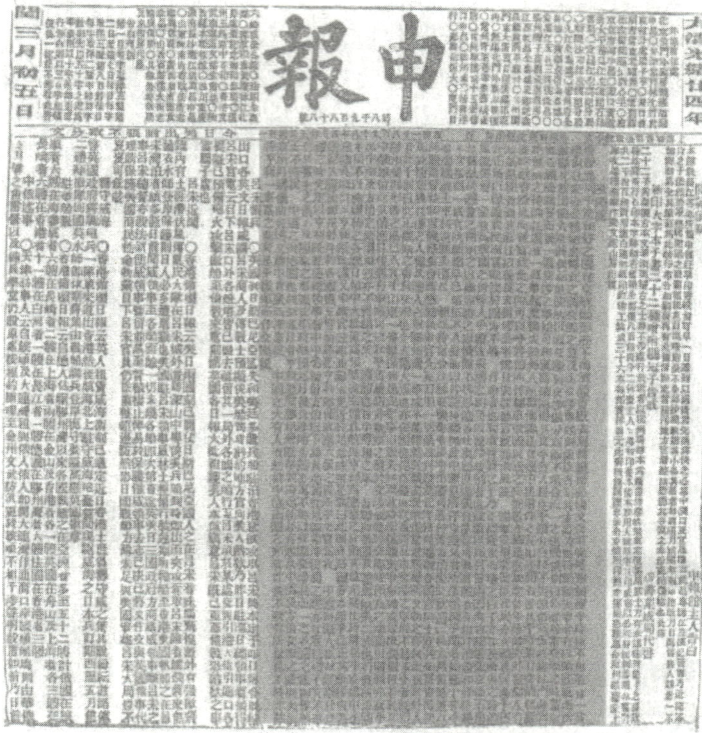
大清光緒廿四年

申報

閏三月初五日

图 3 1898 年 4 月 25 日《申报》第 1 版《交际说》

其二，交际归交际，交涉归交涉，两者绝不能混为一谈。

盖交际时，虽预为日后交涉地步，然亦万不能以交际、交涉混而一之。

另外，补充的是，当使节开始为国交涉，则绝不能为私情而退步。

及至交涉事起，则使臣各为其主，尽力坚持，断断与争，必有以张国威而折敌。

作者对国与国之间交情的看法如下：

> 今有人焉生平狷介，自持不与流俗为伍，终岁杜门谢客，绝无与之樽酒往还者，一旦事起萧墙，或被外人所欺侮，谁是肯从中排解、俾之瓦解冰消者，必其平时素有交情。伏腊岁时歎言泠比而后当危急之际，可以呼将伯，而作辅车，彼国与国之交情盖亦犹是也。

作者认为，国与国之间的交往，是从使节与使节的交往开始的。当使节之间拥有良好的交情后，国与国之间的交往才会更为顺畅。例如，李鸿章等人可以斡旋外交，这离不开他平时与外国使节的友好“交际”，在遇事“交涉”时，才能为积贫积弱的国家及百姓争取少受损失。

所以，在文章接下来的内容中，作者对当时外国使节来沪，清政府官员以礼相待表示肯定，认为：

> 况中丞及方伯之来沪，相迎亦不得谓之失，国体也。昔李傅相之奉旨聘问仪国及游历欧美二澥也，行旌所至国，主罔不以殊礼待之，各国日报中大抵传为佳话。

此篇社论适用性、实用性极强，并没有空洞地谈某些主义，而是以小见大地剖析外交的原则，即“礼尚往来，平等互惠”。所谓“弱国无外交”，正因如此，外交使节才需要具备高超的交际技巧和交涉手段，不断斡旋，为黎民、为国家争取应得的利益。

很多文献资料都说黄协埙是一个旧式文人，保守又固执。但阅读这期《申报》，分析这篇社论，我看到的却是他在商言商的职业本位，以及颇具现代视野的外交理念。我们是否过于追求维新变法的主流性，却忽略了对其多元时代背景的仔细考量？在版面上为“维新”报刊大做广告，其实也是一种双赢的策略。

作者为2016级新闻学专业本科生（数据新闻报道方向）

指导老师：李煜

从“唇齿之喜”看《申报》言论

江润楠

我出生于1999年5月27日，我出生那日的一百年前是1899年5月27日，即清光绪二十五年四月十八。这一天的《申报》共有16版，其中有8版附张。

我想分享的内容是第1版的一篇社论，题为《报纪不忘唇齿喜而论之》。

申報

图1　1899年5月27日《申报》第1版

原文如下：

中国至今日，势甚岌岌矣。德人占据胶州湾后，近又进据沂州不肯撤兵，其意若必欲得山东全省之地后已。俄则既有大连湾、旅顺，而又欲兴筑铁道，由满洲入山海关，以达京师。政府虽毅然拒之，而至今尚要求不已。意人则索取浙江之三门湾，至今尚未妥洽。时有兵船在江浙洋面游弋，说者谓意人虽索三门湾，因三门湾未必适用，故此势尚缓，然恐其另有索取之处，未必肯空入宝山，徒手而返。即欧洲蕞尔之葡萄牙亦有觊觎中国之意，前报纪葡京议政院聚议时，有政治院员机路氏语外部大臣曰："我国宜在东方筹得利益，或另辟属地，或将澳门租界扩充，俾免落人之后。"并云以香山全港并入澳门租界亦不甚难，倘英国能资臂助，不妨将亚非利加洲属地畀英以酬其谊。以此观之，中国现在几如砧上之肉，人人皆思染指。

中国虽地大物博，亦何堪经此侵削？说者谓各国之敢于欺凌中国者，皆因中国兵力单薄。若整顿军旅，誓与死战，则各国亦当退让。所谓困兽犹斗，况堂堂中国乎？然若与一国为难则御之尚易，今不啻四面受敌，无论兵力不足，即足亦难于分应。况御外侮与内乱不同，内乱都藉陆师，外侮必须海战。陆战虽兵力不足，而陆军尚随处可调；海战虽备兵备饷，而必资战舰。战舰非仓卒可办，中国经营二十余载始成海军一队，然与各国相较，尚犹小巫见大巫。

况甲午一役，海军入于日人之手，至今谈者，无不叹惜痛恨于误国之丁禹亭。夫丁禹亭固死有余辜，不足深论，而闻中国之衅致中国日受四面之敌无所措手，则当以日人为罪魁祸首。使无甲午之事，则俄人虽有蚕食中国土地之意，而大连湾旅顺何能遽入俄人之手？胶州虽因闹教而起，历办教案不过赔费而已，德人断不能启齿索地。大抵俄德二国以曾解日人之祸为辞，故中国不能不遂其要挟，于是共相效尤，以为中国之地可以予取予求，致有意人索三门湾之事，推原祸始非罪在日人？

叩夫中日为同洲之国，日人虽勤于变法，日渐富强，然自知尚非泰西所敌，故欲发难于中国以示强于泰西，在泰西固不敢藐视之。虽由日人之能自立，然未始不以同绌之尚有中国也，故中国贫弱究非为日人之福。本馆前论辅车相依之势，言之详矣，恐日人未必能明此意也。

译西字报云迩者传言，日本向欧美两洲定造诸战舰已次第告成，驶回本国。日政府拟将中日交战时所得各船悉数送还中国，特助中国重建海军。考之历史所载，两国交战其船械之被获者，向无归还之理，若日本果有此举，日人亦可谓顾全大局矣。说者谓在日人此事固属创举亦属义举，中国受之得毋愧赧。曰日人即有为而归之中国，受之有何愧赧？中国惜乎海军之不能恢复耳！四万万人一闻外人侵我土地，无不髮指眦裂，使海军复设自不难敌忾同仇，谅不再蹈甲午之辙。海军一整，御侮有资，则中国可保。中国保则亚洲之势强，亚洲强则日本更安如磐石矣。然日人有是言，未知日人果有是事乎？甲午之事日人未得便宜，日人而苟有侮心，则送还战舰之事想非徒托之空言也。不禁跂予望之。

这篇文章中的“唇齿喜”即为“日政府拟将中日交战时所得各船悉数送还中国，特助中国重建海军”，日政府后续是否落实了此决定，我们难以考证，但作者对当时中国窘境的成因以及中日关系的分析却引起了我的注意。

在这篇文章中，作者提出了当时中国“几如砧上之肉，人人皆思染指”的原因有两点：其一是“日人为罪魁祸首”，其二是“误国之丁禹亭”。文中更指出了中日关系是“辅车相依”“互为唇齿”。即在作者看来，日本对中国发起甲午战争，不仅是错误的决定，而且导致中国现在的局面对其自身也是不利的。但这些想法真的足够客观吗？

一、误国的真的是丁禹亭？

作者认为，若丁禹亭领导的甲午战争不失败，也不会导致后来中国的沉沦，故论误国，当属丁禹亭。但是，罪责就应全部归咎于他吗？

我们先来了解一下甲午战争时中日力量的对比。

甲午战争前夕，日本已经建立了一支拥有约 63 000 名常备兵和 23 万名预备兵的陆军，海军拥有军舰 32 艘、鱼雷艇 24 艘，总排水量 72 000 吨。日本军舰吉野，有效射程可以达到 5 000 米，还装备了新式的速射炮。①

而北洋海军自 1888 年正式建军后，就没有再增添任何舰只，舰龄渐渐增长，火力弱、射速慢、航速迟缓。1890 年，北洋海军 2 000 吨位以上的战舰有 7 艘，总吨位 27 000 多吨，舰艇 25 艘，官兵约 4 000 人。1891 年以后，北洋水师甚至连枪炮弹药都停止购买了。

由此可见，当时中日间的军事力量已经存在巨大差距，这为甲午战争的失败埋下隐患。

我们再来了解一下丁禹亭。

丁禹亭，又名丁汝昌。光绪十四年（1888 年），丁禹亭出任北洋海军提督。任职期间对北洋海防的建设作出了很大贡献。他曾向清政府陈请再购新舰，增强北洋海军实力，以防外患，他的建议却未被采纳。

光绪二十一年（1895 年），威海卫之战中，丁禹亭指挥北洋舰队抗击日军围攻，在指挥上深受李鸿章"保船制敌"的消极防御方针束缚，致北洋海军最后弹尽粮绝，陷入绝境。在援军来援的希望破灭之后，丁汝昌拒绝了日军的劝降，服鸦片自尽，以谢国人。

政策的束缚加之当时北洋舰队自身的局限性，使甲午战争的失败成了必然。文中论"误国之丁禹亭"，而今看来便是强加之罪了。

二、"人人皆思染指"，日本人为罪魁祸首？

作者认为，如果日本没有挑起甲午战争，中国不经历这样的失败，西方列强也不会有蚕食中国土地之意。但造成列强瓜分中国的局面，日本人当真为罪魁祸首吗？

---

① 关捷. 中日甲午战争全史：第2卷［M］. 长春：吉林人民出版社，2005：11.

当时的中国，自“发乱”“捻乱”平定，尤其是西北、越南两处与列强有关的乱局得以平息后，一度因迫于“存亡之危”而不得不励精图治、亟求变革自强的君臣朝野，开始沉浸于“同治中兴”的虚假繁荣，一度生机勃勃的改革，也变得徘徊不前。

由此可见，当时的中国外强中干、虚假繁荣，即使没有甲午战争的失败做“催化剂”，在列强的侵略狂潮之下国土四处受难也不过是朝夕之事，日本人为罪魁祸首的说法也就无从谈起了。

三、中日关系当真“辅车相依”“互为唇齿”？

19 世纪末 20 世纪初，当时的日本通过明治维新完成了部分预定的改革目标，成为中国周边国家中迅速崛起的强邦，基本铺平了发展资本主义的道路。日本走向现代社会的改革并不是消极地固守一隅，局限于原本日本列岛的地理范畴，而是像西方列强那样，向海外拓展疆土，占据海外资源和市场，将日本“皇国”发展成一个庞大的日本帝国，以扩张来谋得日本的安全。[①]

当时的日本和中国已经走向了完全不同的发展道路，保守落后的中国只是日本侵吞世界的最大目标，而非互相助力以求互保的邦交睦邻，因此，中日间“辅车相依，互为唇齿”的关系便也无从谈起。

从以上几点看来，本篇社论所提及的国家危难的成因以及对中日关系的分析确实略显肤浅。

四、《申报》为何会出现这样的言论？

《申报》为何会出现这样的言论？这要从当时《申报》的主笔谈起。时任《申报》主笔黄协埙，既是当时特殊文人群体的代表，又是旧式文人在时代变革下的缩影。从他的言论中我们既能看出在动乱时代旧式文人治国平天下的传统心理，又能看到在时代巨变下传统文人面对时政矛盾与复杂局势时

① 徐静波. 日本近代对外扩张的动机和步骤［J］. 学林，2015（5）.

的态度。

作为一个传统知识分子，面对山河破碎，黄协埙自然会秉笔直书，表达其爱国意识和社会责任。但是，晚清时局，中国已经被裹挟进现代化的浪潮中，如果不能“睁开眼睛看世界”，那就只能自绝于时代。也正是由于这一时期《申报》保守的言论与落后的观念，黄协埙在不久之后不得不辞去《申报》主笔一职，退出这一激荡时期的报人舞台。

观这一特殊的历史时期，此时的晚清是一个充满矛盾、充满变革的时代：一方面，传统社会结构在漫长的社会变迁之后面临着没落、崩溃的危机，陈旧的政治制度、思想文化、伦理道德等方方面面正在急剧瓦解；另一方面，在“西学东渐”的浪潮下，新事物、新思想如雨后春笋般破土而出，不断涌现，中国人对自我、对世界的认知图式和秩序观念开始发生重大的变化。梁启超曾感慨：“今日中国之现状，实如驾一扁舟，初离海岸线，而放于中流，即俗语所谓两头不到岸之时代也。”如梁先生所言的“两头不到岸”的社会，即传统旧式糟粕未被完全摒弃，新式思潮未被系统全面认知的社会。此时中国的近代新闻与评论也尚处于起步阶段，国内报纸迫于当局压力，委曲求全，加上对外了解不够成熟，使得当时的新闻言论显得稚嫩而没有生气。

观此时的旧式文人，儒家传统的道德文化理念奠定了千百年来的士人情怀，他们难以在短期内突破自己的认知局限，摆脱忠君思想。他们经历过泱泱大国曾经的煊赫，也见到了当下四面楚歌的窘境。他们亟待当局的改变，又为忠君思想所缚，笔调带有上书谏言的意味。黄协埙的言论反映了当时旧式文人的矛盾心理，仍有君臣利益一体的色彩。

从推动时代发展的角度看，晚清时的上海报业为失意文人提供了一个崭新的舞台，外来事物的冲击为失意文人营造了一个崭新的公共空间。文人具有了可被社会接受的新的职业和社会角色。但此时的报刊言论缺乏时间和实践质证，有政治参与的诉求，却尚未发展成熟，显得肤浅而驳杂。这种言论反映出特定的历史交汇期里必然会出现的一种群体理念，也必然会随着改革图强的推进而被时代摒弃。

作者为 2017 级新闻学专业本科生（数据新闻报道方向）
指导老师：李煜

“拟态环境”中的晚清浮世绘

赵 博

1872年4月30日，《申报》创刊于上海公共租界，1949年5月27日，《申报》停刊，前后总计经营了77年，历经晚清、北洋政府、国民政府三个时期。1884年中法战争中，借助新兴电子媒介电报之功，《申报》在新闻报道上有不少改进，在当时的新闻界获得了相当高的声誉，同时扩充篇幅，广告收入激增。

抱着对这本历时如此之久的“百科全书”的好奇，我翻阅了1898年1月18日（清光绪二十四年腊月二十六）的《申报》，想知道自己出生前的一百年那个古旧时光里的晚清社会是怎样的。

图1 1898年1月18日《申报》版面介绍

一、《申报》言论的无奈与局限

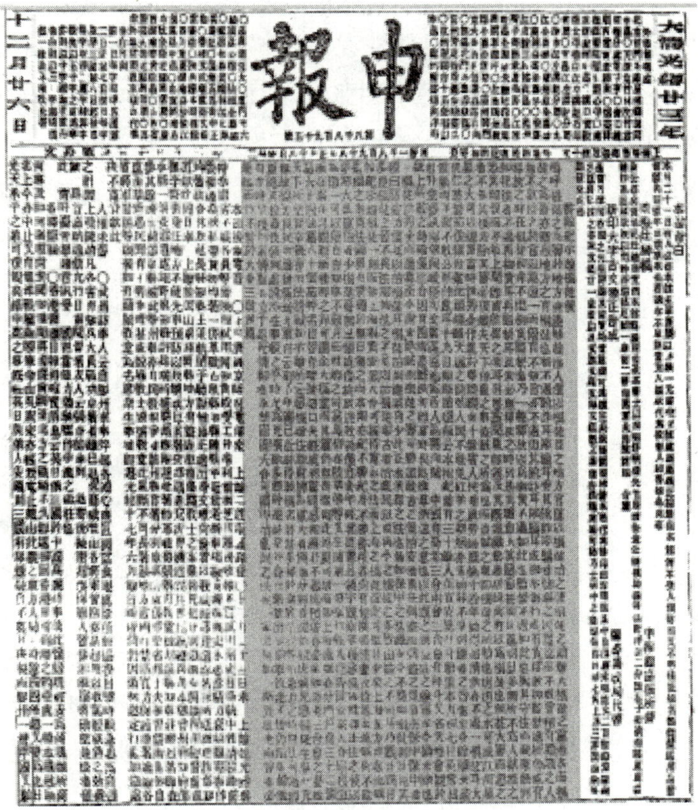
大清光緒廿三年
申報
十二月廿六日

图 2　1898 年 1 月 18 日《申报》第 1 版头条《书报纪示，论棍徒后》

1. 背景简析

不妨先回忆一下 1898 年前后的历史背景。当年 6 月 11 日，康有为、梁启超等人发起“戊戌变法”，不久之前甲午战争惨败，全国上下深受《马关条约》之辱，不久之后，1901 年清政府与 11 国签订丧权辱国的《辛丑条约》。

2. 内容分析

这是一篇议论社会治安的文章。何为“棍徒”？在现代汉语中，即“恶棍”。作者开篇发出感叹：

> 呜呼！棍徒之为害于地方。

接着详细记叙了“棍徒”之风兴起的过程。“棍徒”的势力不断壮大的原因是官吏施行不当，而且普通百姓大多以“看客”的态度对待“棍徒”，隐忍不敢言。这不仅助长了“棍徒”的嚣张气焰，而且间接地使更多百姓加入“棍徒”的行列当中。

但是当时社会难道就没有人敢于站出来吗？当然有。百姓受到迫害，必然会反抗：

> 稍有胆识之人，无不欲控之于官，以期惩一而儆百。

然而，送解官府的“棍徒”，

> 岂不知官亦不过惩其讹诈耳，欺骗耳，或枷示游行，或笞责释放，抑监禁送所，仍或有释放之时。在棍徒初，非不惧枷责监禁也。乃一经释放，以为枷责不过如此也，监禁不过如此也，与其守法而致冻馁，何如犯法？

这就揭示出棍徒猖獗的根本原因：百姓食不果腹，才铤而走险！

当然，《申报》主笔的精英立场，使他们不可能继续探讨底层民众疾苦深重的原因，而是因袭惯例，陈词如下：

> 古者治乱民以重典，今之棍徒之多，皆由治之不严耳。

也就是说，即使有官吏惩治“恶棍”，力度却远远不够，没有起到根治的作用：

> 也无如保甲之法，虽至今不废，而棍徒则日见其多，岂棍徒之皆不畏法耶？租界尚有包探巡捕，昼夜梭巡，而流氓尚不能绝迹，大抵重惩者少。棍徒毫无忌惮。旋获旋放，旋放旋获。

笔者阐释完社会原因和治乱不严的无奈，想到这是腊月二十六，再有四天就是丁酉年的春节了，只能提醒百姓：

年关已近，访得该棍，名目甚多。每于岁底债务等项急迫之时，无法可施，即更施其狡毒伎两，到处讹诈生事。较之平时，尤为凶横。

末路文人，卖文为生。在乱世之中，为百姓祈福，也许是柔弱书生解危济困的唯一方式了。

二、言论为何“昧于时势”

在维新变法强调社会变革的呼声中，《申报》却选择社会治安话题做头版言论，为何如此“昧于时势”呢？个人认为原因有三：第一，地域局限性。《申报》的总部在上海，主要关注的还是江浙沪一带的地方新闻。棍徒之乱，应该是当地的社会痼疾。第二，商业报纸《申报》不同于维新派的《时务报》。为“变法图存”，维新派在远离政治中心的上海创办了有机关属性的《时务报》，以宣传变法为宗旨，而《申报》则是由英国商人安纳斯托·美查创办的，以获取商业利益为目的，当然也倡导“义利兼顾”，在不涉及敏感言论的尺度内，自然对社会新闻关注度较高。第三，主笔政治立场的局限性。同一时期在上海引领变法舆论风潮的《时务报》，其主笔是梁启超，作为维新变法的引领者，他在《时务报》上撰写了大量政论文章，呼吁变法维新，救亡图存。这新颖大胆的言论，为梁启超赢得“舆论骄子”的显赫声名。而1898年的《申报》总主笔黄协埙，却是一个科举屡试不中却又念念不忘功名的守旧文人，终日写些“日课一编”式的零碎小文章（后来集为《锄经书舍零墨》一书），排遣情怀。而当时的政治形势正值中国与邻国频频交恶，引发国内变革的呼声四起，报馆内外环境也为之一变，然而“当局者迷”，黄协埙并无这般见识。在他主事期间，《申报》言论拘谨保守，逐步落后于时代。[①]

三、“避重就轻”的新闻报道

《申报》的内容都是真实的（不排除例外），这没有违背新闻的真实性，

① 张功臣. 民国报人：新闻史上的隐秘一页［M］. 济南：山东画报出版社，2010：301.

但是在那个思想界、知识界、政治界都在剧烈变革的年代，《申报》作为最有影响力的报纸之一，关注点却多集中于社会琐事，这一点不仅体现在头版言论中，也反映在各版的新闻报道中。

第 3 版的新闻标题有：《自相残贼》《营口市情》《邗沟寒浪》《集拟章程总办谒客》《局批汇录》《觅保艰难》《情急吞烟严查客栈》《讯惩赌债》《提讯串骗》《翁婿争屋》。可以看出，《申报》刊登了大量琐事，有亲家翁和女婿争房产，还有人情急自杀吞鸦片，今天我们或许可以理解为当时的编者是为了迎合读者喜好，故在报道内容的选择上刻意贴近生活。但是，现实却是国内变革呼声四起，如此报道，以接近性为名，却分明在行“避重就轻”之实。

四、“拟态环境”中的晚清浮世绘

1. 百姓的生活环境

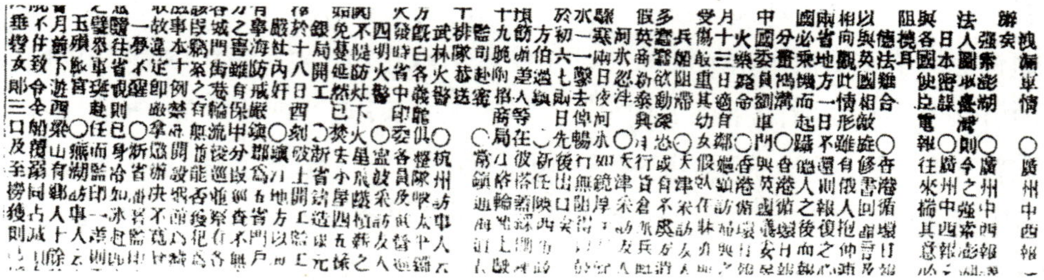

图 3　1898 年 1 月 18 日《申报》第 2 版新闻

第 2 版的新闻标题有：《各释嫌疑》《泄漏军情》《强索澎湖》《日本密谋》《德法难合》《分画鸿沟》《火药毙命》《兵船阻滞》《河水忽泮》《方伯过镇》《监司赴甯》《武林火警》《四明火警》《银局开工》《严社内奸》《一梦不醒》《玉殒鲛宫》。第 2 版囊括了国际新闻和市井新闻。不难发现，在这距离除夕还有三天的时候，《申报》的新闻版面上却没有什么好消息。当时的社会环境以及人们的生活状况由此可见一斑。

2. 中国近代自然科学的发展

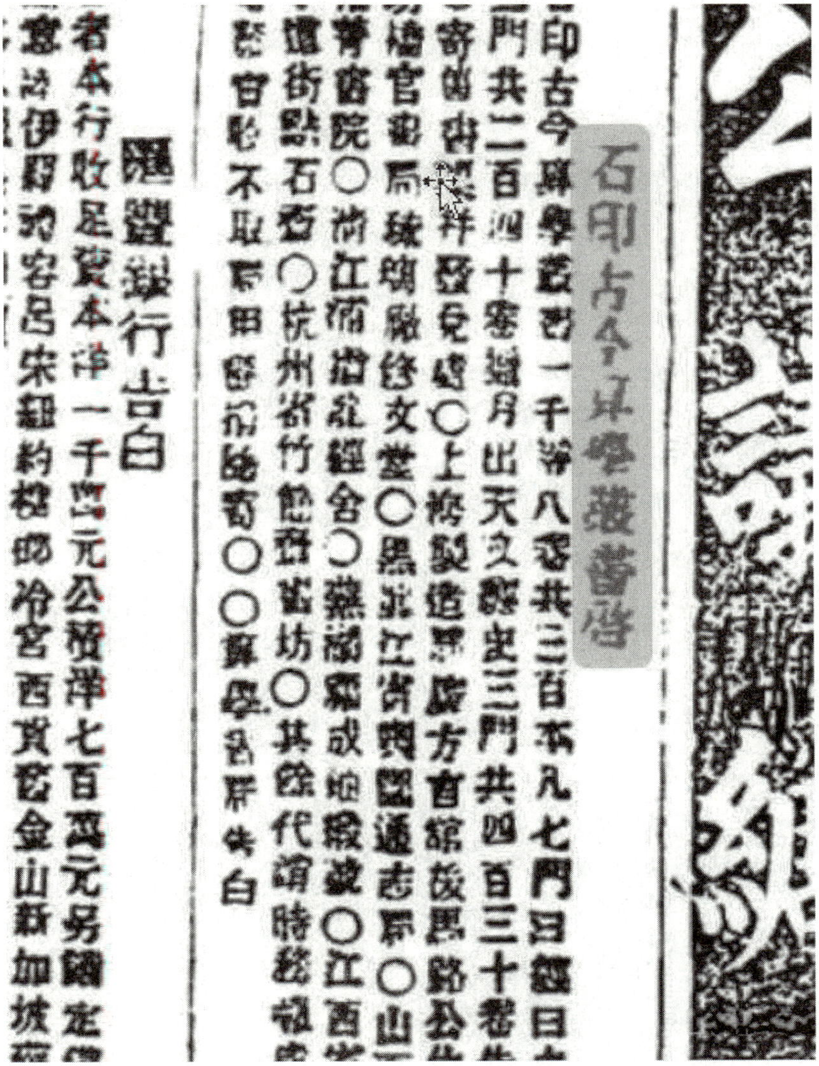

图 4　1898 年 1 月 18 日《申报》第 5 版《石印古今算学丛书启》

第 5 版刊登有《石印古今算学丛书启》。从这则广告中，我们可以看出晚清时期数学在中国的地位。基于 19 世纪 50 年代至 90 年代的洋务运动，晚清数学的发展主要是由技术进步的派生需求引导的，数学发展的目标与中体西用的要求之间存在冲突，这种矛盾最终导致中国数学的全盘西化。[①]

在腐朽衰败的科举制走向尽头之时，却有算学这类异于传统教育的书籍开始在市面上销售，这应该是个好消息。

3. 商贸活动兴盛

《申报》作为商业报纸，刊登大篇幅的广告，从这些广告中可见开埠地区商业发达。

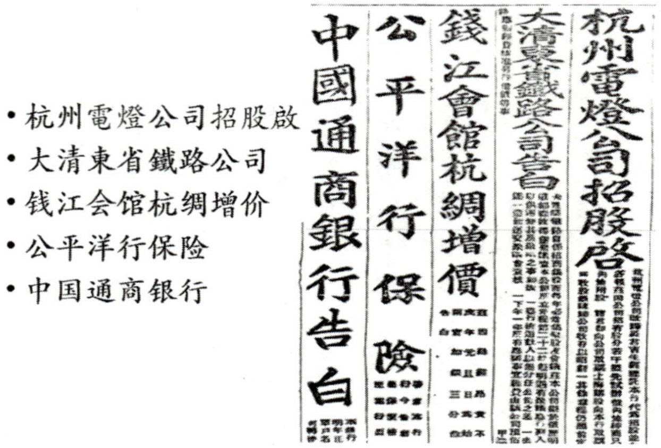

图 5　1898 年 1 月 18 日《申报》第 5 版广告

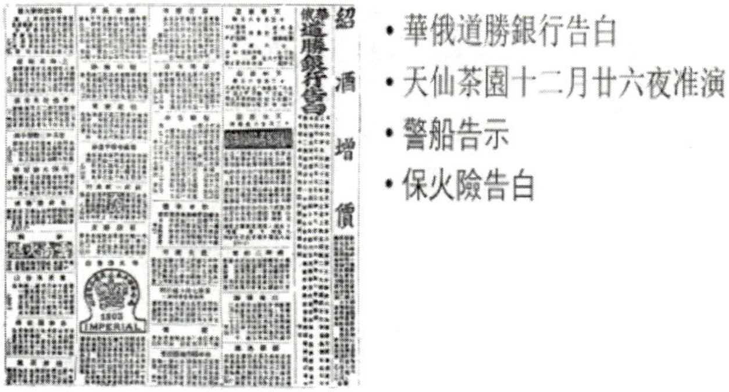

图 6　1898 年 1 月 18 日《申报》第 6 版广告

① 特古斯. 晚清数学的发展［J］. 哈尔滨工业大学学报（社会科学版），2009, 11（1）.

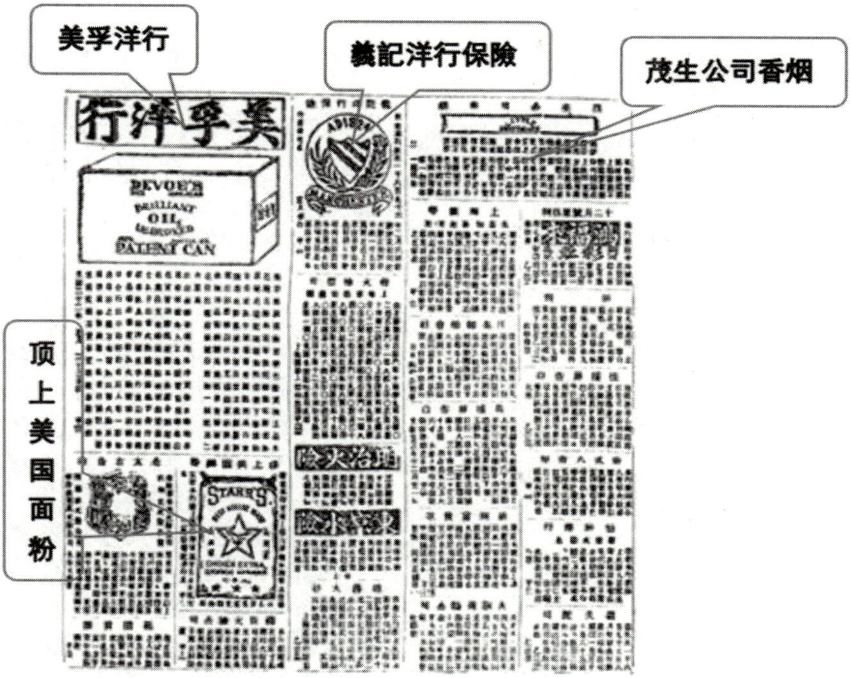

图 7　1898 年 1 月 18 日《申报》第 7 版广告

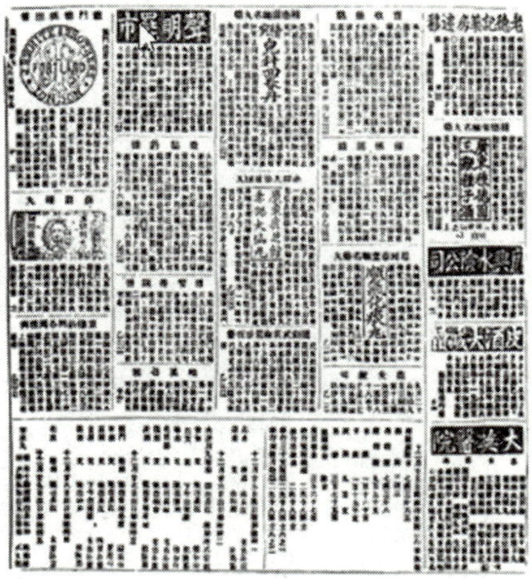

- 实收被窃
- 种德园驰名丸药
- 塞门德坭出售
- 查验奶棚
- 赤脚大仙鱼鳔丸
- 大英医院冬令要药

图 8　1898 年 1 月 18 日《申报》第 8 版广告

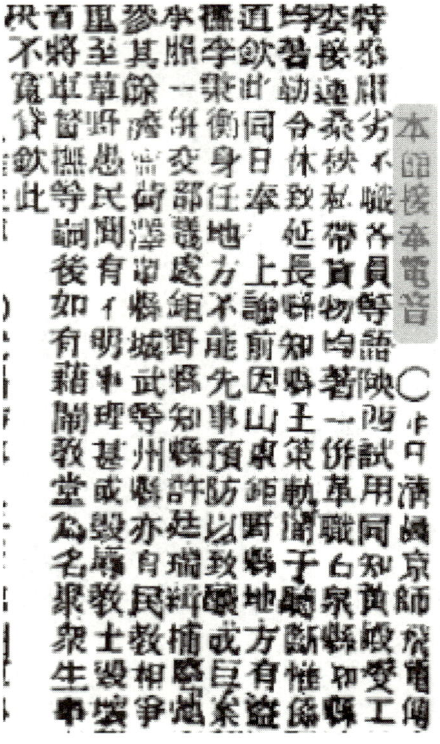

图 9　1898 年 1 月 18 日《申报》第 1 版《本馆接奉电音》

4. 当时的信息传递方式

报纸第 1 版第二条为《本馆接奉电音》。由此我们可以发现，作为“新报”，《申报》对新的传播技术的使用是非常超前的。电报在 19 世纪 70 年代传入中国，1872 年《申报》创刊，正赶上中国电子媒介技术的第一次飞跃，很快就开始使用电报来传播时事新闻了。

《申报》第 9 版和第 10 版为来自北京的《京报》全录。我发现，本期（农历二十六日）《申报》附载的是初九和初十的《京报》，前后间隔达半个月。可见，尽 管电报已经开始投入使用，但是《京报》跨越从北京到上海的这 1 000 多公里的距离，仍然要依靠传统邮递。也许那时电报的成本高昂到连商业报纸《申报》都未必能负担得起吧。

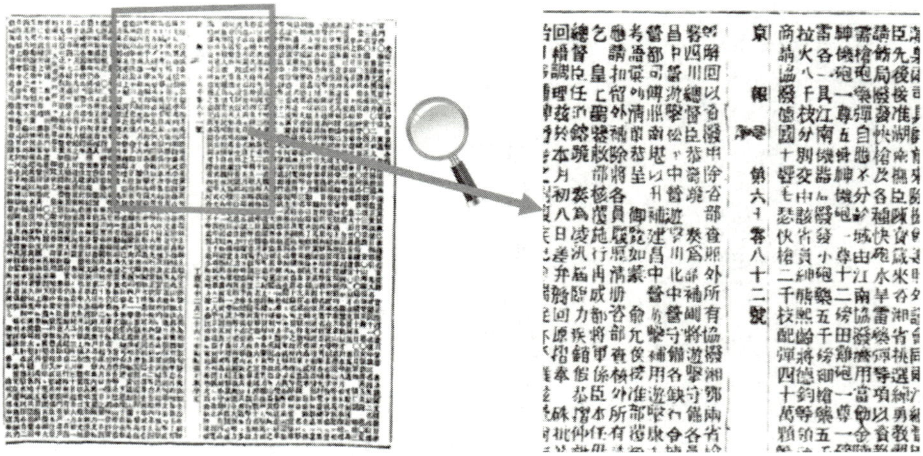

图 10　1898 年 1 月 18 日《申报》第 9、10 版《京报》全录

这一期的《申报》离我们已经一百多年，黄协埙生活在“棍徒”遍地的社会环境中，应该倍感艰辛，但是看看后边各版光怪陆离的商业广告，以及让人眼花缭乱的整版《京报》，我又觉得这些艰辛应该只是社会现实的片段，而不是全部。历史好像离现实没有太远！

作者为2016级新闻学专业本科生（数据新闻报道方向）

指导老师：李煜

晚清“国债”发行记

汪惠怡

晚清时局，国将不国。我在阅读 1898 年 3 月 14 日（清光绪二十四年二月二十二）的《申报》时，看到了一场“国债”发行的始末。

本期《申报》共 13 版，前 3 版为新闻、言论，第 4 版至第 8 版以商业广告、告白通告为主，第 9 版至第 13 版为“附张”。

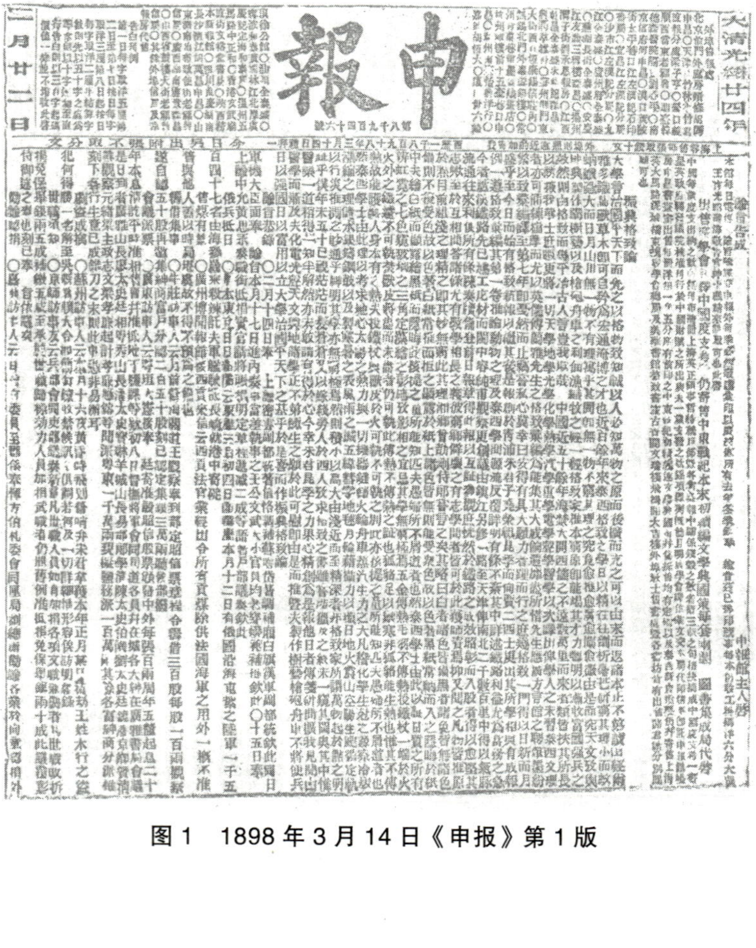

图 1　1898 年 3 月 14 日《申报》第 1 版

第1版从右至左依次为：

《振兴格致论》《谕旨恭录》《俄兵抵日》《售煤有禁》《筹借集事》《会议派票》《剧盗成擒》《世职须知》《劝谕认捐》。

第1版中有两则关于"昭信股票"的消息，引起了我的关注。

筹借集事

牛庄访事人云：月前，营海关道王观察奉到部定昭信票章程，令筹借三百股，每股一百两。观察遂自认五十股，再邀集绅商富户分认二百五十股，刻已认定集银三万两，听候部拨。

会议派票

广东访事人云：粤垣大宪接奉廷寄，准设昭信股票，颁发中外，每张百两．周年五厘起息，二十年本息清讫，平时准相售卖，并准抵地丁盐课等款。初八日督抚将军会同司道各员，并在城各大绅在广雅书局会议．是日到者广雅山长廖太史，廷相粤秀山长潘太史，宝琳羊城山长易部郎，学清陈太史、伯陶刘太史……闻派粤东一千万两，现拟盐务派一百万两，其余各富绅商分派……

以上两则消息中所提及的"昭信股票"并非现代意义上的股份公司发行的所有权凭证，而是清政府为了筹集款项发行的"国债"，或者称为"公债""内债"。

一、前情概述

1894年7月甲午中日战争爆发，一年之后，清政府战败，1895年4月17日（清光绪二十一年三月二十三）与日本明治政府签订了《马关条约》，其中第4款为：

中国约将库平银二万万两交与日本，作为赔偿军费……如从条约批准互换之日起三年之内能全数清还，除将已付利息或两年半或不及两年半于应付本银扣还外，余仍全数免息。[①]

《马关条约》签订六天后，因日本占领辽东半岛，阻碍俄国向中国东北伸张势力，俄国便联合法国、德国两国进行干涉。最后的结果是，日本于1895年5月4日决定放弃占领辽东半岛，但要中国以白银三千万两将其“赎回”。加上“三国干涉还辽”一事中的“赎辽费”，日本一共要求清政府赔款两亿三千万两白银。而此时清政府年财政收入仅为八千余万两白银，无力“偿还”赔款，需要找寻新的筹款方式。[②]

同年2月27日，《申报》头版言论是《论举行昭信股票》，该文详细记述了清政府拟定发行“昭信股票”的原因及过程：

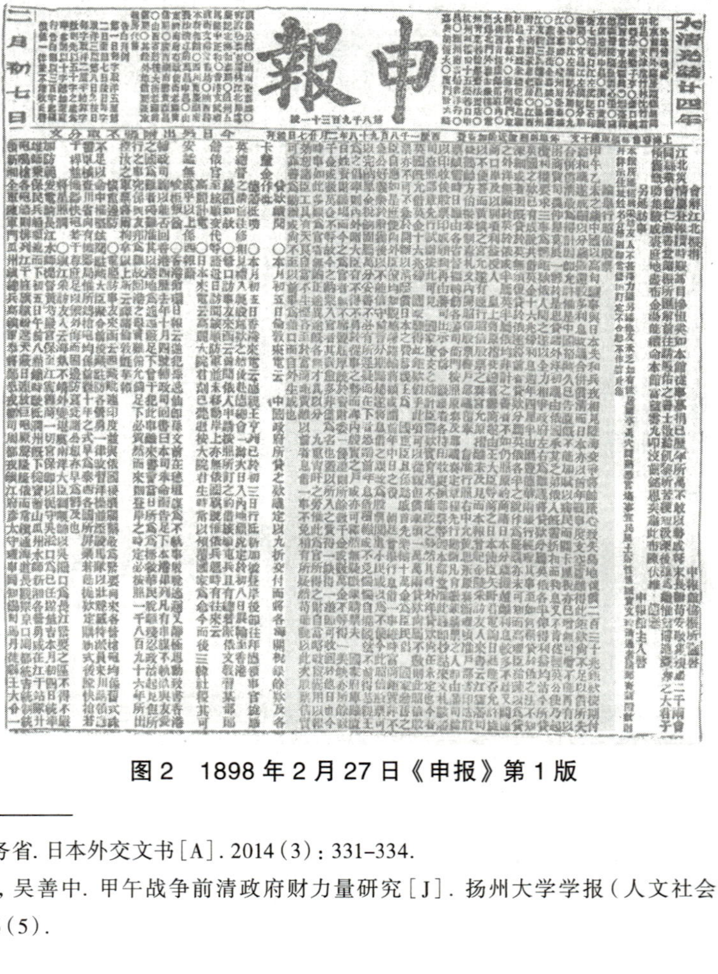
大清光緒廿四年

申報

二月初七日

图2　1898年2月27日《申报》第1版

---

① 日本外务省. 日本外交文书［A］. 2014（3）：331–334.

② 周志初，吴善中. 甲午战争前清政府财力量研究［J］. 扬州大学学报（人文社会科学版），2002，6（5）.

> 甲午乙未之岁，中国以高句事与日本失和……复偿二百三十兆巨款，按期付给。和议遂成，嗣以分岁摊还，较多利息，改议合并偿清，而日本亦以前年战事，度友空虚……合并偿清，最为得计。

清政府本打算向俄国和英国借款。然而考虑到若向两国借款的比例不当，易引发两国对清政府的不满，"无论（借款）于英、于俄，或半属英、半属俄""均非计之善者"。同时，清政府是否真的可以拿到借款也是未知数。于是，清政府决定：

> 不如仍照原约，商诸日本分岁摊还，虽利息较多，不致又辟通商口岸，及以别项利益授人。

不向别国借款，白银从哪里来呢？当年1月30日，詹事府右春坊右中允黄思永就奏请筹发内债。3月2日，光绪帝批准户部颁布昭信股票详细章程，规定发行总额1亿两库平银，年息5厘，分20年本利还清，自王公及将军督抚以下均须领票缴银。[①]

二、过程详览

下面是《申报》中有关"昭信股票"的消息：

1898年2月27日第1版《论举行昭信股票》

1898年3月3日第2版《股票设局》

1898年3月20日第1版《户部奏定昭信票章程》

1898年3月21日第2版《续录户部奏定昭信票章程》

1898年3月22日第1版《续录户部奏定昭信票章程》

1898年3月24日第3版《谕领股票》

1898年4月29日第1版《汇解要款》

1898年5月15日第3版《急酬商款》

---

① 中国第一档案馆．光绪宣统两朝上谕档：第24册（光绪二十四年）[M]．桂林：广西师范大学出版社，1996：171，229，308，309．

1898 年 5 月 20 日第 2 版《示领股票》

1898 年 6 月 25 日第 1 版《昭信示谕》

1898 年 9 月 9 日第 1 版《本馆接奉电音》

1898 年 9 月 27 日第 1 版《停办昭信股票折》

1903 年 6 月 28 日第 1 版《国家失信于民以致不能举国债之害说》

我们可以看到，《申报》于当年 3 月 20 日至 22 日连续三日在第 1 版及第 2 版刊登《户部奏定昭信票章程》。

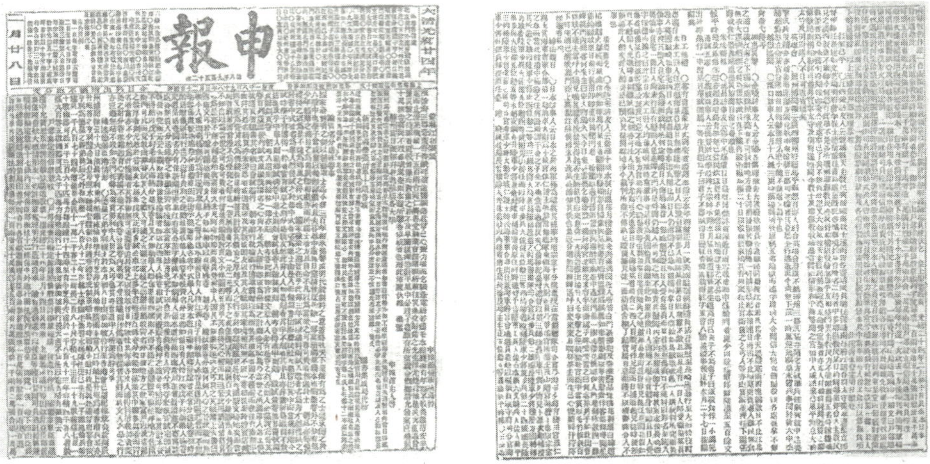

图 3　1898 年 3 月 20 日《申报》第 1、2 版《户部奏定昭信票章程》

图 4　1898 年 3 月 21 日《申报》第 1 版《续录户部奏定昭信票章程》

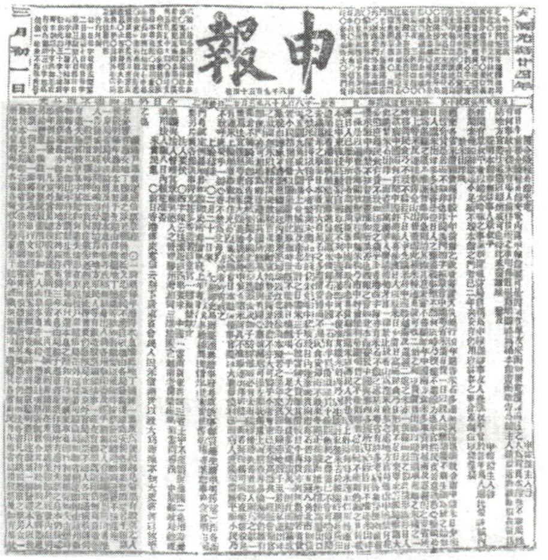

图 5　1898 年 3 月 22 日《申报》第 1 版《续录户部奏定昭信票章程》

旨通饬遵行以后，臣等连日督同司员熟计始终，兼权利弊，拟定章程十七条，内五条系臣部办法，十二条系中外通行办法。缮列清单恭呈，御览一俟。

——由户部印造昭信股票，编列字号……由户部设立昭信局遴选司员经理。

——股票式样前幅拟用四围龙边……骑缝各盖印一颗，印花用朱色印泥，每票除联票外，另缮号册，以备稽查。

——拟咨行铸印局，铸造铜印一颗，文曰户部昭信局印，遵用满汉篆文以符定制……

——选派廉勤司员经理昭信局分任，现成局内设给票处、收银处，各有专司，不致纷杂。先收银，后给票……

——制造股票刷印章程，各项经费应将需用数目核实给发……

——《申报》1898年3月20日第1版

上述十七条章程可归纳为以下五点：

（1）在面额和数量方面：由户部印制“昭信股票”58万张，总计金额1亿两；

（2）户部设立“昭信局”，各省设立分局，经理其事；

（3）公债期限20年，利息为周年5厘，闰月不计，前十年付息还本，后十年本息并还；

（4）股票可转售，若丢失，需要向官居挂失；

（5）个人劝捐数额超过10万两，给予奖叙；苛派勒索者、伪造股票诓骗者，从重处罚。

按照户部的条例，“昭信股票”对百姓来讲是本着“自愿认购”的原则发行的，然而，“因地方官办理不善”（《申报》1898年9月9日第1版《本馆接奉电音》），出现勒索追催、失信于民等众多问题。从下面这条消息可见一斑：

5月17日，光绪帝再发谕令，重申对各省在办理昭信股票过程中“名为劝借，实则勒索追催，骚扰闾阎”的现象，“亟应严行查禁”，“著各督抚通饬各该地方官遵照部定章程妥为办理；商民等愿领（股票）与否，各听其便。如有不肖官吏……立即查参惩办，以杜流弊，而顺舆情”。

三、后续结果

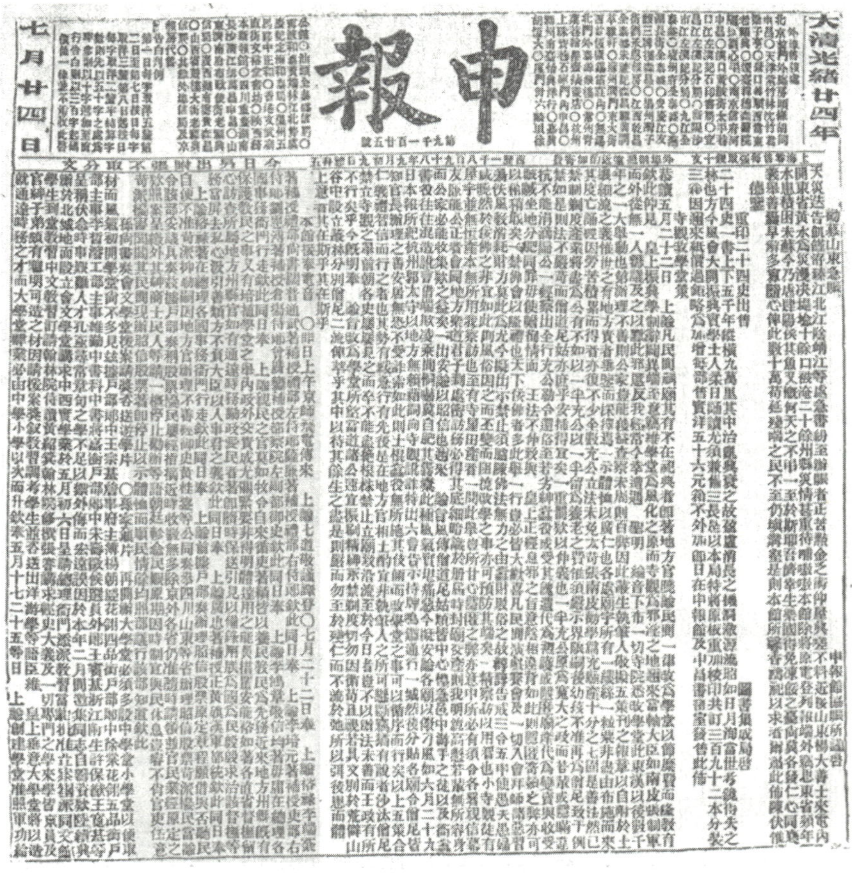
申報
大清光緒廿四年
七月廿四日

图6　1898 年 9 月 9 日《申报》第 1 版

《申报》1898 年 9 月 9 日第 1 版《本馆接奉电音》一文中写道：

上谕，前据户部奏，办理昭信股票原定章程，愿借与否听民自便，不准苟派抑勒。嗣因地方官办理不善，经御史黄桂鋆等公同奏参，四川、山东等省办理昭信股票，苛派扰民。

朝廷轸念民艰，原期因时制宜与民休息，岂容不肖官吏任意苛派扰害闾阎，其民间现办昭信股票着即停止，以示体恤而顺民情，余均照部议行，该部知道。钦此。

申報

大清光緒廿四年

六月十二日

图 7　1898 的年 9 月 27 日《申报》第 1 版

《申报》1898 年 9 月 27 日 第 1 版《停办昭信股票折》中载：

……四川山东如此，则他省之流弊想亦不少。方今民穷财匮，倘于此等弊政，不早豁除于国帑无补，于政体有亏……拟停办京城所设昭信局及外省所设昭信分局，亦拟自奉旨后一律裁撤……

昭信股票这一清政府的财政设想与实践于1898年9月停止，此后民间停止发行“昭信股票”。

四、原因分析

昭信股票是清政府救国的设想，力图通过发行国内公债来偿还欠别国的款银。这个设想具有一定的先进性、现代性，然而当时的政治环境、经济形态、社会认知没有达到与这一经济设想相匹配的水准，昭信股票未能顺利执行。具体原因如下：

第一，没有完备的现代金融机构。

“公债”发行必须具有完备的金融机构，但是当时没有可筹措、融通社会资金的现代银行，当时的钱庄、票号等不能替代新式银行发挥作用。同时，没有证券交易所，“股票”按照《昭信股票章程》虽可转让，但是流通渠道十分有限。[①]

第二，作为国债发行主体的清政府没有充分认识“昭信股票”的经济地位和作用，同时，晚清时期政府已然失信。

1898年“昭信股票”停办后，清政府面对仍想以“昭信股票”为窗口救国的官员，于1899年2月23日颁布谕令：

著即俯如所请，自王公以下京外大小文武各员，已经认缴之款，毋庸给宗，准其作为报效。

“昭信股票”的尝试失败后，清政府对其认知仍停留在“报效”之途径的层面，而没有意识到它的经济功能，“报效”国家不过是它的派生结果。当然，这样的认知是清政府所处时代的必然产物。更为严重的后果是“（内

① 崔鹏飞. 晚清国内公债研究［D］. 河北：河北师范大学硕士，2000：18.

债）成为搜刮和掠夺人民的重要方式之一”[①]。在发行“昭信股票”的过程中，政府虽明确承诺“不准稍有勒索”“不强令捐输”，但最终还是出现“四川、山东等省办理昭信股票苛派扰民”“股票扰民屡经指摘”等现象。这些背信弃义的行为，令百姓彻底寒心。

第三，民生凋敝，地方、民间也没有足够的资金来购买面额不小的“昭信股票”。陈宝箴曾这样描述当时的地方财政：

> 来源益形枯竭，而供亿岁有加增。每当无可腾挪之际，或欠发本省勇饷，或息借票商银两，聊为敷衍一时，历年亏欠日多，尚不知如何补苴。[②]

“昭信股票”的发行，因其本身不合时宜而问题不断。政府在此期间也未履行承诺，失信于民，加剧了清政府和百姓间的矛盾。同时，商贾资金被迫“捐输”，在一定程度上也阻碍了民族资本主义的发展。

当然，通过试办“昭信股票”，清政府获取了发行国债的初步经验。户部制定的《昭信股票章程》规定了还本付息的办法、债票样式及额度、发行机构、人员安排等，这是中国在经济近代化过程中的一次有益尝试。只是，这所有的经济行为，都应建立在中央政府强大的赋税能力和合法管控的基础上，而此时的晚清政府已经没有多少腾挪的余地了……

参考文献：

1. 李玉.晚清昭信股票发行过程论略［J］. 近代史研究，2006（4）.
2. 徐昂.昭信股票与晚清华资金融业关系研究［J］. 近代史研究，2015（5）.
3. 汪叔子，张求会. 汇解光绪廿二年认还洋款暨此后酌量划提折［M］//陈宝箴集：上. 北京：中华书局出版社，2003.

作者为2016级新闻学专业本科生（数据新闻报道方向）

指导老师：李煜

① 周伯棣. 中国财政史［M］. 上海：上海人民出版社，1981：52.

② 汪叔子，张求会. 陈宝箴集：上册［M］. 北京：中华书局，2005：378.

《申报》中的晚清基层吏政

许 诺

我的生日是1999年9月25日，一百年前的那天，是1899年9月25日。那一年，发生了两件改变中国历史运行轨道的事：

> 1899年9月6日——美国提出侵略中国的“门户开放”政策：在整个中国范围，列强都有进行贸易的权利。其中利益均沾、机会平等的原则使得列强由争夺在华利益而转化为在这个问题上相互合作。由此掀起列强瓜分中国的狂潮。①
>
> 1899年11月16日——钦差大臣苏元春不顾当地人民反对，与法国海军提督高礼睿签订了丧权辱国的《中法互订广州湾租界条约》，把广州湾租借给法国，期限99年。广州湾实际上成为法国的殖民地。②

由此我们可以看出，清末这架残破的马车那时正向着半殖民地半封建社会一路疾驰，清政府尝试了很多办法，无论是洋务运动还是戊戌变法，都没能在悬崖上勒停这辆马车。在内忧外患十分严重的清末，1899年9月25日的《申报》头版文章却是看似毫不相干的《禁止佐贰收受民词说》，这种“攘外必先安内”的编辑意图，也许正反映了《申报》作为地处租界的外报的特殊之处。但也许正是这种“学了洋人办报的语气”才使得一介书生敢于公开谈论这个国家的“痼疾”。

① 杨军．“门户开放”视角下的美国对华政策［D］．兰州：西北师范大学历史学，2012：14.

② 何炜．法国殖民时期的广州湾［J］．文史天地，2014（12）.

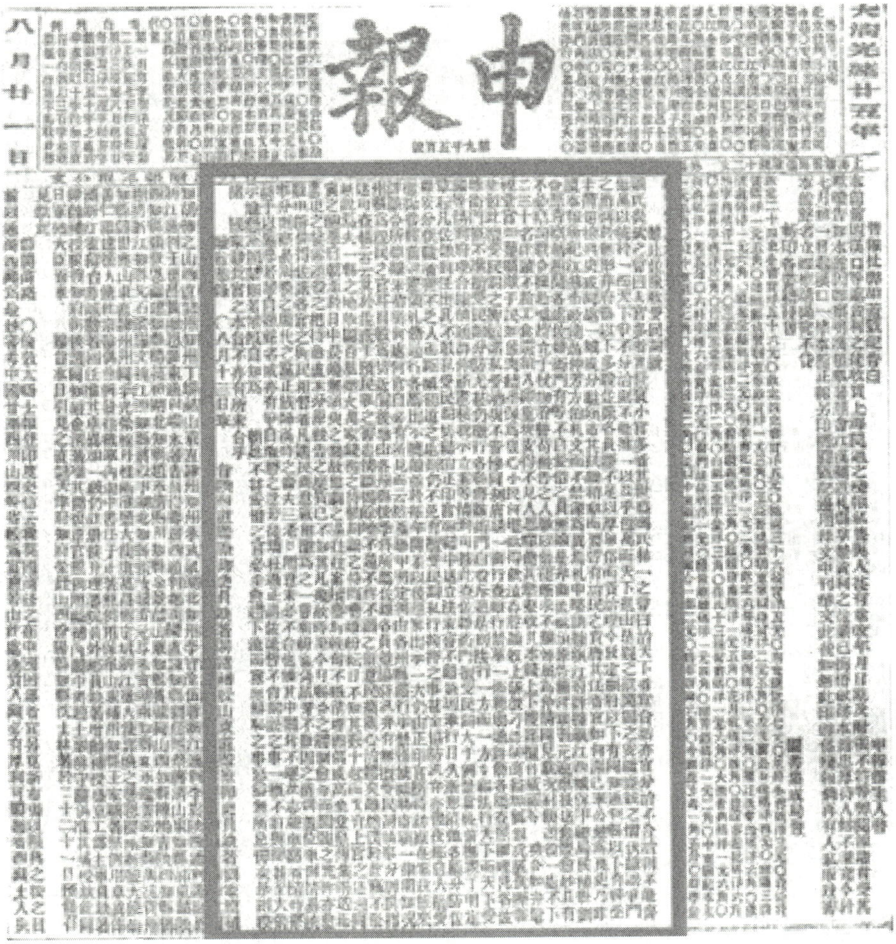

大清光緒廿五年

申報

八月廿一日

图 1　1899 年 9 月 25 日《申报》第 1 版

在看这篇文章内容主体之前，让我先解释两个名词："佐贰"和"民词"。

所谓"佐贰"，是明清时凡知府、知州、知县的辅佐官，包括县丞（正八品）、主簿（正九品）及另设的典史（未入流）。可见佐贰官正是人们常说的"九品芝麻官"，但是他们官职虽小，却有治民之责，是地方政府和百姓之间重要的纽带。[①]

所谓"民词"，就是百姓的诉状。在评剧《秦香莲》第 3 场王忠唱段中

① 王泉伟. 从分职到分防：明清周县佐贰官略论［J］. 四川师范大学学报（社会科学版），2015（11）.

也有提及："老夫当朝首相，不理民词。"

那么下面就让我们来看《申报》这篇《禁止佐贰收受民词说》：

> 顾氏炎武之言曰：大官多者其世衰，小官多者其世盛。冯氏林一之言曰：治天下者宜合治，亦宜分治。不合治则不能齐，亿万以统于一，而天下争不分治，则不能推一以及乎亿万。而天下乱由是观之，欲闾阎之安谧，盗贼之慴伏，狱讼争斗之消弭于无形，非府县以下多设佐贰各员，断不足以厚风俗而资治理。今考定制府以下有同知通判，县以下有县丞主簿巡检典史，或同处一城，或分驻镇市。其秩虽稍卑，而要皆有治民之责。膺其任者宜如何洁己奉公，勉为良吏。

作者首先引用顾炎武先生的话，指出"小官多者世盛"的观点，狠狠地夸了一把佐贰官：要想闾阎安谧，盗贼伏法，诉讼消弭，厚风俗，资治理，都得靠基层的佐贰官。佐贰官在地方上可以说是位低权重，是基层建设的骨干力量。

然后作者笔锋一转，开始批判某些"不上道"的佐贰官，贪赃枉法，敲诈勒索，滥用职权，其罪行实在是罄竹难书，请诸君一观：

> 无论是非曲直，只须原告备洋银数元，连禀投送，愈丰愈妙。且有不必禀词，教令扭赴喊控立，予杖枷看管。苟被告之人，愿以倍蓰贿求，不难转屈为伸，情同儿戏。况豺狼差役一处不下二、三十名。此辈不给工食，还须入卯重规，安得不见人思噬，饱其欲壑，收其本钱，上下搜罗，擅作威福？等功令如弁髦，视堂官如聋聩，欺子民如鱼肉，结差保为腹心，小民何堪？祇得饮泣吞声，谁敢上诉？

请大家注意一下"愈丰愈妙"这个词，短短四个字，就把某些佐贰官贪婪成性、无耻至极的形象淋漓尽致地体现出来。然后作者总结道：这些都是执法不严的原因啊！在官老爷眼皮子底下还能夹着尾巴做人，等到了距城稍远之处，就是"猴子称霸王"了，所谓"夜郎自大""狗仗人势"是也。

> 法未尝不严，旋因奉行日久，渐形纵弛，各属分防佐杂安分供职者固不乏人，而距城稍远之处，则仍不免有擅受民词、私行拘押之事。甚至协防汛弁，亦复夜郎自大，擅受擅提。

事实上，虽然在清朝县是行政等级最低的，是知县“一人政府”，但是清朝某些地区的州县佐贰、典史与巡检，在县治以下有明确的辖属之地。由此，有学者质疑清朝“皇权止于县”的传统说法，提出了“次县级政权”——佐贰、典史、巡检辖区构成县以下行政区划的猜想。①

表1　清代广东县级佐贰官驻地、属地一览

县州	县丞、主簿驻地	县丞、主簿属地	县州	县丞、主簿驻地	县丞、主簿属地
南海县	县丞驻城外西关	不详	高要县	县丞驻金利墟	城东，东南70—100里金西等8图（大乡），下共辖小村103
南海县	主簿驻九江堡	城西南95—115里沙头等5堡（大乡），下共辖小村107	阳江县	县丞驻双鱼所城	不详
番禺县	县丞驻阬头村	不详	曲江县	县丞驻城外	不详
顺德县	县丞驻容奇堡	城南10—27里容奇等5堡（大乡），下共辖小村17	归善县	县丞驻府城内廉巷	城南35—70里马鞍约等6堡（大乡），下共辖小村43
东莞县	县丞驻石龙墟	城东、东北40—160里6都（大乡），下共辖小村172	海丰县	县丞驻汕尾埠（康熙五年载）	城南40里金锡都（大乡）1，下辖小村219
新宁县	县丞驻大澳埠	城西南180里海晏都（大乡）36村中的22村	海阳县	县丞驻城内	城周60里内秋溪等6都（大乡），下辖小村59
新宁县	主簿驻广海寨	城东南35—50里潮居、朏冈2都（大乡），共辖小村33	潮阳县	县丞注县署东	不详
增城县	主簿驻新塘墟沙贝村	城西南60—80里绥宁等3都（大乡），下共辖小村140	揭阳县	县丞驻棉湖墟	城西南50里霖田都（大乡）1，下辖小村39
香山县	县丞驻前山寨城，后移望厦门	城南120里恭都、常都等2都（大乡），下共辖小村78	合浦县	县丞驻县东160里永安汛城	城东、东南、东北100—140里新兴等5图（大乡），下辖小村30

① 张研. 对清代州县作贰、典史与巡检辖属之地的考察［J］. 安徽史学，2009（3）.

续表

县州	县丞、主簿驻地	县丞、主簿属地	县州	县丞、主簿驻地	县丞、主簿属地
新会县	县丞驻江门墟	城东北 15 里杨梅等 7 都（大乡），下共辖小村 20	钦州	县丞驻东兴街	城西南 300—400 里思勒等 6 垌（大乡），下辖小村 44
三水县	县丞驻西南墟	城东 15—37 里归德 1 都（大乡），下共辖小村 68	遂溪县	县丞驻白沙塘杨柑墟	城西、西南 90—145 里西坡、新安等 6 社（大乡），下辖小村 63
新安县	县丞驻大鹏所	城东 140 里西都 3 村；城东北 120 里七都 98 村	琼山县	县丞驻海口所	城周 45 里内 13 图（大乡），下辖小村 59

来源：张研《对清代州县佐贰、典史与巡检辖属之地的考察》，载于《安徽史学》，2009 年 3 月

正是由于这种“次县级政权”的存在，才有了清人所谓“万事胚胎，皆由州县”，就是说，州县在清朝政权体制中作为基层政权，是一切政事的开始。而清朝统治者对州县的期望是很高的，因为只有一个基层政权稳固了，整个国家才能长治久安。向以严苛著称的雍正皇帝曾说过：“牧令为亲民之官，一人之贤否关系万姓之休戚，故自古以来慎重其选。”

然而，晚清时期的基层吏政日益严苛，我们再来看《申报》的这篇文章，针对这一问题作者提出了这样的解决措施：

第一，知府根据实际情况订立章程，检查佐杂衙门是否擅受民词。

第二，正印长官随时查访，将佐贰官的不法行为记录在案。

第三，张榜晓谕百姓，严禁佐贰擅自处理诉讼，利用群众监督制约佐贰官。

事实上，佐贰官这个官职由来已久，历朝历代为了解决佐贰官专权这个问题，也曾煞费苦心。自秦汉以来，着力推行职官正佐间相互牵制便成为专制王朝强化政府内部监督的重要方式，在历史上曾经发挥过相当大的作用。

但是到了明朝，随着州县主官负责制的日趋强化，正佐监督机制逐渐淡化。对于佐贰官专权的现象，统治者开始限制佐贰官的权力，明代有“凡清军、捕盗等官，有应问词状，必由掌印官受理转发问断”的旧例。弘治年间又有“非掌印官不许受词讼，而佐贰官分理一事者各以其事受词”的新例，受理词讼逐渐成为印官独享的权力。虽然规定是这样，但实行的情况并不理想，统治者开始大规模地裁撤佐贰官。嘉靖六年，一次性裁革了州判官 2 员、县丞 1 员、主簿 37 员，共计 40 员。嘉靖十年，又有一次全国范围的裁减，在一个月时

间里裁撤了共计 100 多员佐贰官。[①]

到了清朝，清律继承中华法系之传统，沿袭明律并制订了更为繁杂的律例体系，而严限佐杂擅受的惯例也得到延续。清朝法律规定，如果佐贰等官擅准词状，则要降一级调用，正印官不行详查，则罚俸一年；若因佐杂擅受、印官滥批致毙人命，则佐杂将立即被革职且永不叙用，而印官则据情形受到降级或革职的处分。在地方，各省也有相应的条文严禁佐杂擅受民词。

在九年后的《申报》（1908 年 4 月 23 日，第 18 版）言论《革除佐贰差保点验船只规费》中，我们也不难看出清政府这种一以贯之的思想：

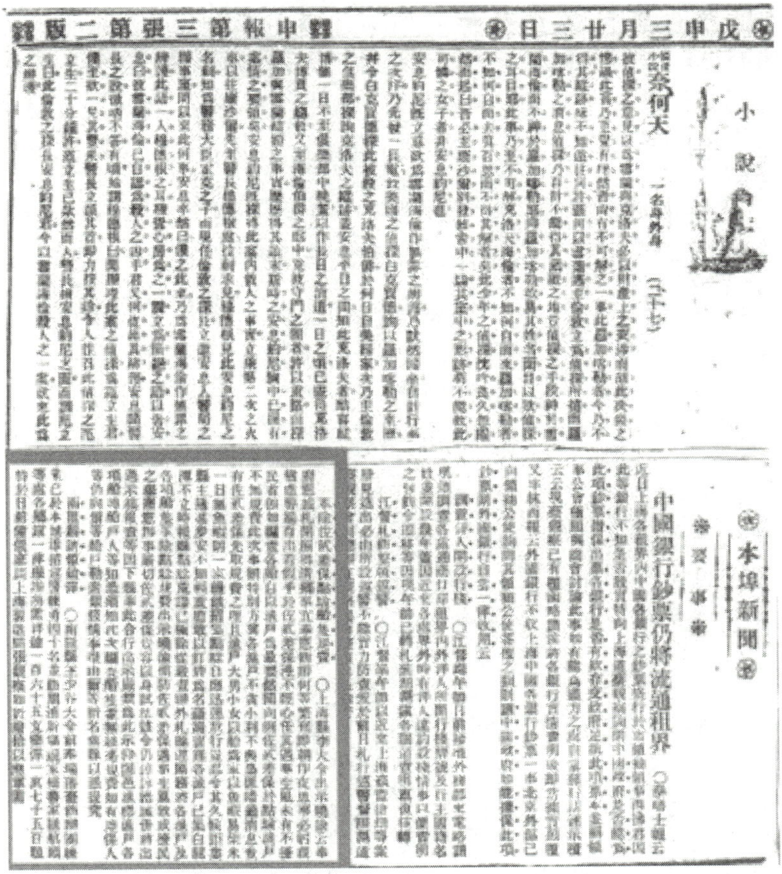
戊申三月廿三日
申報 第三張第二版
小說
奈何天
本埠新聞
要事
中國銀行鈔票仍將流通租界

图 2　1908 年 4 月 23 日《申报》第 18 版《革除佐贰差保点验船只规费》

① 王泉伟. 从分职到分防：明清州县佐贰官略论［J］. 四川师范大学学报（社会科学版），2015（11）.

> 上海县李大令出示晓谕云：奉府宪戚札，开照得清乡事宜，奉宪饬办何等繁难，即朝作夜思，事必躬亲，犹虑弊端百出。若假手于佐贰差保，漫不经心，任其遇事生风，未有不扰民者。即如编查各船，自以渔户为最要。然闻向例佐贰差保於点验渔户，不无规费。此次事关特别，方冀各渔户不贪小利，不与枭匪暗通消息，岂有佐贰差保先取规费之理？且渔户大男小女，以船为家，以鱼虾易柴米，一日无鱼虾，则一家饥饿。招集点验，自应迅速放行，岂忍令其久候，讵娄县主簿冯步安不知轻重，胆敢以钉牌为名藉端，留难各渔户已集白龙潭，不立时报县点验，荒谬已极。除从严查办外，札县遵照，务将各渔户及各项船只革除点验规费，出示晓谕，慎防佐贰差保遇事生风，致成扰民之举。藩宪办事严切，佐贰差保岂容以身试法。该令仍谆谆告诫，并将出过示稿报查等。因下县奉此合行出示，严禁为此示仰阖邑。渔总渔户各项船埠船户人等，悉须知此次编查船只并无丝毫规费，如有差保人等仍向尔等船户勒索银钱情事，准由尔等指名禀县以凭提究。

总的来说，就是佐贰官滥用职权，在点验船只的时候向船户勒索银钱，类似于黑社会收的保护费。对此政府规定百姓可以上访举报佐贰官，利用群众监督限制佐贰官的职权。

从以上资料，我们可以看出，面对勘验、缉捕、处决、民事审断过程中的特殊情形，统治者采取了一系列措施，州县佐贰官实际上也承担着重要的司法权责，这导致针对佐贰官的限制性规定陷入某种矛盾与冲突。在“强硬”与“妥协”之间，凸显了统治者的专权与无奈，形成“上有政策，下有对策”的非正常权力运行方式。在等级官僚制度下，州县佐贰官虽秩卑禄薄，但亦非闲散，实际上更为“近民”之官 。

而晚清官场的风气是什么样的呢？“稍知自爱及实能为民计者，十不能一二也，此一二人者又常被七八人者笑，以为迂，以为拙，以为不善自为谋。”官场风气如此，令人可悲可叹，如有不合“时宜”者，反倒被人当作迂腐的官员。于是贪官污吏在官场呼风唤雨，佐贰官也滥用职权，为了敛财而不择手段。

《申报》作为晚清时期一份具有重要影响的大众报纸，明确提出了“禁止佐贰收受民词说”的观点，甚至提出要将此规定“大张示谕，悬为厉禁”，即充分发挥社会舆论的监督功能，在整治基层吏政的问题上引入“舆论”的制约力量，这不失为一种先进的政治理念。由此可见，《申报》在记录历史，也在推动历史。

参考文献：

1. 王泉伟. 从分职到分防：明清周县佐贰官略论[J]. 四川师范大学学报（社会科学版），2015（11）.

2. 王兆辉，刘志松. 清代州县佐贰官司法权探析[J]. 西南大学学报（社会科学版），2014，40（4）.

3. 张研. 对清代州县佐贰、典史与巡检辖属之地的考察[J]. 安徽史学，2009（2）.

4. 左平. 清代州县佐贰杂职官员研究述论[J]. 西南师范大学学报（哲学社会科学版），2012（6）.

5. 申立增. 清代州县佐贰杂职研究[D]. 北京：首都师范大学，2006.

6. 刘洋. 清代基层权力与社会管理研究[D]. 天津：南开大学，2012.

作者为2017级新闻学专业本科生（数据新闻报道方向）

指导老师：李煜

读《申报》揭秘晚清博彩业

李嘉琪

晚清的跌宕起伏、暗潮汹涌胜于任何一个朝代，其最后的剪影，不仅仅厕身于史书评述，还隐身于报刊文字，待我们一探究竟。

与前文不同，我探索的这期《申报》独自站在20世纪，揭开了晚清消亡的另一层帷幕。

让我们走近1901年2月23日，清光绪二十七年正月初五刊发的《申报》，思考其不经意间折射出的晚清时代风云。

图1　1901年2月23日《申报》第1版《百官贺岁图》

本期头版用细腻精致的笔法刻画出一幅《百官贺岁图》。这是申报馆对广大读者的新春祝福。

本期《曰报》第 2 版除两篇新年贺词之外，第 3 篇《紧要电谕恭录》连载两版，是一则“上谕”，即旨意的转载公开。

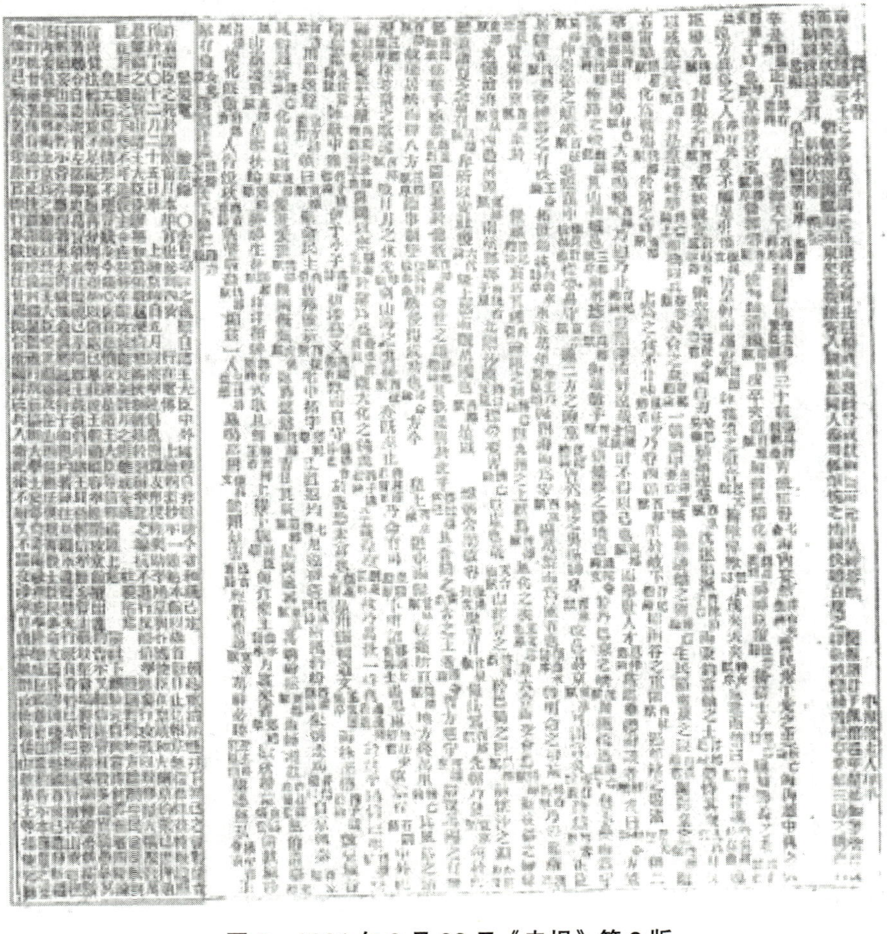

图 2　1901 年 2 月 23 日《申报》第 2 版

第 5 版开始以广告为主。第 5 版有三条消息有关彩票。与之呼应的是，第 6、7、10 版都提到彩票，这些消息的标题为：

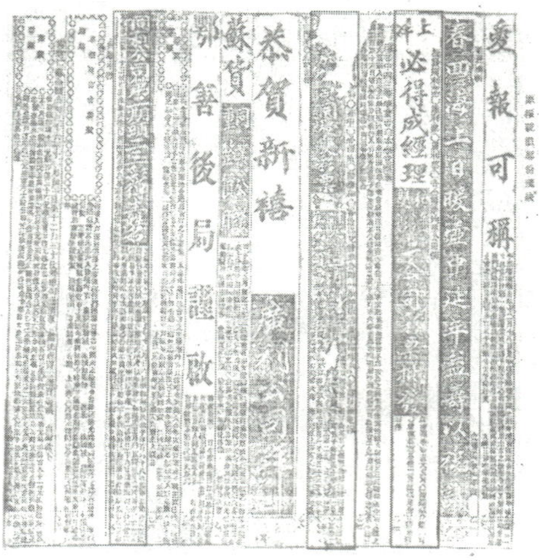
上洋必得成經理
恭賀新禧
蘇貨
鄂善後局謹啟

图 3　1901 年 2 月 23 日《申报》第 5 版

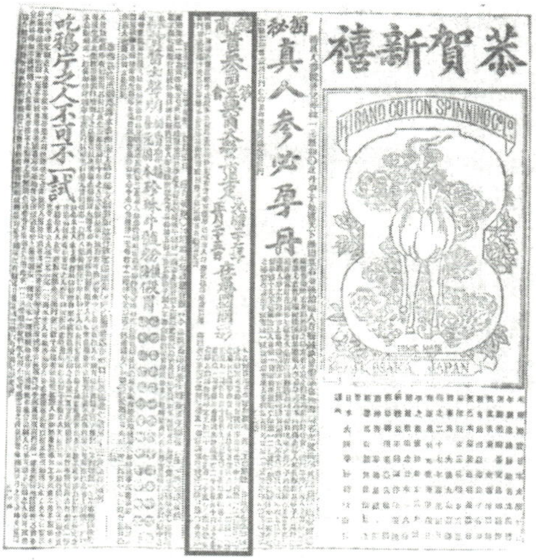
恭賀新禧
真人參必孕丹
HIRANO COTTON SPINNING Co.
OSAKA JAPAN

图 4　1901 年 2 月 23 日《申报》第 6 版

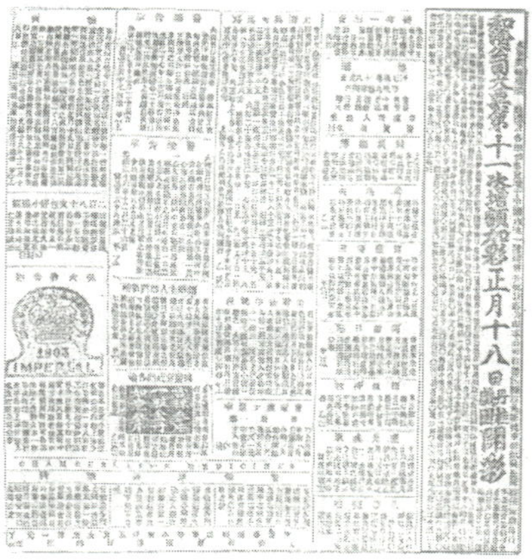
IMPERIAL

图 5　1901 年 2 月 23 日《申报》第 7 版

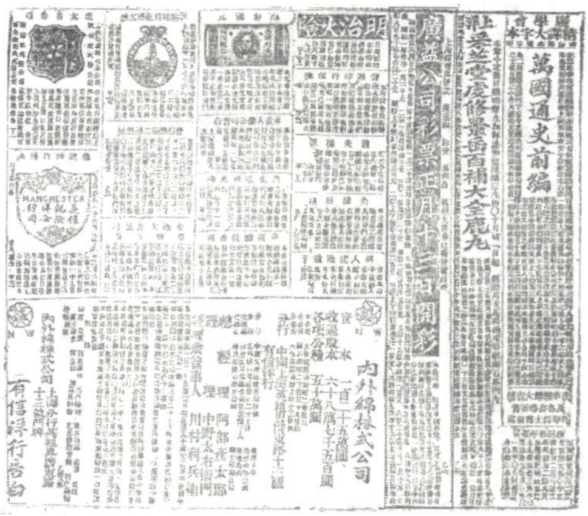
萬國通史前編
內外綿株式公司
有信洋行告白

图 6　1901 年 2 月 23 日《申报》第 10 版

《上洋必得成经理和济双彩二公司彩票批发》；

《大成公司同庆双彩票第一会准定华二月初六日在总公司当众开彩》；

《同利公司第二期二三彩得主姓名》；

《德商普益公司第五会兴商大彩票准定光绪二十七年正月二十五日在愚园开彩》；

《和济公司大票第十一次增额加彩正月十八日丹桂戏园开彩》；

《广益公司彩票正月十三日开彩》。

这不禁引人思考，彩票热潮，是一朝一夕之偶然，还是历史走向的必然？

为了得到答案，我们首先需要了解 1901 年前后都发生了什么：

1894 年，甲午战争爆发，1895 年，签订《马关条约》；

1898 年 6 月，戊戌变法开始，历时 103 天，变法失败；

1900 年，义和团运动爆发；

1900 年 5 月 28 日，八国联军侵华战争爆发；

1900 年 8 月 14 日，京城沦陷；

1901 年 1 月 15 日，奕劻、李鸿章在《议和大纲十二条》上正式签字画押；

1901 年 2 月 21 日，清政府接受了列强要求处死的 12 人名单；

1901 年 9 月 7 日，签订《辛丑条约》。

其中，1901 年 1 月 15 日和 1901 年 2 月 21 日的两大事件与本期报纸时隔不远，由于 2 月 21 日没有报纸发行，当日的事件必将在本期报纸露面。那么我们不妨看一看本期报纸与之相关的“上谕”是怎样说的。

这篇《紧要电 谕恭录》开头如下：

> 去夏拳匪之乱，肇自诸王大臣。中外同声，自非臆造。今者和议已定，朝廷重治罪魁，并下罪已之言。彰徐（徐用仪）、立（立山）、许（许景澄）、袁（袁昶）诸臣之死于诬陷……
>
> 十二月二十五日（2 月 13 日）奉上谕：京师自五月以来，拳匪倡乱，开衅友邦。现经奕劻、李鸿章与各国使臣在京议和，大纲草约业已画押。追思肇祸之始，实由诸王大臣昏谬无知，嚣张跋扈……

我们知道，“拳匪”是“义和团”的别称。在简短的开头中，我们获知的信息并不简单。首先，文章声明义和团运动的罪责全部归咎于“诸王大臣”，可以认为这是朝廷在主动谢罪。晚清政府甚至为曾经谏阻义和团运动并为此丢掉性命的五位大臣公开平反，后文也有这样的文字为其开罪：

> 乃兵部尚书徐用仪、户部尚书立山、吏部左侍郎许景澄、内阁学士联元、太常寺正卿袁昶，经朕一再垂询，词意均涉两可，而首祸诸臣遂乘机诬陷，交章参刻，以致身罹重辟。惟念徐用仪等宣力有年，平日办理交涉事件亦能和衷，尚著劳绩，应即加恩徐用仪、立山、许景澄、联元、袁昶均著开复原官……

接着，文章提出“在京议和”“画押草约”等弥补措施，并再次谴责“诸王大臣”的“昏谬无知，嚣张跋扈”以安民心。

这篇文章中提到了义和团运动中清政府同意处死的“12 人名单”。其中不乏皇亲贵戚、朝堂重臣，所定刑法轻则革职收监，重则发配赐死，由此可见洋人对义和团运动的恼怒程度和清政府在此事件中的一败涂地。我们不妨回顾一下这场加速清政府跌入深渊的义和团运动的来龙去脉。

义和团，原名“义和拳”，又称“拳匪”“拳乱”，是山东省学习武术的团民组织，被山东巡抚毓贤利用以抗衡教会、威吓教民脱离教会。后被慈禧利用排外，消除洋人的阻力，以实现她“废帝”的念想。团民却沿途烧杀抢掠，攻进天津租界，即所谓“庚子事变”。各国公使要求取缔义和团，未得回应。各国便以保护使馆为由，引发晚清时期最为耻辱的战争——八国联军侵华战争。清政府终于自食恶果，于 1901 年 9 月 7 日被迫签订丧权辱国的《辛丑条约》。本版《申报》便见证了统治者抱残守缺的恶果，也预示着晚清终极噩梦的到来，《辛丑条约》的条款如下：

◎ 中国赔款价息合计 9.8 亿两白银（赔偿 4.5 亿白银，分 39 年还清，本息共计约 9.8 亿两）；

◎ 划定北京东交民巷为使馆界，允许各国驻兵保护，不准中国人在界内居住；

◎ 清政府保证严禁人民参加反帝运动；

◎ 清政府拆毁天津大沽口到北京沿线设防的炮台，允许列强各国派驻兵驻扎北京到山海关铁路沿线要地。

《辛丑条约》的签订丧权辱国，还要赔偿巨款，中国自此沦为半殖民地半封建社会。

看到巨额赔款，我突然联想到：铺天盖地的彩票广告是否与此有关？在经济低迷朝廷没落的时代，彩票热潮难道别有玄机？

为了证明彩票广告繁多不是某一期报纸的偶然现象，我翻阅了此后一周的《申报》。从1901年2月23到2月28日，每一期大约50条主要消息中，与彩票相关者占1/10到1/8。刊载有关彩票的广告集中在第4、5版，而且基本上是相同的几家公司。然而在一年前，彩票还只是报刊可有可无的广告，几乎可以视而不见。

我又查阅了相关的研究论文，找到对清末彩票热的如下描述：

> 1901年，仅在上海正式注册的彩票公司就有11家，月销彩票17万张左右，销额达85万元之多；1903年，在武昌"每一大街，长不过二百码，而售彩票者，竟有4家；凡彩票之店，装饰华丽，颇动人目"。[①]

那么彩票是如何走进晚清百姓生活的呢？

最先引进中国的彩票是菲律宾发行的"吕宋票"，从第二次鸦片战争开始，"独领风骚"40年。1899年，江南义赈票问世，江南义赈票又被称为江南票，是官方批准发行的第一种大型彩票。从吕宋票到江南票，标志着中国彩票事业从进口转售外洋彩票到自办发行的转折，也是20世纪彩票风行全国的肇端。[②]

在江南票"名正言顺"地风靡上海之后，洋人彩票行大行其道。据研究，本期《申报》中开彩的"和济""大成""普益""同利""广益"都是于1900年至1901年间成立并发行的"洋彩票"。短短一年之内，外商在上海接连成立了10家彩票公司，彩票其时蔚然成风。

我不禁好奇，清政府对彩票现象持何种态度呢？

从相关研究得知，政府在光绪十一年（1885年）以前一直处于"禁"彩票阶段。不仅明令禁止，还将彩票与赌博视为同样败坏风气的娱乐方式，

① 陈凯，周涛. 清末彩票的"禁"、"设"、"售"［J］. 鸡西大学学报，2013（4）.

② 闵杰. 论清末彩票［J］. 近代史研究，2000（4）.

罪罚相同。时人云："彩票者，虽无赌博之名，而有赌博之实。"[①]清朝刑法虽然严酷，但对购买彩票这种行为不容易准确量刑，因此，早期租界兴起的洋彩票在清政府"睁一只眼闭一只眼"的情形下撩动了百姓和地方官员购买彩票的欲望。

那么彩票真的可以用来筹款吗？

我们不妨根据《辛丑条约》的条款算一笔账。清政府要在 39 年之内赔偿白银 4.5 亿两，本息共计 9.8 亿余两。仅仅到 1902 年便应付 2 000 余万两。而当时政府实际国家财政税收仅 8 000 余万两，政府实在不堪重负。而彩票收益如何？据调查，区区吕宋票，在上海的年销额为 50 万元左右，按当时的币值不是个小数字……[②]鉴于以上事实，朝廷认为办彩票筹善款是"愿者上钩""无痛的税收"，何乐而不为呢？

这个理由看似很有道理。诺贝尔奖获得者乔治·刘易斯·博奇曾说道："彩票能用人人平等而又合理合法的方法，来满足人类天生具有的摆脱道德责任的欲望。"

但是彩票这种赌博形式，真的就能因为筹款之利而大行其道吗？

我在 1900 年 2 月 8 日《申报》第 2 版找到一条名为《示禁赌博》的消息，这条消息强调了赌博的不良影响，还特意提到春节期间更不能"钻空子"。1901 年 2 月 23 日第 4 版也有类似报道：《赌禁仍严》，宣布过年与民同乐，开放赌禁 3 到 5 天，现已逾期。1901 年 4 月 22 日《申报》第 3 版发文《示禁彩票》称："接租界领袖西洋总领事华函，以现在上海公共租界内所设之各项彩票，实非正经之道，会议嘱工部局将所发无论中外彩票之执照概行收回。今工部局定即遵办，并设法在租界内杜绝复售。各国领事馆现议：凡各该国之商民，如有违此章程，定行罚办。"这几条新闻令人疑惑：彩票到底是"开"还是"禁"呢？

① 论鄂省议行彩票事. 申报［N］. 1901-10-18（1）.

② 闵杰. 论清末彩票［J］. 近代史研究，2000（4）.

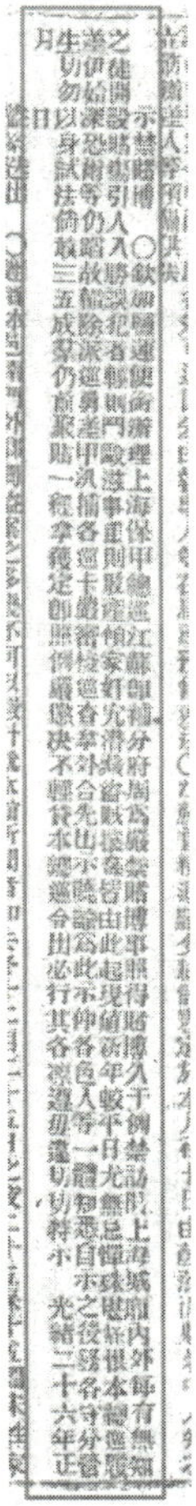

图7 1900年2月8日《申报》第2版《示禁赌博》

图8 1901年2月23日《申报》第4版《赌禁仍严》

图9 1901年4月22日《申报》第3版《示禁彩票》

通过查找资料，我得到了答案。朝廷仍坚持认为赌博败坏社会风气，却对彩票泛滥成灾不闻不问。西方驻上海的领事们的处理方式却相反，他们视滥发彩票为不正当的商业行为，必须出面干预，于是有了上述“收回执照”的声明。到规定期满之时，外商在上海的所有彩票公司已经全部解散，整个上海市场中洋商彩票消失净尽。[①]可见，结束彩票泛滥并不难，关键只在于政府如何认识彩票，有无禁止滥发彩票的决心和能力。

然而洋商撤走了，尝到巨大利益甜头的督抚官员们却开始怂恿当权者开禁彩票，表面号称“善后筹款”“新政集资”，暗地却资助中国彩票公司以中饱私囊，闹得朝廷与地方鸡犬不宁。而这场乱局，还是朝廷昏聩无能、法令不清导致的，清政府上下见风使舵、麻木腐败，与其时洋人领事相比，相去甚远矣！

正因有前文所述的开办彩票先例，《辛丑条约》签订后，彩票公司借着筹款的名头遍地开办彩票。于是从1902年起，为应付庚子赔款，出现了上海以外的各省自辟的彩票新市场，所办彩票的名目，也由过去“为民解困”的救灾彩票，变成了替朝廷“善后”的“筹饷”彩票。[②]彩票就在政策与腐败的夹缝中发行销售着，渐渐形成潮流。

根据以上分析，我们不难看出，清末彩票热仅仅是戴着“善行”的面具掩护政府官员中饱私囊的丑恶行径，热潮兴起的根本在于督抚大臣的撑腰，连清政府都无可奈何。令有禁而行不止，背后都是利欲熏心的腐败现实。由此观之，清朝的灭亡，其背后分明就是政府内部的麻木与腐败在作祟。

最后，我们不妨看一看彩票热潮的冷却。禁绝彩票呼吁了10年，直至1909年，民族资产阶级首次在中国的政治舞台上登台亮相，这股独立于朝堂之外的势力让彩票热潮冷却成为可能。首先提出禁绝彩票这一问题的是江苏、浙江、广东等省，因为它们最早创办彩票，深知其中弊害；还因为立宪派在三省中力量最强，能够控制咨议局。[③]

江苏、浙江、广东率先禁止彩票意义重大。上海是全国最大的彩票市场，加上浙江、广东，这三省的彩票销售量约占全国的60%—70%。三省既禁，各省彩票失去了主要的销售市场，彩票销路断绝，资金外流受制。这样，广东、江苏、浙江主动禁止彩票，引起各省的连锁反应，形成多省吁请禁止彩票的

① 闵杰. 论清末彩票［J］. 近代史研究，2000（4）.

② 论松江购买彩票之盛［N］. 申报，1907-3-18（2）.

③ 闵杰. 论清末彩票［J］. 近代史研究，2000（4）.

局面。[1]持续十年的彩票乱局，终于落下帷幕。

《申报》的彩票广告，不经意但真实地反映了博彩业兴盛初期的流变，并折射出令人失望的晚清时政的现实情境。在腐败风气之下，博彩业的兴盛与衰竭，不过是王朝命运的提前演绎。从这一角度来说，我们在《申报》上看到了历史的底本。

作者为2016级新闻学专业本科生（数据新闻报道方向）

指导老师：李煜

① 闵杰. 清末十年彩票热[J]. 武汉文史资料, 2010(1).

由“宽筹民食”管窥晚清粮食危机

李晨雨

翻开晚清史书，关于饥荒的记载比比皆是，触目惊心。我之前总认为饥荒的原因不过两种，一是天灾歉收，二是人口稠密，但读完这一期《申报》，我才发现这其中的原因交织错杂，令人绝望。

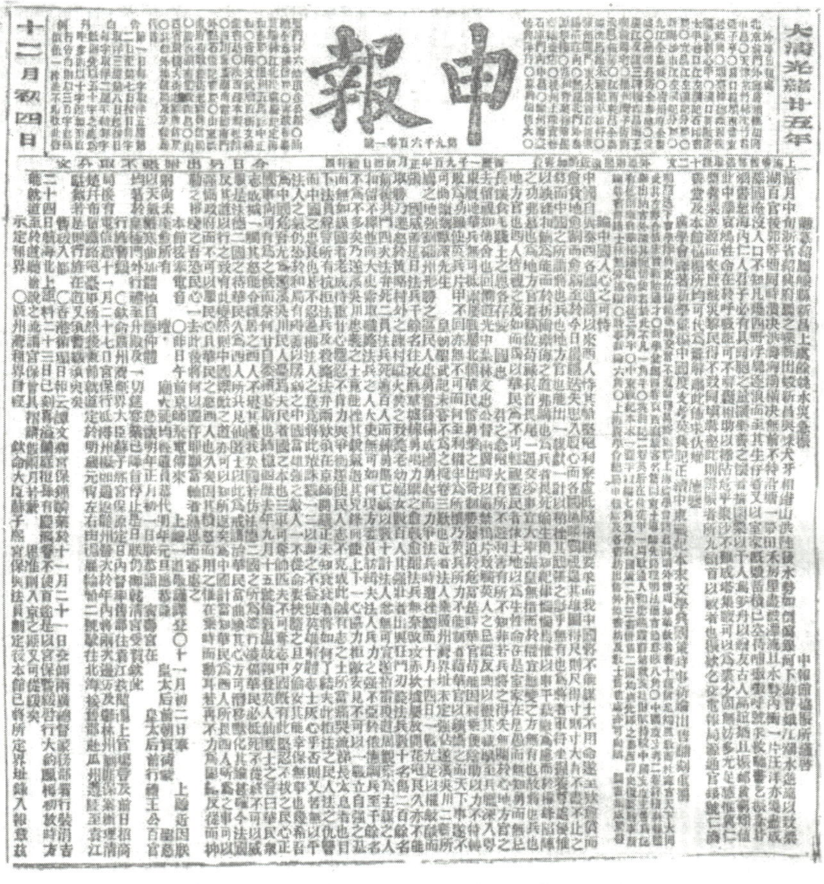
申報

大清光緒廿五年

图 1　1899 年 12 月 4 日《申报》第 1 版

我的生日是 1999 年 12 月 4 日，一百年前的 1899 年 12 月 4 日，《申报》的一位编辑愤而写下《报纪宽筹民食系之以论》这一社论，刊登于该期头版。

在文章开头，作者引用了前一期刊登于头版的《宽筹民食》一文的原文。对于灾荒，清政府采取的对策有二：一是在顺直（即河北、天津一带）区域禁酒，二是免去贩运粮食入都的商人的税费。

接下来，对于这看似稳妥的政策，执笔人却“不禁有说焉”。对于免去米税的政策，作者是这么批判的：南方米税沉重，输北之米税一减，有利可图的商人必会将大量米运往北方贩卖，导致南方米价上涨，进而使贩米成本上升，对降低北方米价于事无补。

于是作者提出自己的对策：南北米税“一概蠲免”，除此之外，加重酒税，严禁出口。他的理由很有说服力：酒税一重，酒价必贵，酒价贵则饮者日少，饮者少则销路自减。既可以弥补停收米税带来的亏空，又可以限制烧锅而减少粮食的消耗，可谓两全。

读罢这篇社论，我不禁起了疑问：清末饥荒频发，真的只是限制烧锅、免收米税可以解决的吗？我同时又有一疑问：中国虽然不是产粮大国，但有松嫩平原、成都平原、江汉平原、太湖平原、三江平原等粮食主产地支持，应当是有能力应对天灾导致的粮食短缺的，为何清末的饥荒如此频繁，甚至出现“丁戊奇荒”这样的惨剧？

出于好奇，我查阅了很多文献，对晚清饥荒的原因有了一些粗浅的了解。

饥荒的形成有两个明显的原因，第一，晚清人口数量呈爆炸式增长。人口增长曲线如下图所示：

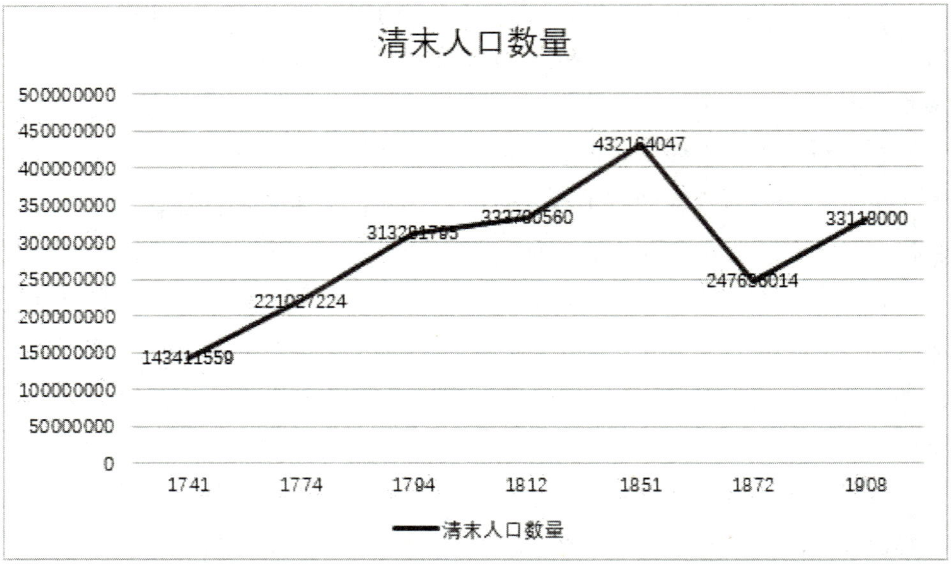

说明：1851 年到 1864 年发生了太平天国运动，民众死伤众多，大量流民涌现，加之战乱导致吏治缺失、统计出现误差，使得人口数量在 1851 年后发生骤降，但由图观之，20 世纪初期的人口数量相较于乾隆年间还是有大幅增长的。

数据来源：前五项来源为《大清历朝实录》，最后一项数据为清政府于宣统二年（1910 年）六月公布的人口普查结果。

图 2　清末人口数量

第二，则是自然灾害不断。翻开《清史稿》，当年的灾情触目惊心：

光绪二十五年己亥春正月庚戌，抚恤豫、皖被贼州县灾民。丙辰，诏清庶狱。庚申，免涡阳等州县被贼税粮。

六月庚子，赈庐陵等县水灾。

九月丁未，以旱诏求直言。（诏求直言：诏求直言是中国帝制时代一种比较常见的政治现象，皇帝诏求直言的原因，一是为了树立皇帝开明纳谏的形象，二是受中国古代天谴论影响，认为这是应对自然灾害或异常天象的重要举措之一）

是秋，赈浙江、湖南、甘肃水灾，陕西旱灾。

十二月乙酉，免榆林等处被灾田粮。

是冬，赈山西、云南、陕西、甘肃、山东等属灾。[①]

频繁的自然灾害无疑给农业带来了沉重的打击，收成锐减是造成饥荒的直接原因。

表 1 光绪年间山西粮食约收分数与实收分数统计表（五分有余以上）

	约收														实收													
	二麦							秋禾							二麦							秋禾						
	9+	8+	8	7+	7	6+	6	9+	8+	8	7+	7	6+	6	9+	8+	8	7+	7	6+	6	8+	8	7+	7	6+	6
1875				1	4	33	17			1	5	6	30	21					5	38	15		1	2	7	32	22
1876				1		15	16				3	3	12	19				1		12	19			1	3	16	19
1877						7	9	—	—	—	—	—	—	—					1	5	11						1
1878					1	5	6		1		2	4	8	12	—	—	—	—	—	—	—		1	2	2	12	7
1879			1			3	5			3	3	11	16	24	—	—	—	—	—	—	—	—	—	—	—	—	—
1880		1		5	3	32	17				2	3	26	21	—	—	—	—	—	—	—			2	1	25	24
1881				1	1	19	22				1	2	24	22					1	30	19			1	4	26	18
1882				2	6	24	23				1	5	28	28	1			4	5	27	21			1	4	33	25
1883				2	2	22	26				2	4	30	27				3	3	23	27			2	6	30	26
1884				2	4	31	17				2	4	30	17						15	9			4	2	24	20
1885				3	2	22	21				8	7	28	13				3	3	24	21			10	5	28	14
1886				2	2	15	16				6	3	21	21					2	18	20			8	4	20	18
1887		1		4	3	24	14				6	2	22	21		1		4	3	25	14			6	3	23	20
1888		1		3	1	21	13			1	2	4	16	13		1		4	1	19	15	—	—	—	—	—	—
1889		1		2	1	10	11		1		6	2	20	16				3		10	12	1		5	1	22	19
1890		2	2	1	3	16	13			2	4	3	18	15		2	2	2	3	16	14	—	—	—	—	—	—
1891		1		2		6	6					1	9	9		1		2		7	7				1	9	6
1892							2				2	1	20	13						1	3	—	—	—	—	—	—
1893				1	1	18	14				5	3	17	12				1	1	21	14	—	—	—	—	—	—
1894				12		22	14		1		7	4	18	15	—	—	—	—	—	—	—	1		6	4	17	16
1895			1	6	3	18	21		1		3	3	17	18	—	—	—	—	—	—	—	1		5	3	18	13
1896				3	3	15	19				2	2	13	14		1		2	4	15	20			2	2	16	14
1897				1	1	20	15					3	12	11				2	1	16	17			1	2	15	10
1898				1		9	7				1	2	12	12	—	—	—	—	—	—	—	—	—	—	—	—	—
1899			1	1	1	14	7					1	3	11	—	—	—	—	—	—	—	—	—	—	—	—	—
1900						2	4				5	14	11	22	—	—	—	—	—	—	—	—	—	—	—	—	—
1901					1	3	4	1	1	1	1	4	11	12	—	—	—	—	—	—	—	—	—	—	—	—	—
1902					2	2	5				1	4	5	15	—	—	—	—	—	—	—	—	—	—	—	—	—
1903			1	1	3	19	11				2	5	23	16	—	—	—	—	—	—	—	—	—	—	—	—	—
1904	1			1	6	18	12				1	2	17	11	—	—	—	—	—	—	—	—	—	—	—	—	—
1905				2	1	10	8				1		12	7	—	—	—	—	—	—	—	—	—	—	—	—	—
1906						3	6			1	3	1	12	14	—	—	—	—	—	—	—	—	—	—	—	—	—
1907					1	5	11				1		8	10	—	—	—	—	—	—	—	—	—	—	—	—	—
1908				1	2	3	5				1		12	12	—	—	—	—	—	—	—	—	—	—	—	—	—

图示说明：收成分数，即各地农田之收成状况。清制，各直省之收成分数，责成该督抚随时确查具奏。每年夏、秋两季，汇齐全省之分数，分别题报。上表列出了 1875—1908 年山西二麦（夏季收成）、秋禾约收分数与实收分数下收成大于“五分有余”时每一个等级所占州县的个数（五分以下，为歉收，不计入）。在光绪年间的三次荒灾是“丁戊奇荒（1877—1878 年）”，1893 年左右的灾荒

① 清史稿：卷二十四：本纪二十四[EB/OL].[2018-01-27]. http://www.zggdwx.com/qingshig ao/24. html .

及1900年左右的灾荒，这三次灾害期间收成分数在六分及六分以上的县份最少。[①]

除了以上可以想象到的原因，其实还有这样一些历史现实情况，即中国的粮食安全问题在全球化的市场条件下已经完全不同于之前闭关锁国之时。

当时有广泛的粮食进出口贸易，已严重威胁着中国的粮食安全。一方面，商人不会将粮食运销到国内的饥荒之地，而是私运出口，以谋求暴利；另一方面，列强粮食倾销导致国内对进口粮食的依赖。

从这篇社论中笔者就发现此间端倪，"又有奸商市侩私运出口，以致南地民无盖藏"。可见，除去粮食匮乏的北方外，南方商贩还会将粮食贩卖出口。

无独有偶，在1899年1月12日的《申报》头版上，就有对日本的粮食政策发出的感叹："日本核算之周且密也……今岁所出之米，今岁已核有成数，计口授食，盈绌了如指掌。既知其不敷一兆余石，必多方运贩，断不肯使民间缺乏，是则力求进口之不暇，更何致贩运出口。"反观中国，作者又发出叹息："今者，奸商竟公然贩运出口，皆因不知预核，成数先事防维，直至价目过昂，始为查察，吁已晚矣。"

一方是未雨绸缪，一方是杀鸡取卵，如果中国商人能不贪图眼前利益，不急于将收获的粮食出口，而是从长计议，如果政府能及时查漏补缺、囤积粮食，那么也不至于饥荒时无粮可解燃眉之急了。

然而，要商人做到这点又何其不易。1896年7月21日签订的《中日通商行船条约》，第12条如下：

> 日本臣民于中国通商各口岸之外，购买中国货物土产为运出外洋者，除出口时完出口正税外，如照以上第十一款所列数目，照出口税则核算，完纳子口税，以抵各子口税项，此后不论在中国何处，所有税赋、钞课、厘金、杂派，一概豁免，惟完子口税之日起，限十二个月内，运往外国。又日本臣民在通商各口岸购买中国货物土产，非系禁运出外洋之物，运出口时，只完出口正税，

① 马国英. 晚清粮食收成分数研究（1875–1908）——以山西省为例[J]. 西北师大学报（社会科学版），2015（5）.

> 所有内地税赋、钞课、厘金、杂派，一概豁免。又日本臣民在中国各处购买货物以备运出外洋，准由此通商口岸运到彼通商口岸，惟应照现在章程条规办理。

当时的中国，为还清《马关条约》的赔款，先后于1895年、1896年和1898年订立俄法借款、英德借款和英德续借款合同，债务缠身，国内赋税繁重，国库空虚。过度征税的现象在这篇社论中也有体现："大吏因筹饷支绌，开办米捐沪上，几致数日不能成市，米价因之愈不能跌。"由此观之，将米贩往国内的成本要远远大于将其出口的成本，因此国内粮食商贩的行为也是情理之中的。

对进口粮食的依赖也降低了自身应对饥荒的能力。通过出口粮食转嫁危机是很常见的做法，在《南京条约》开放五口通商以来，中国逐渐成为列强的粮食倾销地。虽然大规模进口粮食对缓和沿海地区的粮食供需矛盾起了一定作用，但也造成了中国粮食生产能力衰退，加大了对进口粮食的依赖，使中国在进口米数量下降的情况下，独立面对饥荒的能力大大减弱了。如下图所示，1877—1878年（丁戊年间），少有进口粮食；1888年之后，洋米进口量一路增长，但到1900年前后，则出现骤降。

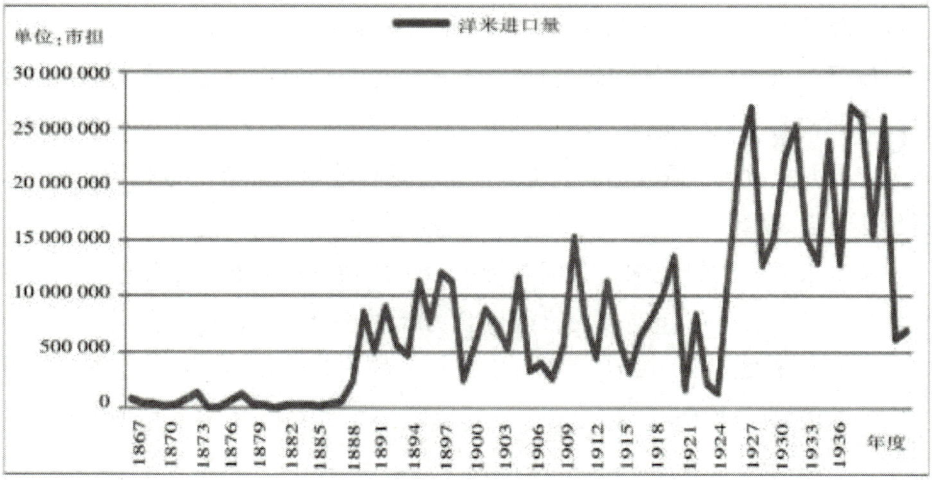

图3　1867—1937年洋米进口量[①]

① 许道夫. 中国近代农业生产及贸易统计资料［DS］. 上海：上海人民出版社，1983.

有研究者发现，连年饥荒的原因，其实还有大面积的罂粟种植，“罂粟被种在最肥沃的地里”①，导致农业生产无法正常进行。

1858年，中英《通商章程善后条约》签订后，鸦片成了合法商品，输入中国的鸦片急剧增加，与此同时，国内的种植面积也日益扩大。早在1857年，闽督王懿德奏请“抽捐济急”，从“洋药”“土药”中征收捐税，暂作兵饷，1859年议准后，变成正税。从此，种植罂粟获得官方许可，并得到地方各级官吏的支持。特别是光绪初年，李鸿章公然主张广种罂粟，增加厘税，并以此抵制“洋药”输入。在这种饮鸩止渴的误国政策下，鸦片种植业便以空前的速度在全国各地迅猛发展起来。

光绪年间，“中国如四川、陕、甘、云、贵、山西、江淮等处，皆为产土最盛之区”“各省鸦片烟地，几如鳞比”②。烟害最巨的山西一省几乎到了“无地不种”的程度。随着鸦片种植面积的扩大，鸦片产量也大幅增加，1900年中国土产鸦片376 000担，1906年增至584 800担。③

清末社会几乎成了一个鸦片种植的世界。鸦片的大面积种植，给正常的农业生产造成了极大危害。据户部资料统计，1906年全国种植鸦片的面积约18 713 600亩，约占全国耕地面积的2.2%，这必然影响到粮食作物的种植。如山西由于种烟地亩“通省皆是”，因此，丁戊奇荒中，在产烟最多的山西饿毙人数最多，在种烟最盛的交城、文水等地粮价也最高。

仅仅是为了多征军饷就将罂粟纳入征税范畴，使得大量农作物的种植空间被罂粟侵占，以致民间“亩无栖粮，家无储粟”。百姓在面对自然灾害时完全失去方寸，乃至饿殍遍野，生灵涂炭，这样的政府怎能不危机四伏，“停摆”是历史必然。

从清末频发的饥荒中，我们看到了一个急功近利、麻木不仁的清政府，商贩为利所驱，不惜违逆黎民百姓以食为天的“天条”，将粮食运送出口；各级政府对于储备粮食毫无“数目字管理”的宏观调控理念；中央政府为多征税费不惜腾出种植粮食的宝贵土地种罂粟，戕害百姓。百姓只能听天由命，

① 李希霍芬. 李希霍芬中国旅行日记［M］. 北京：商务印书馆，2016.

② 朱寿朋. 光绪朝东华录（五）［M］. 北京：中华书局，1958：5593，5972.

③ 李文治. 中国近代农业史资料（第1辑）［M］. 北京：生活·读书·新知三联书店，1957：458.

盼望着风调雨顺，否则就是一场接一场的饥荒灾祸、朝不保夕。

幸好仍有《申报》这样的大众报纸，不甘于麻木，不断为摆脱这一困境而思考、发声，也使我们在百年之后看清了晚清连年的饥荒，是天灾，更是人祸的历史真相！

参考文献：

1. 黄定天. 清末民初东北地区海关的设立及其业务活动[J]. 北方文物，2005(4).

2. 龙泽弘. 论清末（1894—1911年）汉口对外贸易的发展与帝国主义的经济掠夺[J]. 湖北社会科学，1988(5).

3. 许道夫. 中国近代农业生产及贸易统计资料[M]. 上海：上海人民出版社，1983.

4. 苑朋欣. 清末禁种鸦片述略[J]. 唐山师范学院学报，2005(11).

5. 马国英. 光绪年间山西粮食产量研究[D]. 太原：山西大学，2010.

6. 朱寿朋. 光绪朝东华录（五）[M]. 北京：中华书局，1958.

7. 李文治. 中国近代农业史资料（第1辑）[M]. 北京：生活·读书·新知三联书店，1957(12).

8. 清史稿：卷二十四：二十四[EB/OL]. [2018-01-27]. http://www.zggdwx.com/qingshigao/24.html

9. 张燕.《清实录》有关中国人口总数资料[J]. 西北人口，1981(1)：64-66+49.

10. 中国历朝历代人口数据[EB/OL]. [2018-12-07]. http://www.docin.com/p-981732821.html.

作者为2017级新闻学专业本科生（数据新闻报道方向）

指导老师：李煜

“一斑窥豹”读《申报》

李　奕

众所周知，《申报》是近代中国新闻史上最知名的报纸。这样一家上海滩报馆中的“巨无霸”，毫无疑问是同行中的佼佼者。然而，这面“中国近代社会的镜子”，却因各种各样的原因而带有一定的局限性。现就一期报纸来谈一谈《申报》的局限性。

我选择的是我出生前一百年那天的《申报》（总第8774期），出版时间是1897年9月19日，清光绪二十三年八月廿三日。[①]

一、从社论看保守思想观念对主编的影响及其带来的问题

《申报》的社论在其标题右侧，即头版头条的位置，从位置即可看出，社论有着非比寻常的重要性。社论所表达的往往是主编最想向读者传达的观点。

这期报纸的社论题目为《论中国防弊之无益》。首先我们来解释一下“防弊”的意思。防弊是指防备奸伪欺诈之事，如防备官场陋习等。其实这并不是一个新鲜的话题，关于“防弊”的讨论往往伴随着对法制与规范的思考，如梁启超在《论中国之积弱由于防弊》中就曾分析“防弊”使中国积弱的原因：

> 防弊者欲使治人者有权，而受治者无权，收人人自主之权，而归诸一人。[②]

① 本文所录《申报》均出自上海书店1983年影印版。

② 梁启超. 论中国之积弱由于防弊［M］//饮冰室合集：第一册. 上海：中华书局，1936：99.

即制定规则的人想的是维护自己的利益，将属于每个个体的权力都收归于己。而尽管同样是阐述“防弊”带来的问题，《申报》头版言论提供了完全不同的思考方向。首先，作者开门见山地提出了自己的观点：

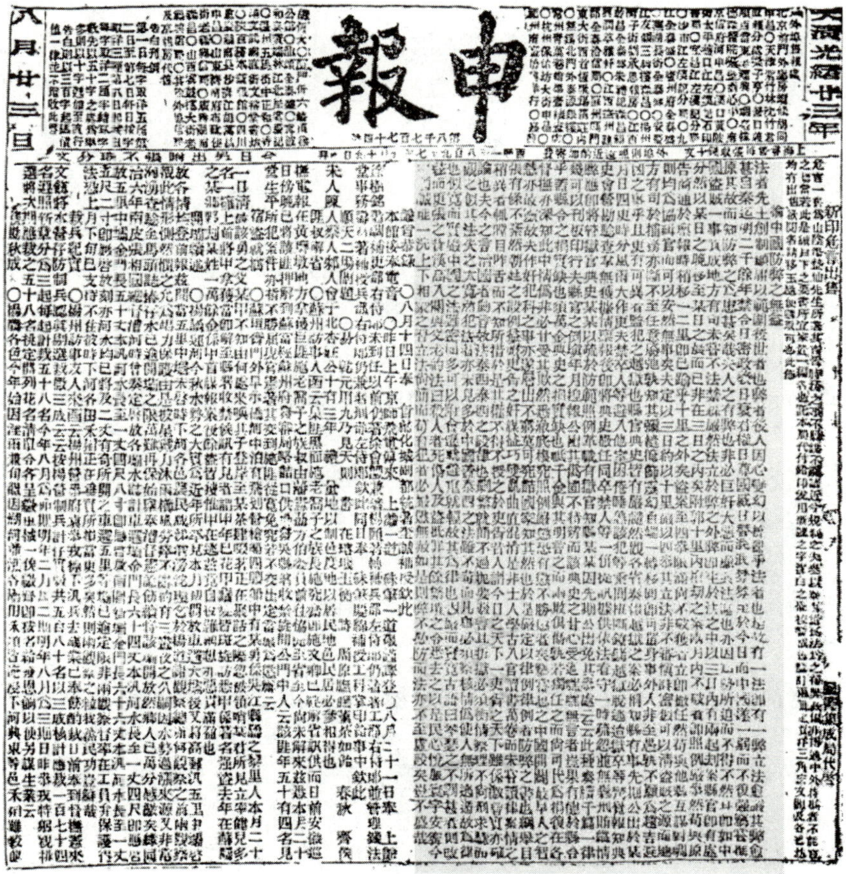
申報

图 1　1897 年 9 月 19 日《申报》第 1 版社论

立法愈严，其弊愈甚。防弊之为患甚矣哉。

这个观点在现代人看来似乎有点不可理解。很明显，作者把“防弊”等同于严格立法，而他认为严格立法是有坏处的。

接着看后面的内容，作者开始举例说明官场的种种弊端和陋习：

以三日之内有两起劫案，县官即有处分，然以某日之晚移至某日之晨，而已非在三日之内矣。

附郭十里内抢劫之案，两月内不破者，即照例严惩。然苟与原告商通，于禀报时稍移一二里，即已逾乎十里之外矣。

还有诸如嫌犯越狱时报告总称风雨大作等舞弊之法，原文大篇列举，在此不再赘述。

随后，作者开始议论：

中国开辟最早，人之智慧亦最灵，故夫作奸犯科之事亦遂层出不穷……国家知其然也，于是严定以律例。律例者，防弊之书也。然朝廷之设例愈严，吏胥之奸谋益巧。

最后一句点出了社会问题所在。而作者又想怎样解决这个问题呢？

今中国成能一洗上下相蒙之习，立法尚简，而苟有犯者，必严惩无赦。如是，则弊不必防，而法亦不虚设矣。

也就是说，面对官场积习，《申报》主笔拿出的解决方案不是严格立法、从严执法，而是“立法尚简”。

作者何出此言？在文章的前半部分有这样一句话，可作为作者此言的注脚：

夫人之有弊也，非必巨奸大恶而显于法违也，亦因为势所迫而不得不然耳。

这就不难看出作者思维的保守了，一句“情势所迫”，说明作者尚不能真正理解法律的意义，也就无法对立法提出建设性意见。诚然“立法尚简”的建议有操作性方面的考量，但以保守的眼光看待违法行为才是症结所在。

这里插入一段，先介绍一下当时的《申报》主笔黄协埙的身世与经历。黄协埙少年博览群书，工于诗词，尤长于骈体文写作，但科考屡次名落孙山。1883年下半年成为《申报》的一员主笔。1888年参加秋试未入其闱，故常感喟怀才不遇。1894年至1904年出任《申报》第四任总主笔。[1]

从其经历来看，黄协埙无疑深受儒家教育的影响，而儒家思想中的“仁治”反映在他对立法问题的认识上。这篇文章只是当时主笔保守观念的一个缩影，时人对黄协埙就有这种评价：

而总主笔黄君，竟竞竞于字句间，撰述之稍涉激烈者，记载之略触忌讳者，必于阅总时悉数删去。黄君昧于时势，犹牢守其往昔成见。[2]

可见，当时就已经有人意识到《申报》的社论观点保守，而主笔则“昧于时势”。从这篇言论我们也可以看出，黄协埙受到的传统儒家思想教育导致他思想中保守成分居多，从而不能顺应维新改革的新形势。

二、从三个细节看《申报》对“政治正确”的过度追求及其带来的弊端

细节一：对京师来电的报道

当时，中国报纸使用电报传达新闻已不是一件新鲜事。然而，《申报》对于京师来电的语言叙述则是比较复杂的。在本期报纸中，京师电传的新闻前有这样一段编者按语：

> 本馆接奉电音，昨日上午京师飞电传来，上谕一道，朱笔一道，敬谨译登。

而对比1902年出版的《大公报》的用词，对同样来自京师的上谕只用四个字来代替：

> 上谕电传

> 其实黄协埙主持《申报》笔政，一开始就表现出这种对朝廷“温良恭俭”的态度：

① 张功臣. 民国报人：新闻史上的隐秘一页［M］. 济南：山东画报出版社，2010：320.

② 张功臣. 民国报人：新闻史上的隐秘一页［M］. 济南：山东画报出版社，2010：325.

上任不久，黄协埙创造了一种格式化的言论体裁，即“恭读某月某日懿旨（上谕）谨注其后”体。①

细节二：新闻语言与表达

在《申报》的头版社论之下，是一条条的新闻，这些新闻大多为短讯。但在本期这些新闻中却出现了一篇字数较多的内容。

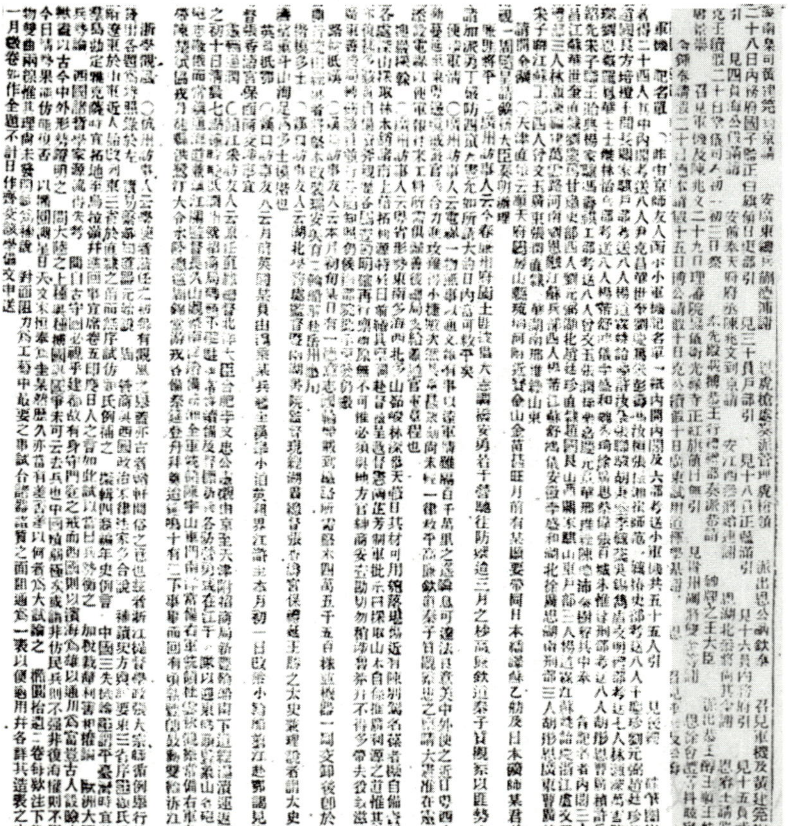

图 2　1897 年 9 月 19 日《申报》第 1 版新闻

而文章说了什么呢？全是“请安”“引见某人”“谢恩”。

由此我们可以提出问题：在新闻叙事中，《申报》有关朝廷的新闻报道是否铺排得过于繁复呢？

① 张功臣. 民国报人：新闻史上的隐秘一页［M］. 济南：山东画报出版社，2010：320.

我们比较一下《申报》和《大公报》对1902年外国公使夫人觐见慈禧这件事的报道。

> 皇太后宣召各国赴事夫人入觐。是日，由奥国使臣齐干君为领袖箭鸣十有二下，带同诸命妇乘舆之东华门进三座门，至上驷院前换乘椅轿，进锡庆门抵皇极门内下轿小憩东配房中俟皇太后升座，然后趋诣丹陛觐见慈禧。皇太后温语欵之，阅片时，三鞠躬而退。计入观者，除奥使及某某诸译员外共命妇十九人。
>
> ——《申报》
>
> 日五刻各国公使夫人觐见皇太后。太后宴饗之。闻宴罢时各国公使向太后行旗礼请安，亦奇闻也。
>
> ——《大公报》

由此可以看出，《大公报》用简洁的语言将整个新闻事件完整叙述出来，还突出了“行旗礼请安”的趣味性信息。相比而言，《申报》的新闻报道就有些详略不当，过于琐碎。当然，笔者认为，这种过于详细的铺陈也一定是因为这条新闻与“朝廷”“圣上”有关，才这样不厌其烦地“恭录”的。

细节三：《京报》全录

何谓《京报》？京报是半官方性质的期刊，是从政府专设机构中誊抄官方拟向公众传递资讯的“公告板”。《申报》自己也说：

> 邸报之制，但传朝廷之政事，不录间里之琐屑而已，故阅之者学士、大夫居多，而农工商贾不预焉，反不如外国之新报人人喜阅也。[①]

当时邸报即《京报》。然而，《申报》在报纸后面几版，全篇附录了《京报》，即“京报全录”。

① 王维江．“清流”与《申报》［J］．近代史研究，2007（6）．原载《邸报别于新报论》，1872年7月13日《申报》，第1版。

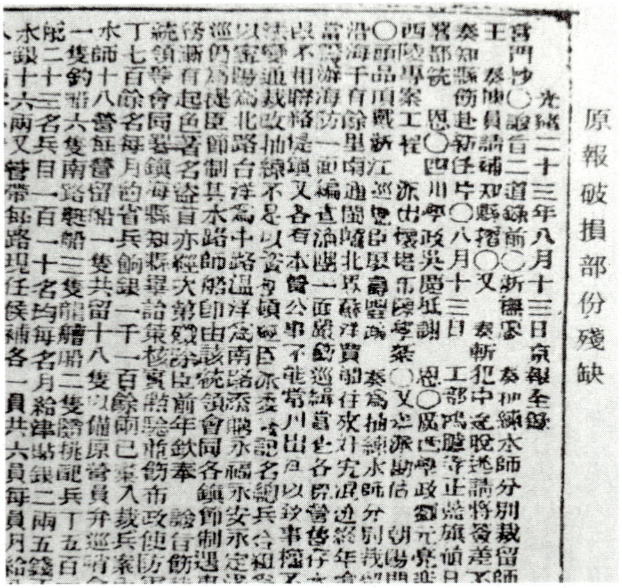

图 3　1897 年 9 月 19 日《申报》京报全录

这只能解释为，《申报》为吸引“学士、大夫”之类的读者，不得不传递邸报的信息。

通过以上三个细节，我们可以看出，《申报》在牵扯到政治与朝廷时，不惜牺牲新闻内容的简洁与吸引力也要保证完全的“政治正确”。这样，一定程度上使《申报》失去了其报纸内容的“新闻性”，因此减弱了其作为新报对社会舆论的引导力。

梁启超曾说：“某以为报馆有两大天职：一曰，对于政府而为其监督者；二曰，对于国民而为其向导者也。”①《申报》作为当时报界“翘楚”，却也不能恪尽职守，存在相当的局限性。反观当今的主流媒体，他们也有必要审视自身，有则改之，无则加勉。

作者为 2016 级新闻学专业本科生（数据新闻报道方向）

指导老师：李煜

① 梁启超. 敬告我同业诸君［J］. 新民丛报，1902（17）.

民国时期国际报道初探

——基于《申报》《大公报》关于巴黎和会报道的考察

奚清逸

一、事件始末

1919年，中国以战胜国的身份参加巴黎和会。政府和国民都对谈判寄予厚望，迫切地想要改善割地、赔款的处境，尤其是收回中国在山东的权益。然而结果令中国人民大失所望，代表团最终拒绝在对德合约上签字。

从1919年1月18日和会开幕到6月28日最终拒绝签字，山东问题的发展经历了几次转折。会议开始之初，中国代表团提出了收回在山东的一切权益的要求。1月27日，日本代表牧野伸显提出，对于山东问题已经与中国达成共识，中国已同意由日本接管山东。4月22日，巴黎和会正式讨论山东问题，美国总统威尔逊提出把德国在山东的权益转交给日本，再由日本把租借地归还中国，之后日本仍能享有山东的全部经济权益的新方案，这是中国无法接受的。之后中国提交了山东由五国接管的方案，遭到和会拒绝，最高会议却收下了日本起草的关于山东问题的"特殊条款"。

中国媒体自始至终对会议保持高度关注，多家报纸持续跟进报道，外交失败的消息成为学生运动的导火索。

二、国际报道的消息来源

关于巴黎和会的报道，其消息来源大致可以分为外国通讯社稿件、国内通讯社稿件、国内其他报纸相关报道、巴黎通讯社的报道、驻外记者直接发回的报道几类。

（一）外国通讯社

外国通讯社是中国近代报纸新闻的最重要来源。如《申报》购买了日本共同通讯社、英国路透社等外国通讯社的电稿。

外国通讯社大多报道与本国相关的消息，或是巴黎和会各国讨论的核心问题，如对于德国的处置，鲜少出现有关中国切身利益的报道。偶有提及，如《申报》5月9日的一篇报道《欧洲构和草约之概要》：“第四节言欧洲以外土地因战事而成之政治上变迁取消德国在海外之殖民地与权利。”① 全篇只是结论性表述，缺乏各国对此问题的立场及反应的报道。

国外通讯社的稿件帮助国人了解巴黎和会的最新动态，却难以聚焦到切实关乎中国的问题上。

（二）国内通讯社的稿件

国内通讯社稿件大多报道国内各界对于巴黎和会消息的反馈，记录了政府各机关对于山东问题的反应，政府官员对于焦点问题拿捏不定、意见不一，也体现了北洋政府的外交态度，积极强硬者有之，消极软弱者亦有之，为研究北洋政府的执政方针提供了宝贵的历史资料。如《申报》5月5日《中国各通讯社电》一文，报道了平和通讯社、中孚通讯社、中华通讯社从北京、广州发来的电稿，其中“鲁省青岛案情形危急，北方新参众两院电驻法专使请坚持力争”② 体现出政府在山东问题上强硬处理、据理力争的一面。

（三）转载国内其他报纸

例如《申报》1919年5月8日转载《晨报》的报道：“又据《晨报》云，关于山东问题日来东京方面消息，均云：已依日本提议决定各报界一律表示欣悦之辞，并讨论此后对华舆论缓和之方法。”③

信息来源匮乏的时期，各家报社也同样互相参考转载。不同报社消息来

① 欧洲构和草约之概要[N]. 申报，1919-5-9(6).

② 中国各通讯社电[N]. 申报，1919-5-5(3).

③ 山东问题危机近讯[N]. 申报，1919-5-8(7).

源不同，媒体定位不同，以及电稿在传输过程中的缺损，都使报道内容或多或少存在缺失、错误，转载有利于信息的筛选，保证了信息的真实性。

（四）巴黎通讯社

巴黎通讯社由李璜和周太玄于1919年3月创办，专为中国报馆提供巴黎和会的相关消息，李璜回忆道："当我一九一九年二月五日到了法国，正是巴黎凡尔赛和会开幕刚及半月，因为它与我国收回山东权益以厦国人希望借之取消不平等条约关系很大，本于爱国之情，我便大为分心，不常去听课，而反去专心于凡尔赛和会的情形，每日读巴黎各大报甚勤。"①

除了翻译新闻，他们也"生产"新闻。在巴黎和会中国代表团成员王正廷的帮助下，李璜和周太玄也得到了进入凡尔赛宫采访的机会，上海《新闻报》还汇来款项请他们拍发电报。

巴黎通讯社的稿件是对巴黎和会的直接报道，为中国报馆提供了大量消息。然而李璜和周太玄等人并非职业记者，且周太玄并不精通法语，报道规范尚不明确。即使他们进入凡尔赛宫，也很难做出如《大公报》主笔胡政之一般准确的判断与报道。

（五）驻外记者

在中国人有关巴黎和会的报道中，最值得一提的就是《大公报》主笔胡政之随行出访所作的报道，胡政之总共发回国内14篇专电和4篇通讯，这些都是巴黎和会第一手的新闻报道。

这些专电短小精悍，简短凝练，没有标题。在14篇专电中，有1篇字数在50字以内，9篇字数在50—100字之间，最长的一篇为567字。事关中国利益的报道有12篇之多，山东问题是最重要的主题。

《大公报》5月20日的"巴黎专电"专栏中提到："胶州湾案美国法国一般舆论对于我国颇表同情，各代表对于签字尚在斟酌利害。据顾公使云，草约规定胶州湾档案移交日本国是无异议，交土地断难照办，如果不能声明

① 陈玉申. 巴黎通迅社始末［J］. 华侨华人历史研究，2012（9）.

将该案留存另订，则应拒绝签字。”[①] 此文概括了各国的态度，准确地把握了国人关注的要点。

除了“专电”，胡政之也向国内发回“通讯”。他作为中国代表团的随行记者采访了多国要员，参与记录了多次会议，如《大公报》4 月 20 日刊载的《和平会议之光景》，详实地记录了各国代表的神态、举止，在描写中暗含立场。

胡政之站在“中国立场”报道国人最关心的话题，其稿件是珍贵的第一手新闻资料。20 世纪 20 年代，我国国际报道的意识尚未萌发，新闻学教育刚刚起步，胡政之的报道有重大的开创意义。胡政之作为中国最早出国采访国际会议的记者之一，也象征着中国新闻业的发展。

三、《申报》《大公报》的媒体特点

从有关巴黎和会的系列报道中，报馆的政治立场以及办报宗旨我们可见一斑，对材料的筛选、评论，表现了媒体的情感倾向以及政治态度，由此彰显出的是该报馆的办报宗旨及特点。如《申报》5 月 10 日《北京报界致巴黎和会电》中写道：“今我国民已醒悟，甘言诱我非所受也，中国报界因此特诉诸全球及世界同业新闻家，切勿漠然视此为等闲之事，愿予以公言协助中国，如昔日之鼓吹欧洲以脱离强权之羁绊也，设无别法解决，则拟仿二十五年前辽东半岛之赎回办法施诸山东，而我国民无论贫富，皆当牺牲一切以求恢复吾故土也。”[②]《申报》表现出了强烈的“中国立场”及爱国情怀。

对政府行为的报道、对学生运动的态度，可以体现出两份报纸的“个性”。

（一）《申报》：一改以往作风，积极声援爱国运动

《申报》高度关注巴黎和会的进展，受消息传递的限制，直接自巴黎发回的稿件数量少，国外通讯社的稿件数量同样有限，所以《申报》转而全力报道国内政府的反应，对北洋政府有关巴黎和会问题的相关回应，《申报》

① 巴黎专电[N]. 大公报，1919-5-20(2).

② 北京报界致巴黎和会电[N]. 申报，1919-5-10(7).

都第一时间登载。对于政府内部的不同声音、前后态度的变化都作出报道，无论是积极强硬的处理，还是消极软弱的答复，《申报》都主动介入，且对有关事项，事无巨细地进行登载。如《申报》1919年5月8日登载的《山东问题危急近讯》一文指出："而我国代表最近则有（最公平之新提案）四条分向各国接洽，效果如何，未接报告。该提案首叙青岛关系，我国自身及各国在华利益，认定该地为南北咽喉，决不能容一国佔据以害东亚未来之和平，内容共列四项：（一）要求由德国直接交还我国；（二）由中国自动的意思开为商埠对于各国一律待遇；（三）中国愿偿还日本对于攻击青岛之费用；（四）废除关于山东问题一切不平等之条约。"①

但不少政府官员在山东问题上持消极态度，5月19日报道："十四日公府特开紧急重要会议，段前总理参众两院议长均列席，全体讨论公同议决，所有草约大体应签字，惟山东问题当依前据之正约及考诸威大总统议和之宣言为准则，全国人民咸知此中条文失败，众心愤激舆论沸腾，迅希仍照尊处抗议，原文大旨再为斟酌审慎。"②揭露了政府前后意见的自相矛盾，表达了对政府消极处理的不满与抗议。

不仅如此，《申报》也声援学生运动，反对政府的压迫，发展时评《爱国之厄运》。作为一份以盈利为目的的商业报纸，《申报》发表声明不刊登日商的商情。

巴黎和会期间，《申报》站在维护民族利益的立场，尽其所能全方位报道巴黎和会，表现出大胆的一面，支持爱国活动，质疑甚至反对政府，印证了"史家办报"的理念，介入历史，关注社会。

（二）《大公报》：打开中国报业的国际视野

《大公报》对于巴黎和会的系列报道最精彩的部分便是胡政之发回的14篇专电和4篇通讯，给予山东问题高度关注，与《申报》相比，《大公报》同样站在"中国立场"，却比《申报》更加侧重"国际视野"。

5月15日，《大公报》转载《京津泰晤士报》（即《天津时报》）的报道：

① 山东问题危急近讯[N]．申报，1919-5-8（7）.

② 政府与专使间最近电讯[N]．申报，1919-5-19（7）.

“以维持中国之所要求者也，引该问题之所系数百万华人之生命财产，孰轻孰重不待智者而知也。如今和会竟断决将德国在山东享有之权利移归日本所有，其和会中各国所组织之委员会虽如此判决，以为将德国之权利赏赐日本，殊不知此项权利实系中国之权利也。”[①] 报道内容更偏重国际上对于山东问题的态度及决议，从列强角度着手，点明“不知此项权利实系中国之权利”，以此表达对山东问题进展的愤懑不平。

而胡政之发回的4篇通讯中，《和平会议之光景》描写了各国外长发言的场景，把美国总统威尔逊、法国总理克列孟梭等人的特征生动地呈现给中国读者，同时暗含褒贬，对威尔逊的描写运用了正侧结合的刻画手法，表现其发言之精彩，这与威尔逊起初提出的山东问题的解决方案较为能使中国接受有关。

《大公报》的爱国精神和世界眼光，为国人了解巴黎和会动态作出了宝贵的贡献。

四、结语

《申报》和《大公报》两家报馆对山东问题的高度关注以及对西方列强决定的抗议都彰显了两家报馆的爱国精神，《申报》一改以往“客观公正”的态度，表达了对政府的反对和不满。《大公报》的报道则更侧重“国际视野”，如胡政之发回的4篇通讯向国人展示了各国外长的特质及态度。

在有关巴黎和会的报道中，我国新闻人做出了新的尝试，标志着我国新闻业国际新闻方面的进步。但报道中也体现出我国新闻业的诸多不足，国际新闻的最主要来源依旧是外国通讯社，中国新闻业发展任重道远。

作者为2016级新闻学专业本科生

指导老师：艾红红

① 巴黎专电[N]. 大公报，1919-5-15(1).

“西风东渐”中的文化与观念的维新

微观科举制的风烛残年

潘雯智

1897年11月10日，是清光绪二十三年十月十六。这一天的《申报》共有14个版面。

《申报》的覆盖面非常广，作为商业报纸，它囊括了新闻、评论，也有文艺作品、广告，各阶层人士都可阅读。

一、由《申报》看科举制的风烛残年

1897年11月10日，《申报》的头版头条是《答客问前论所云今世正途中午安身立命之处一说》一文。

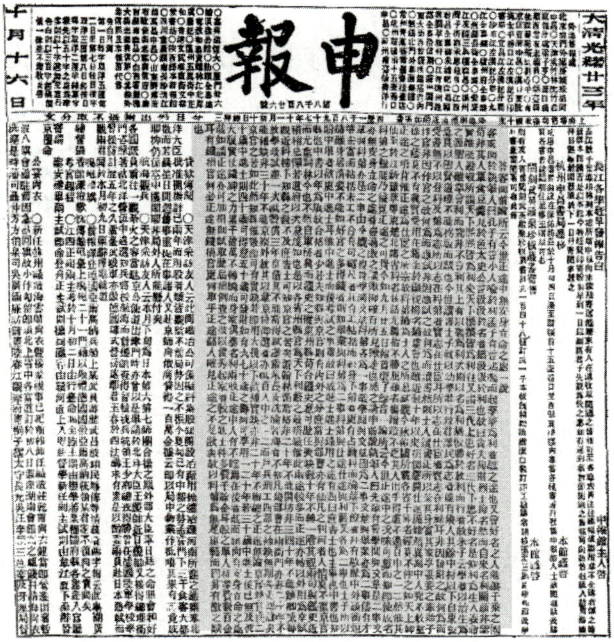

大清光緒廿三年

申報

十月十六日

图1　1897年11月10日《申报》第1版

这是一篇给读者的回复。“正途”指由进士、举人出身，由恩贡、拔贡、副贡、岁贡、优贡生、恩优监生及荫生出身而入仕的方法，由捐纳或议叙等得官者则称“异途”出身。

当年10月20日《申报》的头版头条名为《康了余音》（康了，即“落第”）。

> 秀才下第，为古今来无边苦海。
>
> 忽然而飞骑传人报条无我，此时神情猝变，昭然若死，则似口毒之蝇，弄之亦不觉也初失志心。

这篇文章中，作者生动形象地描述了秀才落第后的茶饭不思、夜不能寐的悲惨情态，甚至回忆了自己曾经的科举经历，最后提出观点：“今世正途中之况味可想而知，即使成名亦无安身立命之处。”

文章发出后，可能收到社会的一些疑问，所以时隔近一个月，作者又做出具体的回复，以力证自己的观点：“今如九月廿五日报首《康了余音》一论所云，今世正途中之况味可想而知，即使成名亦无安身立命之处者，岂过激之谈欤？”

从隋朝建立到晚清，科举制走过了近1300年。从曾经被莘莘学子追捧，奉为扬名立万、光宗耀祖的天梯，到如今的“无安身立命之处”，究竟什么样的改变让作者说出这样的话？下面我们就随着作者的思路，看看科举制在晚清的畸形发展。晚清科举弊端之多无法赘述，在这篇评论中，《申报》主笔总结了如下四个方面：

（一）功利思想严重，圣贤道义不再

> 孔子有言：小人喻于利。孟子有言：鸡鸣而起，孳孳为利者，蹠之途也。

文章开篇引用古圣贤对名利的看法，这种舍利取义的价值观是两千年来儒家所推崇宣扬的，也为历代学子努力践行。

今世读书士子，真以幼学壮行致君泽民为志者能有几人？其余中材以下自束发受书，无不以登科及第为志。所以志在科第者，实志在仕宦耳。所以志在仕宦者，实志在利禄耳。

然而笔锋一转，作者一针见血地指出当代读书人乃至整个社会对名利的狂热追求。"人不为己，天诛地灭"，某种意义上，作者敢于提出这个观点，不拘泥于圣贤道理，可以说是时代的进步。但我们看第三句，讲当今读书人的价值观。当读书完全沦为求取仕途财富的垫脚石；当年轻人埋头苦读，心中毫无家国之志，只有功名利禄；当一个国家的政府官员完全沉醉于升官加爵，不仅说明读书的意义变味，更意味着时代的腐朽变质。

这种"读书为功名"的人生哲学支配着教育，严重影响着读书人的思想。这种具有强烈功利色彩的教育观，也长期支配着各个阶层的民众[①]，使读书异化为做官的工具和手段，读书人丧失了完善人性、服务社会的美好追求。

（二）考试形式僵化，不能真正选拔人才

尽有才华宏富而帖括（唐制，明经科以帖经试士。把经文贴去若干字，令应试者对答。后考生因帖经难记，乃总括经文编成歌诀，便于记诵应时）末工不合有司绳尺者，且有工帖括而终身下第者，更有占巍科（古代称科举考试名次在前者）而沦落下僚者。

……则知举业与科第为二事，科第与仕途，仕途与利薮，又各为二事也。

科举制度的一个很重要的功能就是选拔人才，将其充实到官僚队伍中来，实现官僚队伍的知识化、人才化。然而明清时期，统治阶级更侧重于利用科举考试来维护其统治，于是八股文应运而生。科举制由此变得内容褊狭，形式僵化，为国选材的功能丧失殆尽。[②]僵化的考试形式戕害士子的身心，使他们沦为科举考试的附庸，学风一再败坏。

---

① 史善庆. 社会舆论与科举革废——以申报话语为例[D]. 福州：福建师范大学，2008.

② 史善庆. 社会舆论与科举革废——以申报话语为例[D]. 福州：福建师范大学，2008.

（三）考试制度的混乱复杂——正途艰难挑剔，异途冗杂混乱

> 近数十年以来，捐例屡开，仕途庬杂。然异路中人究不敢望正途之项背，惟正途为仕宦之所宗，故科第犹为士人之所慕。
>
> 虽名场蹭蹬，不乏其人，出手得卢不过百中之一二。然惟其科第之难能，乃益觉正途之可贵。

清朝科举考试层层选拔，过程冗长，通过正途获得功名不仅艰难，而且耗时长久。而当时，异途逐渐盛行。以清代湖南十地以及广西容县地方志所载1609名贡生为例，其中正途出身的官员约占75%，异途出身的官员占25%。[①] 而捐纳入官不同于科甲正途入仕，它的推广无疑动摇了科举选官制度的权威性，加速了科举制的衰亡。

（四）官吏管理不到位，人才发展受阻

> 总之正途无论京官外官，须二十岁中进士，则四十岁可得意，五十岁可发财，如有六七十岁之寿尚可享用一二十年。

即使通过科举考试的层层筛选走上仕途，在僵化腐朽的政治制度下，升迁发迹仍遥遥无期。制度的不透明、不机动，社会的黑暗落魄，给无数挤破脑袋入仕的人泼了一盆冷水。

经过层层分析，作者在文末高呼："鄙人确见正途之不足歆羡，故以科第为无足重轻而固非有徼之谈也。"

这篇评论有生动形象的描述，有深沉冷静的分析，有幽默风趣的调侃，又时有痛心的高呼慨叹，但整体基调可以说是无力又无奈的，不禁让人想了解这些文字背后的故事。

---

① 王日根. 明清科举的正途与异途——关于福建、江西、安徽族谱资料的分析［J］. 安徽史学，2010（2）：53-59.

在这个阶段，《申报》的主笔是黄协埙，他童年读书刻苦，少年补廪生，博览群书，工于诗词，尤长于骈体文写作。然而黄协埙在科举中屡次名落孙山，乃于 1883 年下半年到上海，成了申报馆一员主笔。即便如此，他仍念念不忘功名，五年后赴金陵参加秋试，未入其闱，常感喟怀才不遇。申报馆里如早年黄协埙者，济济一堂。科举失意本来就是一种普遍现象，他就任总主笔时，《申报》主笔房里的蔡宠九、姚竹君、沈饱山等人，都是科举场上败阵的秀才。[①]

这些人或许就是《康了余音》中茶饭不思的落第举人，或许就是《答客问》中工于帖括而终身下第的落魄才子。一个渴望科举及第的读书人，屡试不中，委身于"落拓文人"之列，做新报主笔，这些评论里除了客观舆论的代言，何尝没有自身科举经历的主观倾向呢？

黄协埙的读书生涯让他深受儒家思想洗礼，就职期间一直竭力维护《申报》与政府的关系，甚至被时人称为"昧于时势"。但是在批判科举制的评论中，却毫不嘴软，一针见血地指出了科举制的种种弊端。无论这样的评论中是在抒发怀才不遇、愤世嫉俗的愤懑不满，还是在揭露科举制的腐朽与不合时宜，都会使废除科举制的观念借助《申报》这样的大众传播渠道广泛地渗透到社会各界。

二、《申报》舆论里的科举革废

科举制真正被废除是在 1905 年，8 年前的《申报》已开始针砭时弊，批判科举制的种种弊端，甚至明确提出其让人无法"安身立命"。这既反映了社会对此问题的关注，越来越多的进步人士意识到晚清科举的腐朽衰败，同时也反映了《申报》作为晚清发行时间最长、影响最大的报纸，以它独特的视角见证了晚清科举革废的进程，用它的话语影响着社会的改良。

也许正因《申报》的主笔们自身观点立场的复杂，报纸上的文章也会显得充满多样性。在当天的报纸中，还有两篇关于科举考试的报道，一篇是第 2 版的《武试章程》，内容是通知科举考试中武试的地点、时间、考试流

① 张功臣. 辣手著文章——《申报》总主笔列传［M］//张功臣. 民国报人：新闻史上的隐秘一页. 济南：山东画报出版社，2010：34.

程。《申报》的总基调虽反对科举，但作为大众报纸，它仍需传播当时重大的教育新闻，发挥自己准确、及时报道新闻的社会功能。另一篇是第3版的《上海求志书院丁酉秋季题目》。上海求志书院是一所新式学堂。报纸刊登了它当年的考试题目，其中算学题涉及求圆、半径、正弦等现代数学概念，舆地题考察诸如“论美日争檀香山”等评论时政的题目。这样的考试摆脱了八股取士的桎梏，适应现代化教育需求。

由此，我们能感受到晚清社会教育观点的多元，尚未觉醒的人们仍在攻读八股文，保持着“朝为田舍郎，暮登天子堂”的美好愿景，而社会进步人士已经在发出反对科举的疾呼，甚至有人出资出力兴办新式学堂，成为改革科举的先锋军。而《申报》正是这一社会现象的最佳印证，在这里我们能看到观点的碰撞，洞悉这一制度的蹒跚前行与最终衰朽。

图2　1897年11月10日《申报》第2版

图 3　1897 年 11 月 10 日《申报》第 3 版

下面这张表格向我们清楚地展示了《申报》在晚清社会对科举制度的关注情况。

表 1　《申报》论说文中科举文章数量抽查统计表①

A Selective Examination Statistical Graph about Article Quantity of the Imperial Examination in SHENBAO

年份	涉及科举文章数	揭露科举弊端的文章数	中西选才比较文章数	改革科举的措施	
				纳西学、增设新科目	废八股、改策论、停武举
1875	12	4	3	6	0
1877	14	6	2	3	1
1885	13	5	3	6	0

① 史善庆. 社会舆论与科举革废——以申报话语为例[D]. 福州: 福建师范大学, 2008.

续表

<table>
<tr><th rowspan="2">年份</th><th rowspan="2">涉及科举文章数</th><th rowspan="2">揭露科举弊端的文章数</th><th rowspan="2">中西选才比较文章数</th><th colspan="2">改革科举的措施</th></tr>
<tr><th>纳西学、增设新科目</th><th>废八股、改策论、停武举</th></tr>
<tr><td>1887</td><td>5</td><td>2</td><td>0</td><td>2</td><td></td></tr>
<tr><td>1895</td><td>26</td><td>13</td><td>7</td><td>13</td><td>6</td></tr>
<tr><td>1897</td><td>21</td><td>11</td><td>4</td><td>8</td><td>6</td></tr>
</table>

注：有关科举方面的文章包括文举、武举、科举教育、各地科考信息等。内容涉及传统取士各种弊端的揭露、中西教育的差异、新的革新方案、士习等，因有的文章上述内容兼有，所以在统计此方面文章数量的时候有重复。

科举制度一直是社会舆论关注的焦点，并且关注度上升速度很快。《申报》对科举文章的连续刊登其目的就是吸引公众的注意力，加深映象，从而达到整合舆论和影响受众的目的。它既是社会舆论要求的具体体现，同时也极大地推动了改革科举舆论的高潮。①

三、我的结论

科举制度这辆列车从隋唐出发，到清末已驶入不堪历史重负的路段。对它进行大规模的修缮、改良已成为社会共识，上至朝中重臣、下至民间百姓，无不发表自己对于此事的看法。

在这样的历史背景下，《申报》掌握社会舆论的“话语权”，所以在反映和传播改革科举呼声中具有不可替代的作用。它不仅仅是舆论的传声筒，更重要的是，它能有效地引导舆论，使舆论为更多的人接受。

《申报》通过大量刊载科举的各种信息、各个阶层对改革科举的态度，发表带有自身倾向的言论，评价人们的意见，进而影响舆论发展的方向，形成改革科举的广泛意见。这在一定程度上为统治者改革科举提供了重要的参考，成为引导科举改良的一个强有力的舆论阵地。②

① 史善庆. 社会舆论与科举革废——以申报话语为例［D］. 福州：福建师范大学，2008.

② 史善庆. 社会舆论与科举革废——以申报话语为例［D］. 福州：福建师范大学，2008.

在社会各界的推动下，八年后的1905年，科举制终于被废除，不再戕害中国青年的身心，这其中绝对离不开以《申报》为代表的社会媒体的舆论支持与引导。作为一份外商经营的报纸，《申报》有更大的自由发表言论的空间，乃至与当时的政府对立。也幸亏有这样针砭时弊的勇气、洞悉国情的分析，最终才能推动废除科举制。

作为新时代的新闻学子，我们希望今后也能利用社会赋予的“话语权”，推动制度的完善发展。

作者为2016级新闻学专业本科生（数据新闻报道方向）
指导老师：李煜

探南极考

——《申报》上的晚清“迷梦”

薛雨菲

一、《探南极考》：知识分子的“痴人说梦”

申報

图 1　1898 年 3 月 10 日《申报》第 1 版头条《探南极考》

看到头版头条是这样一篇文章，大家可能会感到奇怪和突兀：《申报》的头版头条，讨论的既不是国家政事，也不是当时的经济文化，而是一篇看似科普论文的文章。那么，这篇文章究竟是在什么样的时代背景下写出的，又有怎样的目的呢？它究竟是当时中国人追求科学的表现，还是不切实际的空想呢？

这篇文章大体分为四个部分：

第一，知识普及

地形如球之说，本为秦汉以来诸儒之旧解，至泰西格致家核以周天度数，而其理益明，盖赤道横绕地球之中，为日驭所正照。赤道之南北各二十三度二十八分为黄道，限寒温渐得其平。又再北再南各四十三度四分，为黑道。去日驭渐远是名南北冰洋，万里凝阴，为从古人迹不到之所。

这一段有两部分内容：

（1）阐述秦汉以来学者“地形如球之说”的观点。

（2）引入地理学中的经纬度概念，即“周天度数”；引入“赤道”“黄道”“黑道”概念。

需特别指出的是，文中的“黄道”并非现代地理学中的“黄道”——一年中太阳在天球上运行的轨迹。现在虽无法考究文中“黄道”“黑道”的出处，但根据文中记载及地理知识可判断“黄道”为南北回归线，“黑道”为南北极圈。

第二，南北极对比

北极东西两半球，沿冰海一带尚有土番聚族而居，大鹿麝牛亦能孳息。南极则波涛万顷，渺无人踪，纬线五十度以南昆虫鸟兽一概净绝，确泮岛以外即莓苔亦不能生，所见之山自巅至麓终岁积雪莹然，其寒冷亦可想见。

在这段文字中，作者通过分析南北极动植物生长情况及人类居住情况，得出结论：南极的气候比北极更加恶劣，这也是探索南极比北极更加困难的原因。

第三，南极探索历程

> 考彼国记载称，一千八百三十九年至四十三年，有英人名老司者，往南寻得一地名曰“维多利亚兰特”……
>
> 至一千八百九十四年，又有俄人卜欺勃落维的克乘捕鲸鱼船至南冰洋……
>
> 去岁西歷一千八百九十七年，比利时国水师千总才尔拉忓复有南极之行……

在作者所写的南极探险记录当中，有英国、俄国、比利时等欧洲国家的相关记载，却没有一字提及中国。

第四，回首与展望

> 昔炎汉时，西域都护班超遣掾甘英往通大秦，抵条支西海，卒为安息，人所遮遏不得通。元世祖雄才大略，拓地万里，奄有今日俄罗斯诸部落，然所得皆沙漠之地，东西洋数万里，溟渤苍茫，不敢越雷池一步……
>
> 自本朝泰西诸国创制轮船……环游地球一周者视为习见习闻……而南北极虽经西人竭力穷探，而北总不越纬线八十四度外，南总不越纬线七十八度十分外，盖亦为势所限，有非人力所能强求者。
>
> 今才君备三载之粮，作一鼓之气，持之以久，贞之以坚，精神所注殆有非意，计所得料者，然则他日南北极之相通，又安可谓为必无之事哉？

这是本篇文章的重点，可分为三部分：

（1）作者首先回顾了班超、元世祖的英雄事迹，以历史为荣，但语气中又充满了对中国古人未能探索南北极的遗憾。

（2）作考记述了在泰西诸国创制轮船后，环球航海不再是难事，然而探索南北极仍然不易。作者认为这是受客观条件限制，“盖亦为势所限”。

（3）在本文结尾的段落中，作者提出了自己的观点：中国人准备好三年的粮食，鼓起勇气，凭借坚定的信念、强大的精神力量，记录研究所得的一些资料，他日一定能探索南北极。

从这篇报道中我们可以看出，当时的中国处于现代化进程中，知识分子对于中国科学文化进步有着极大的渴求，《探南极考》作为一篇普及科学知识的文章，其中相当一部分资料来自于西洋，也反映出中国在大力学习西方文化的情况。文章末尾发出号召，鼓舞中国人振作精神，以强大的精神力量战胜自然，探索万里之遥的南北极，这在积贫积弱的晚清时代，也许能起到一点团结民众、激发斗志的积极作用。

然而我们也能从中看出，尽管当时中国部分知识分子志存高远，实际上却并不具备实践的能力和素质。第一，文中提到中国古代部分成就，语气十分骄傲，认定中国只需稍加准备即可探索南极，向世界证明自己，甚至超越某些西方国家，仍有“天朝上国”的虚骄。第二，作者本身对于探索南极缺少科学理性的认识，他用“精神说”来支撑中国有能力探索南极的观点，却忽视了中国缺少资金准备、科学资料、科研工具和专业人才等基本条件。仅仅准备好三年的粮食即可远赴南极进行探险，这样的观点实在是荒唐至极！第三，当时的国内政局颇为特殊，朝野上下、士人学界都在呼吁维新变法，而《申报》主笔们却转移视线，雄心勃勃地要去南极探险，这与时代主旋律多么格格不入！

二、《英电译登》：侵略在即

有些讽刺的是，在这篇作为头版头条的《探南极考》左边有窄窄一排小字，是一篇《英电译登》。

申報

大清光緒廿四年

二月十八日

图 2　1898 年 3 月 10 日《申报》第 1 版《英电译登》

（一）内容分析

1. 消息来源

伦敦来电云：太晤士日报馆派赴京师访事人报称……

2. 消息内容

俄国请中朝将旅顺口及大连湾让与俄人，其章程与胶州一律，又自俄境伯都，讷辟一铁路，直达旅顺口，限五日内定夺。倘中朝不允，则须调兵入满洲。

俄方要求租借旅顺、大连，并获得修筑从俄国边境到旅顺的铁路的权利，这实质上就是对中国领土主权的侵略。“倘中朝不允，则须调兵入满洲”更是一种军事威胁，警告清政府：倘若我方目的无法达到，中俄交战恐怕在所难免。从中可以看出俄方势在必得的决心。

3. 英方反应

英国议院中人闻之，往叩外部大臣。外部大臣对以此间未得确音，各银行已不无顾虑，盖恐英俄或因此艰也。

当消息仍未确凿、中方还未做出反应之时，英国已经“人心惶惶”。人们渴望从外部大臣处寻得确凿消息，各大银行也已经开始采取相应措施，害怕因为此事影响了英国的利益。而作为当时世界上的大国，英国对于俄方的“侵略战书”并没有明确表态。

4. 中方反应

本馆则闻，俄人要挟一切系华历本月十一日之事，所限五日，则目下谅已议定，大约日内即可得确矣。

中国被要挟后，语气很弱，对于俄方提出侵占国土的要求不是直接表明立场，而是要进行议定，“大约日内即可得确也”。中方模棱两可的态度确有退缩让步之嫌。

（二）新闻背景

1. 相关事件

历史上著名的《中俄会订条约》签订，又称为《中俄旅大租地条约》或《中俄条约》。

2. 事件过程

（1）沙俄末期财政大臣谢尔盖·尤利耶维奇·维特伯爵与李鸿章1896年商议《中俄密约》时，曾提到由中东铁路支线通往黄海海口的问题，要求“借地筑路”，而李鸿章没有同意。[1]

① 张雨.《中俄密约》与清朝末年的“联俄制日”政策［D］. 哈尔滨：黑龙江省社会科学院，2008：8.

（2）1897年11月，德国强占胶州湾，俄国以保护中国为借口，强行将舰队开进旅顺口。[①] 实际上俄国与德国在占领中国海港问题上已经取得了相互的谅解。[②]

我们可以看出，沙俄为了强租旅顺、大连，一方面，采取多种外交手段取得了法、德两国的支持和英、日两国的默认，克服了国际上的压力，这也解释了第三部分中英国不表态的原因；另一方面，沙俄不断向清政府施加压力，从海参崴向旅顺口增派舰艇，为下一步的侵略事宜做准备。

（三）新闻史实

《英电译登》中所记录的内容其实是1898年3月3日，沙俄驻华代办巴布罗福向清政府正式提出租借旅顺、大连和建筑中东铁路南满支线的要求，并"限五日照复"（《申报》文中为"限五日内定夺"）。清政府决定派驻德公使许景澄等钦差大臣，赴圣彼得堡与沙皇政府举行谈判。

（四）事件结果

3月27日签订《中俄会订条约》，5月7日签订《续订旅大租地条约》。两个条约签订后，俄国强行租借了旅顺和大连湾，在辽东半岛南端建立了海军基地，并通过中东铁路与南满支线把这两个远离俄国本土的军港同俄国联结起来。实际上，"允许俄国在中国领土上修建中东铁路是《中俄密约》的核心，以此为中心，俄国又在中国获得了开放口岸、驻军、运兵、行政管理等特权。俄国的势力开始逐步深入到中国东北的腹地"[③]，旅顺和大连即成为日后俄方控制之下的"关东省"，俄国在远东的战略利益大力巩固。

（五）质疑

报纸中所提到的内容在此次事件中十分重要——这是俄方的侵略企图第

① 段光达. 旅大租借地与中东铁路属地沙俄殖民统治机构比较研究［J］. 北方文物，2001（2）.

② 张雨.《中俄密约》与清朝末年的"联俄制日"政策［D］. 哈尔滨：黑龙江省社会科学院，2008:13.

③ 马跃. 英国与中国东北关系的研究（1861—1911）［D］. 长春：吉林大学，2012：98.

一次明确、完整地暴露出来。然而中国政府在这个时候的态度十分软弱，竟然同意与俄进行商议。更加奇怪的是，这篇涉及国家领土主权利益被侵略的报道，只占《申报》第1版的窄窄几行，而议论南极探险历程的文章，却占了大半的页面。这难道不引人深思吗？

三、感悟

19世纪末的中国面对着多种矛盾，其中一种就是多国侵略、水深火热的残酷现实与追求科学、渴望强国的美好梦想之间的矛盾。与之相对应的两条发展脉络是反侵略和追求现代化。历史学家一直在研究中国现代化的顺序问题，但是当侵略大刀已经凌驾在我国的土地上时，面对迫在眉睫的侵略和屈辱，我们的晚清士子们却在向往南极探险，如此不切实际的"超然物外"，实在令人匪夷所思、哭笑不得！

《探南极考》是当天头版上的一篇时评言论，而《英电译登》则是一条简讯。言论和新闻本不具备可比性，单单比较篇幅长短并没有十足的说服力。然而报纸编辑中有一些不可忽视的规则，比如时评本应该以当天最重要的新闻为由头展开，而这一天的头版却没有照此原则行事，反而弄得评论和新闻报道风马牛不相及，才有了如此荒唐的探险南极的晚清"迷梦"。也许正是因为这些原因，才使得《申报》的影响力在世纪之交日渐式微，难以引领舆论的最新潮流。随着新世纪的到来，《申报》也将迎来一场重大改革……

作者为2016级新闻学专业本科生（数据新闻报道方向）
指导老师：李煜

从《申报》观“敬惜字纸”衰亡史

张光裕

我的生日是 1999 年 3 月 5 日。这次由我带着大家穿越百年读《申报》。

公元 1899 年，光绪二十四年，正是晚清国力衰败、风雨飘摇之际。1899 年 3 月 5 日这期《申报》一共 8 个版面。但今天我们既不看第 1 版的头条与社评，也不看令人眼花缭乱的广告，而是看第 3 版里一篇不起眼的小报道，它的标题为《敬惜字纸》。

敬惜字纸

近年来，每有不肖之徒，广收字纸，运往津沽，售与鞋匠作鞋底。前经上海县主出示禁止，迩以日久玩生，复萌故智。每由沙船耆舵私运出口，希图渔利。事为总巡戴子迈明府访闻，照会各巡防局严行查办。二十三、七铺巡局委员邱友龄二尹，立传二十七铺地甲陶升，讯知各情，亲督勇甲在张土元、朱阿发等家搜出字纸若干，押令送往同仁辅元堂焚化，以免秽亵。一面传谕各店铺不得将旧账簿售与沙船载运图利，并函致海运局绅董，请传知各船水手不准私行夹带。

这段文言中出现了一些生僻的人名，诸位感兴趣或可详细考据。但我在此可向各位读者说明，这篇报道的主要内容不过开头与结尾各一句。我为何能如此断言呢？读者们可以再看下面这几篇报道。

我在《申报》数据库中输入关键字“敬惜字纸”，发现从 1898 年 7 月 24 日到 1904 年 12 月 13 日，《申报》上一共出现了 6 篇题为《敬惜字纸》，且内容几乎一致的报道（如图 1 所示）。也就是说，虽然中间部分变动了一

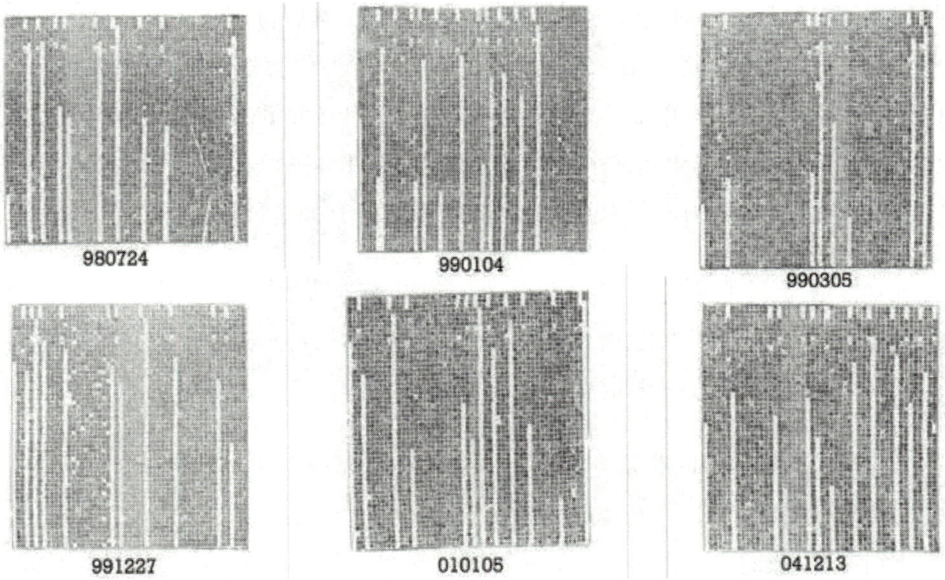

图 1　1898 年 7 月 29 日至 1904 年 12 月 13 日《申报》上 6 篇题为《敬惜字纸》的报道

些时间地名人名，但开头结尾无非“纸作鞋底”等“污秽字纸”之事，以及“不准私行夹带”之“命令”。实际与此事相关的报道可能更多，但这 6 篇的数量以及横跨的时间，已经向我们说明了一些问题。

大家可能觉得很奇怪，拿旧纸废纸去做鞋底，在我们今天看来，可以说是一件很环保的事，是值得赞扬表彰的，即使不赞扬表彰，也绝不至于要批判。更令人疑惑的是，“敬惜字纸”这四个字究竟是什么意思？在那个时代它意味着什么？为何会以它为名做这么多篇“道德文章”？

在探讨这些问题之前，我们先来了解一些必要的背景知识。从各种资料中我们发现，关于“敬惜字纸”的解释是较为统一的，一般是这样：

敬惜字纸是中国文化传统理念之一，也传到受中国儒家文化影响的汉字文化圈的其他地区。在科举制度的影响下，出于对文化与文字的崇敬，古人认为应当对字纸，即写有文字的纸张表示尊敬和爱惜。清朝以后，也掺杂了宗教信仰和仕子对功名的追求。敬惜字纸的传统与文昌帝君信仰有密切关系，显示出士大夫阶层在科举社会中的重要地位。

敬惜字纸的传统在宋代已经出现。写有字的废纸不可随意丢弃践踏、糊窗封坛或与其他废物混杂，而须丢入字纸篓，专门收集后焚烧成灰，成为字灰，收集起来。每隔一段时间，便开坛祭造字之仓颉，然后将字灰送至大江大海，称为“送字灰”或“送字纸”。相应地，亦出现了专供焚烧字纸的“惜字塔”，以及专门收集字纸旧书加以焚化的惜字会。清朝有大量的《惜字律》，劝人敬惜字纸，各类佛经和笔记小说中都有劝谕惜字纸的故事。

在一些古代文学作品中，我们也能窥得很多有关这种传统的踪迹。

> 杏子阴假凤泣虚凰，茜纱窗真情揆痴理”中，藕官烧纸钱被婆子发现，宝玉替她辩解道“他并没烧纸钱，原来是林妹妹叫他来烧那烂字纸的。你没看真，反错告了他。[1]

可见，林妹妹平时是烧字纸的，而烧字纸这个行为，在当时不仅被认可，而且是高雅的。

到这里，我们也大概总结一下“敬惜字纸”在古代儒家社会中被颂扬的原因：

首先是汉字本身的重要性与神秘性。文字是原始先民在长期的社会生活中形成的记录语言的书写符号，在他们心中，这种“在无数情况下所体验到的语词的社会力量，成了一种自然的、甚至超自然的力量”。文字掌握者的特权地位和特殊身份，则更加强化了文字魔力，使得文字与巫术有着密切关系。

唐宋后长期实行科举制度，知识与权力地位进一步捆绑。而知识的物质载体，即是字纸。对于字纸的崇拜，很大程度上是对权力崇拜的延伸。

同时敬惜字纸又契合统治者的需求，得到了政府支持。例如鼓励士绅组织惜字会，鼓励地方政府制定《惜字章程》。

民间的因果报应观念又强化了这一迷信。“敬惜字纸”如此盛行，以至于在《申报》办报初期，还有不少直接宣扬该观念的文章。同治十二年，也就是1873年3月14日，《申报》就曾刊载过一则消息，称一女子用字纸拭秽，扔入便桶，遭雷击跪倒。

但是，如此漫长的传统养成，在晚晴时期却遇到了挑战，所以才有了文章开头所介绍的那6篇报道。森严的规矩已然松动，无论社会主流舆论是怎样的，人们的实际行动已经证明了他们对曾经“准则”的“叛逆”。报道

---

① 曹雪芹，高鹗. 红楼梦[M].长沙：岳麓书社，1987：822.

的跨越时间如此之长，说明此类“问题”一直没有得到解决，但为何报道在1904年就戛然而止了呢？经过搜索，1872年到1904年《申报》上与“敬惜字纸”有关的文章共41篇，态度全为正面；1906年到1947年相关文章只有21篇，而正面态度者寥寥。1905年最为“蹊跷”，不仅是一个分水岭，而且在当年甚至一篇相关文章都没有。

这或许只是一个巧合，但历史却给了我们一个比巧合更有说服力的理由——1905年科举制度被废除。

前文已说过，科举制度使得知识与权力地位捆绑，字纸成为人们对权力崇拜的物质映射。科举制度被废除使得这一迷信逐渐失效，似乎也很说得过去。以往我们来看科举制度时，往往从政治或者整个社会的思想这些大的角度去看待它的影响，其实有许多微小而又深远的影响就体现在我们现在的生活之中。当我们今天看到“敬惜字纸”，看到古人们费那么大劲去关心一张废字纸而感到好笑时，我们就能知道，一百年前的某一天，是如何改变了我们的生活。

申報
本埠增刊
紅金龍
Frigidaire

图2　1935年6月21日《申报》第17版《取缔惜字会》

但千年传统的没落，不会只有这一个原因。逐渐垮台的晚清政府让千年封建统治土崩瓦解，文字开始由以往的神秘走向公开；先进的印刷技术被引入曾发明活字印刷术的中国；回收字纸也有利于经济效益，等等。其中，先进的技术使得汉字能够快速大量地被复制，进一步消解了汉字的“魔力”，显然也在“敬惜字纸”退出历史舞台的过程中扮演了重要角色。

后“敬惜字纸”时代的《申报》，很快适应了自己的新角色。“新文化”“新思想”进一步传播，曾经喊着“雷击不惜字谷”（不珍惜字纸，就如不珍惜粮食一样会遭到雷击的报应），如今要开始“取缔惜字会”了。再后来连“取缔惜字会”都不提了，仿佛这已经成了一个遥远的历史典故。

在1934年8月31日《申报》副刊“自由谈”（第17版）上，鲁迅以另一个笔名“华圉”（“圉”暗喻“狱”）发表文章《门外文谈》。

> 于是文章成为奇货了。
>
> ……
>
> 因为文字是特权者的东西，所以牠就有了尊严性，并且有了神秘性。中国的字，到现在还很尊严，我们在墙壁上，就常常看见挂着写上“敬惜字纸”的篓子；至于符的驱邪治病，那是靠了牠的神秘性的。文字既然含着尊严性，那么，知道文字，这人也就连带地尊严起来了。新的尊严者日出不穷，对于旧的尊严者就不利，而且知道文字的人们一多，也会损伤神秘性的。符的威力，就因为这好像是字的东西，除道士以外，谁也不认识的缘故。所以对于文字，他们一定要把持欧洲中世，文章学问，都在道院里；克罗蒂亚（Kroatia），是到了十九世纪，识字的还只有教士的，人民的口语，退步到对于旧生活刚够用。他们革新的时候，就只好从外国借进许多新语来。
>
> ……

曾经敬惜字纸的老人们也不是直接消失了，他们依然存在于社会上，只是已经失去了发声的渠道。他们只能幽怨，在与年轻人争辩时流露一两句倔强，甚至成为落后的象征。正如《申报》（1932年12月19日第18版）一篇文章所写：

敬惜字纸

两种不同的观念

天方

……

小张说："我真不懂，一般人为什么要唱"敬惜字纸"？一张报纸，或是一页旧书，到了被人遗弃的时候，它的效用，原早已失掉。难道像这种废纸，还值得尊敬吗？"

"不然"，向来不参加讨论我们叫他"前辈先生"的陈先生也发起议论来了，顿时大家精神一振。他说："字乃先圣所造，而为传布文化的利器，厥功甚伟。故不问有用无用，皆当尊敬。倘走在路上，见有字纸，应当拾归焚化，不可践踏。"老先生很慎重地说。

"这是一种传统的观念，是过去士的阶级抬高自己身份的一种策略。……所以'敬惜字纸'，只是一种传统的观念、是一种习惯，而为现在所不必尊敬的！"小李像律师样层层地反驳着说。

"我以为字纸固不必尊敬，而废纸却值得爱惜，烧却太可惜。因为造纸厂收去还可重制哩！"老杨不失其实用主义的本色，另伸意见说。

"还是焚化的妥当，"前辈先生单答复老杨说。造纸厂收去销毁字迹，糟塌，多罪过，而且字纸灰也有用，在航行遇风时可以倾在水中镇压风势哩！"

老杨说："这是'神话'，而我们所要说的是'人话'。废物加以利用，才不是罪过的事呢！"

"你们都是青年，只讲利用……"前辈先生默然地说。怀着满怀的失望，坐到他的位置里去工作去了。

一方面"青年"倡导"实用主义"，甚至有向"功利主义"滑坡的趋势；另一方面，"前辈"对于知识充满尊敬，甚至僵化为刻板迷信。这两种观点，我们无法判断谁优谁劣，因为其中的任何一种，都带有强烈的时代局限性。"敬惜字纸"的衰亡，与中国许多传统文化的情况非常相似。我们认同许多习俗的出发点是好的，或者说其产生是合理的，但为了让这种习俗传承，我们却选择一种让它逐渐僵化的方式来延长它的保质期。正因为我们始终认为"精华"

不可改变，才出现了“糟粕”。

去除糟粕，不是说糟粕一开始就是糟粕，我们应该反躬自问：我们当初是怎么把一个无辜的东西变成糟粕的？只有想明白这个问题，才能使一些原本“精华”的东西不会随着时间的流逝又变成“糟粕”。

我们再由对“敬惜字纸”的思考回到《申报》本身。《申报》在“敬惜字纸”衰落的过程中，似乎始终处于一个见证者的位置。但在它的营销策略中，我们也能看出一些趋势。

中国报纸最开始并没有使用当时进口的白纸，而是使用传统的土产连史纸。尽管土纸只能单面印刷，但是却为后来的价格战打下了基础，大幅削减了《申报》的成本。《申报》当时的售价为每份 8 文，在外埠为每份 10 文，远远低于竞争对手《上海新报》每份 30 文的定价。《申报》自身对于用纸贵贱的态度可见一斑。

也可以说，《申报》作为先进印刷技术的成果，本身就是字纸祛魅化潮流的一种产物，并且在自己发展壮大的同时，对这种潮流起到了推波助澜的作用。甚至可以说，见证“敬惜字纸”的衰落史，是在《申报》诞生时就决定了的命运，不可改变，不可阻挡。

参考文献：

1. 孙荣耒. 敬惜字纸的习俗及其文化意义[J]. 民俗研究，2006(2).

2. 杨宗红，蒲日材. 敬惜字纸信仰的嬗变及其现实意义[J]. 重庆邮电大学学报（社会科学版），2009(5).

作者为 2017 级新闻学专业本科生（数据新闻报道方向）

指导老师：李煜

从《申报》医药广告看清末社会文化

王思涵

我的生日是1998年11月19日，一百年前的那天是西历1898年11月19日，即清光绪廿四年十月初六。

这一年，清政府与沙俄签订《旅大租地条约》；这一年，清政府与德国签订《胶澳租界条约》；这一年，清政府与美国签订《粤汉铁路借款合同》；这一年，法国强占“广州湾”；这一年，英国强租“新界”。

通过以上的条约，我们可以想象清末中国被瓜分的图景，这个内忧外患的大历史框架也为很多社会现象和问题提供了背景。

以下是对这天《申报》所有文章内容的数据统计：

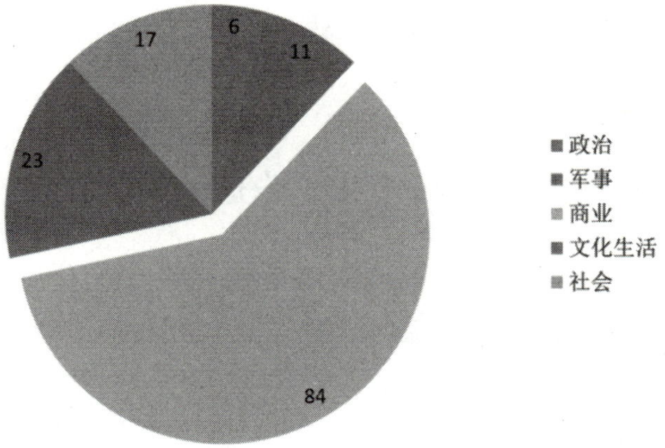

图1 1898年1月19日《申报》文章分类统计

从中不难看出，政治、军事方面的新闻较少；社会方面的文章有17则，占比12%，主要是盗窃案例与剿匪事件，侧面反映了社会的混乱和动荡；文化生活类文章 23 则，占 16%，其中一部分是演出广告，说明即使处在水深火热中，人们的生活还是较为丰富的；商业文章共 84 则，占 60%，文章类型主要是广告。

我又对商业文章中的广告内容进行了数据统计：

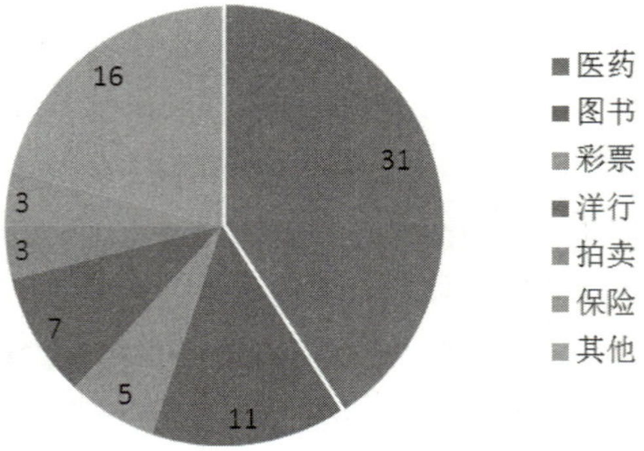

图 2　1898 年 11 月 19 日《申报》商业广告类型统计

由此图可以看出，医药广告共 31 则，占比最大，为 41%，远超其他类型的广告。

医药广告并非仅在这一天的《申报》广告中占比最大。《申报》在 1901 年至 1910 年十年间，广告总量为 45 万，医药卫生类广告数量近 13 万，占据总量的 30% 左右。[①]

一、为什么《申报》中的医药广告这么多

（一）医药市场的形成与繁荣

1895 年《马关条约》规定：开放商埠，日本可以在华通商口岸投资设厂。

1898 年戊戌变法主张：鼓励民办企业，推广口岸商埠，提倡士农工商创办实业。

① 陈姝. 晚清上海的医药文化和社会生活［D］. 青岛：青岛大学，2013.

1859 年西药的进口值仅为 27 712 关两，而 1895 年西药的进口值为 711 424 关两，是 1859 年西药进口值的 35 倍。

许多西方商人在中国投资设连锁药房。最典型的是英商屈臣氏：1841 年英商屈臣氏在香港开设专营药房；1860 年在上海开办分店，规模庞大；1894 年上海就已经有 14 家屈臣氏药房。

有研究者指出，“不仅有外商和华商的竞争，而且有来自不同国别的医生、留学生处方，用药不同，故品种颇繁杂，同一药种，英制、德制、法制均须备办。清末估计，上海华商药房经营的药品在 200 种以上。”①

以上一系列条约和数据都表明 19 世纪末外商发展迅速、竞争激烈，推动了中国内地工商业的发展，促进了医药市场的形成和繁荣。于是，药店和诊所纷纷开展广告营销，《申报》作为当时最有影响力的报纸自然成为广告商青睐的对象。

（二）医药的供给与需求相互促进

1. 报纸广告收费低

《申报》创刊号上广告收费标准细则：

> 以五十字为式，买一天者，取资二百五十文，倘字数多者，每加十字照加钱五十文。

一文约等于人民币 0.2 元，若一天按 100 字算，广告费用为 100 元。而根据清末民初的药价，一瓶补肾精神丸就需要一银元，即人民币 150 元。

由此可以看出，相较于其他行业，医药广告投入资金占整个行业的成本比重不高，宣传内容一旦获得受众的关注，就会产生相当可观的预期收益。所以药商都纷纷通过报纸广告宣传药品，招揽消费者。

① 陈姝. 晚清上海的医药文化和社会生活［D］. 青岛：青岛大学，2013.

2. 人们对医药的需求增加

下面饼状图显示的是医药广告的类型和数量：

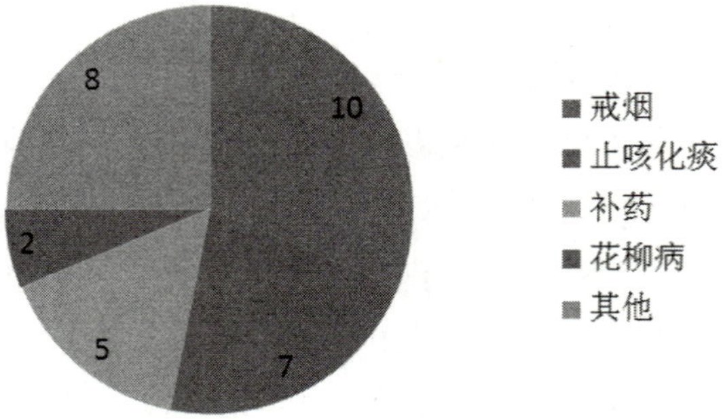

图 3　1898 年 11 月 19 日《申报》医药广告类型统计

这是本期申报医药广告的分类，最多的是戒烟广告，共 10 则，占 31%，补药为 5 则，占 16%。

我们先从戒烟广告分析，寻找其蕴含的内在逻辑。

1895 年《马关条约》要求清政府赔款 23 000 万两，1900 年《辛丑条约》赔款 4.5 亿两，大量的战争赔款让清政府入不敷出，户部加收三成土药税，于是各方官吏以鸦片为榨取之资，为从中捞油水而鼓励种植罂粟。据统计，1906 年全国罂粟播种面积 18 713 600 亩，鸦片产量 58 480 000 斤。[①]

1906 年清政府颁布了《禁烟章程十条》，发起禁烟运动。人们深刻认识到吸食鸦片的种种危害，如使人先天免疫力丧失，引起精神颓废、急性中毒等，“东亚病夫”的屈辱称号也激起了人们的爱国热情。

于是，中国医药市场上就出现了声称可以帮助鸦片吸食者摆脱烟瘾的戒烟药。

这些戒烟广告从一个独特、客观的角度，反映了禁烟运动这一事件的过程和效果，也反映了民众面对鸦片毒瘾的种种心态。

这一时期的补药广告也颇具特色。

---

① 陈姝. 晚清上海的医药文化和社会生活［D］.青岛：青岛大学，2013.

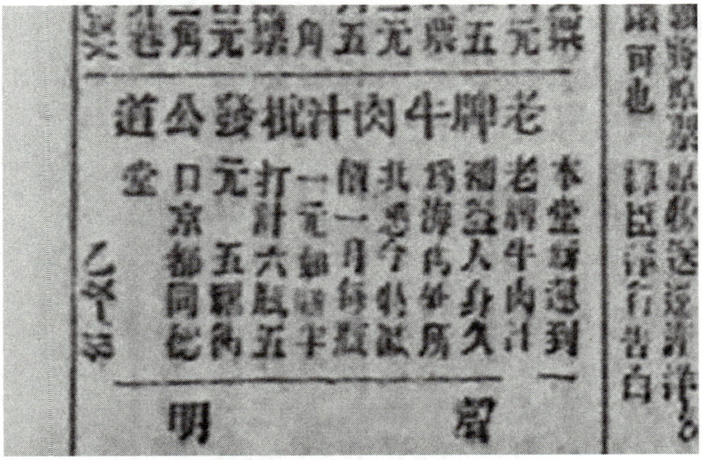
老牌牛肉汁批發公道

图 4　1898 年 11 月 19 日《申报》广告（一）

老牌牛肉汁批发公道

本堂新运到老牌牛肉汁，补益人身，久为海内外所共悉。今特减价，一日每瓶一元，如购半打，六瓶五元。

——五署寓口京都同德堂

古老帝国的国门洞开，让东西文化的碰撞和融合成为可能。西方医学带来了与中国传统医学截然不同的健康卫生观念。例如，"卫生"在中国传统文化语境中是保卫生命的意思，而在西方的概念里，具有科学性、公共性和预防性等性质。

人们对中国传统文化中的体态美也产生了质疑。在古代封建社会，清秀英俊的"小生"形象是男性美的代表，而随着近代文化观念的改变，身体强壮、肌肉发达的阳刚形象越来越受欢迎。于是满足人们追求魁梧形象愿望的补药开始售卖，并刊登广告。

二、这时期医药广告的有趣之处

（一）标题各具特色

图 5　1898 年 11 月 19 日《申报》广告（二）

第一类是直接写药品名称，如“狗宝”。

第二类是写出药品的疗效，如“包愈花柳毒门永不再发”“秘制三日包愈疝气灵膏”。宣传药品疗效的词语还有“立见奇功”“第一妙方”“祖传秘制”“神明共鉴”等。

（二）主体多为药品的主治症状和疗效

THE SHANGHAI DISPENSARY
上海新聞漆吉墨鋪發兌
每匣十粒實洋五角
秘製神效治痰純陽半夏

图 6　1898 年 11 月 19 日《申报》广告（三）

秘制神效治痰纯阳半夏

本号创制无意图利宝，是济人先经施送刻已远知，专治咳嗽气急痰喘痰厥痰迷□□痰核□串，种种痰症每服一粒，经口含化，见效如神。

——本埠南市□瓜街久和药行，外埠海门茅家靖广和堂药铺，青浦珠家角朱天源药铺

（三）推销方式各不相同

第一类是宣传画、漫画。这种直观的表达方式让人耳目一新，能够瞬间记住药品的名称。

第二类是卖家宣传。

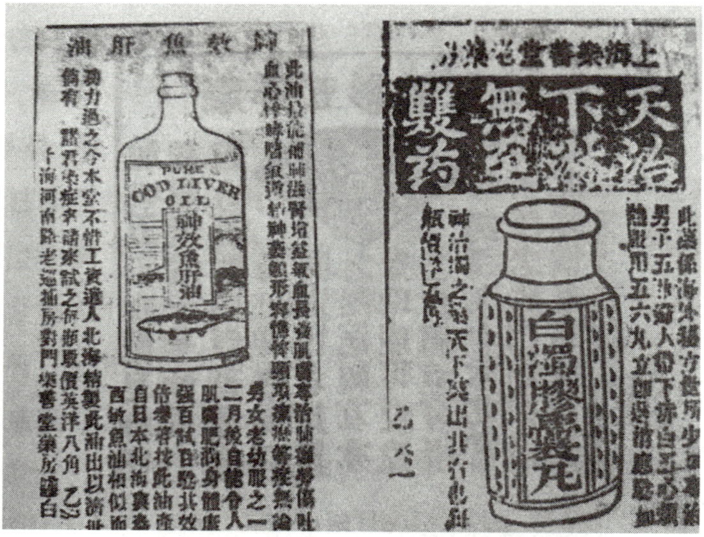

图 7　1898 年 11 月 19 日《申报》广告（四）

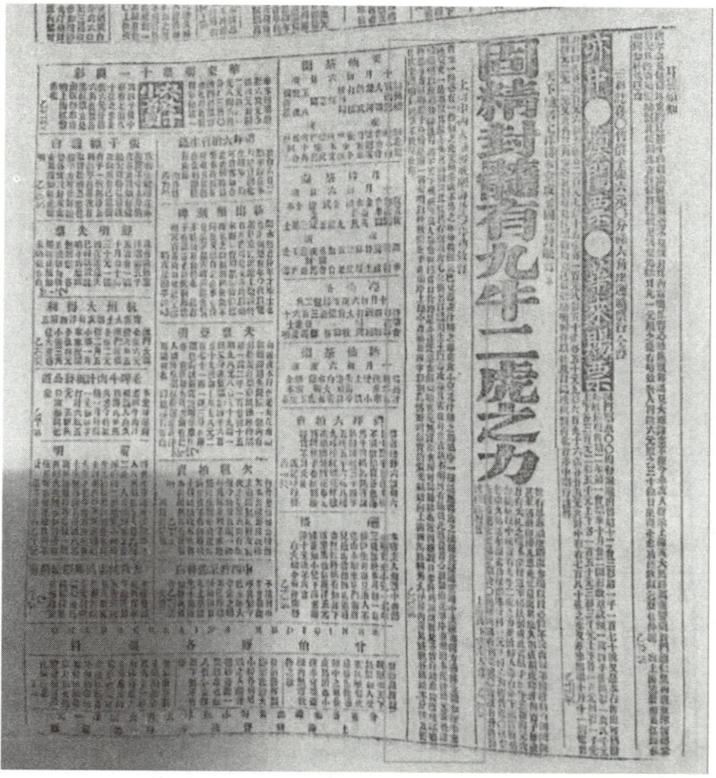

图 8　1898 年 11 月 19 日《申报》广告（五）

上海中西大药房戒烟梅花参片功效启

肖来一物，必有一物制之，此天地生成不易之圣，神农经云巴豆毒，芷汁解之，毒众食小儿乳汁解之，于鸦片一种绝无医治之法，任其蔓延害遍中土，集市间方药林立，几如汗牛充栋，莫衷一是。推原其故，非失其药则□其性，甚有窃取皮毛偷换名目□，用生土以毒攻毒其害无利，书言哉本药□，有鉴于此，煞费苦心创制梅花参片，专用固本养神培元养性诸般补习，以故见效，神速行效半，天下戒绝□万人整，□可据有口皆碑，是非徒论空言假药贻害毫无保留者所可同时语也。近因隐□日，多特为减价发兑，各省行销愈广□，□不暇，终恐重方习□，难于分辨，是用一再发明以朴欺价亚于此，药片上印中西药房四字以别真伪，而昭信宝倘若光顾，请向上海四马路转角大洋房内交易，或就各码头本分号及寄传店家认明牌□，□不致□此佈

"药片上印中西药房四字以别真伪"表明了商标的出现，反映出当时医药市场的混乱，虚假药品层出不穷，也体现了正规商家的维权意识。

第三类是致谢广告，通常采取患者书信的形式。客户向读者讲述其亲身经历，从侧面反映出了药物的明显疗效，具有很强的感染力，宣传效果好于商家的吆喝。

耳聋须知

俟年未五旬，尔耳重聪已历十余载，求医服药毫不见效，且耳内常鸣作□心殊焦厌，每谒见大宪诸多不便，今幸友人指示上海英大马路万康医园对门德仁里内广东陈恒德堂秘制耳聋，其药灵验无比，伏问其言将信将疑，至该堂先购耳丸一元服之，觉有略效，著人再购六元服之，三十余日果得全愈，功德钦佩，乞登报申谢。

——寓上海道署南首江苏侯补同知杜承恩白

还有一则广告吸引了我的注意——“儒医华小湖”。

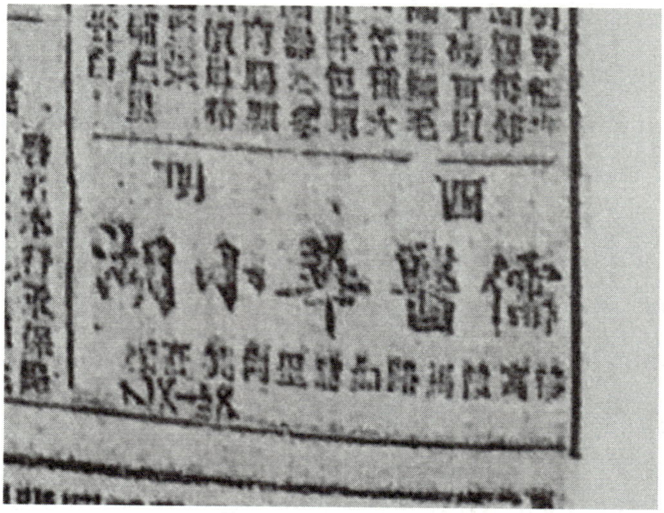

图 9　1898 年 11 月 19 日《申报》广告（六）

“儒医”是世代相传的医生或怀才不遇的落第文人的自诩。而儒医看病也是有门道的。就像杨念群在《再造病人——中西医冲突下的空间政治》一书中写的那样：“凡是来求诊的病家，在处方以后会自觉地丢一个红包在桌上，俗称‘包封’。包封的钱不拘多少，病人家境好的多封，家境差的少封，真正坐寓的名医一般只开方不供药。”所谓坐寓，就是指医生在家挂牌行医，诊所和住处合为一体。

《申报》让我触摸到清末民初社会环境下独有的质感，潮湿而粗陋，温润而厚实，它将我们刻板印象中的时代动荡、革命热血、人民苦难具体到微小的文章中。那些社会重压下的人物不再是粗粝的线条、模糊的轮廓，而是新鲜生动的、和现代的我们一样平凡的人。

参考文献：

1. 谢薇. 清末上海中文报纸中的日本广告研究［M］. 上海：上海三联书店出版，2016.

2. 杨念群. 再造病人——中西医冲突下的空间政治[M]. 北京: 中国人民大学出版社出版, 2006.

3. 蒋建国. 清末民初那些光怪陆离的医药广告[N]. 羊城晚报, 2015-10-24.

4.梁少林. 清末民国广州的药商[N]. 羊城晚报, 2014-4-12.

5. 林美云. 晚清西药东来与国人对西医西药的认识[J]. 长江师范学院学报, 2014(4).

6. 何小莲. 西医东传: 晚清医疗制度变革的人文意义[J]. 史林, 2002(4).

作者为2017级新闻学专业本科生（数据新闻报道方向）

指导老师：李煜

读《申报》感受西洋风物的中国化

张鸿茹

一、通览

我的生日是 1999 年 1 月 25 日，对应到 100 年前为 1899 年 1 月 25 日，正值清光绪二十四年农历十二月十四。晚清正处于国家风雨飘摇、社会动荡不安的一片混乱之中。就在时间的岔路口上，发生了一幕幕惊心动魄与不堪回首的往事……

这天的《申报》是总第 9263 期，共 12 版：

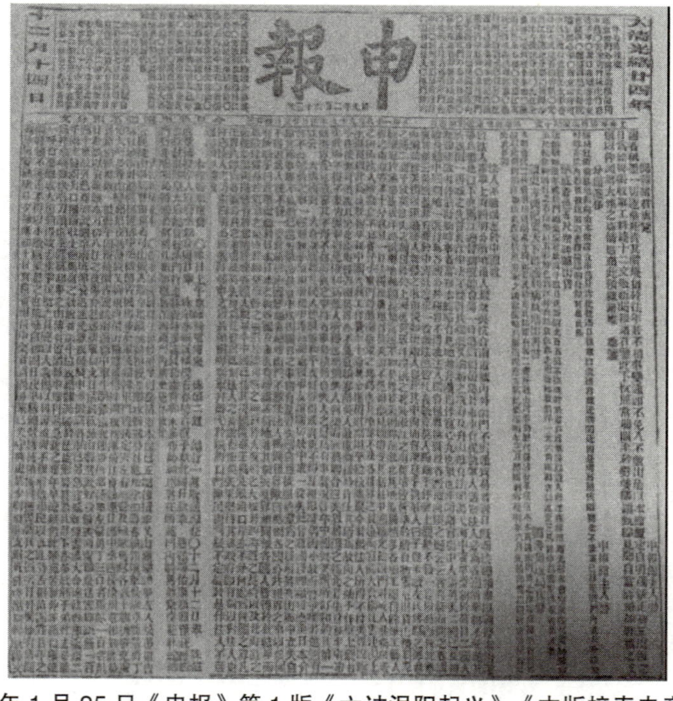
申報

图 1　1898 年 1 月 25 日《申报》第 1 版《六谌涡阳起义》《本版接奉电音》《法人不能逞志于中国说》

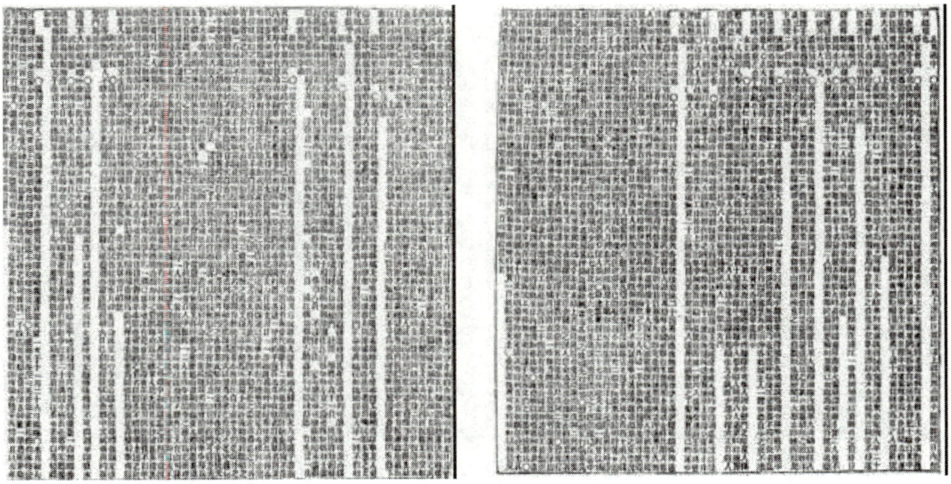

图2　1898年1月24日《申报》第2、3版《鹿城腊鼓》《南市捕房纪事》等

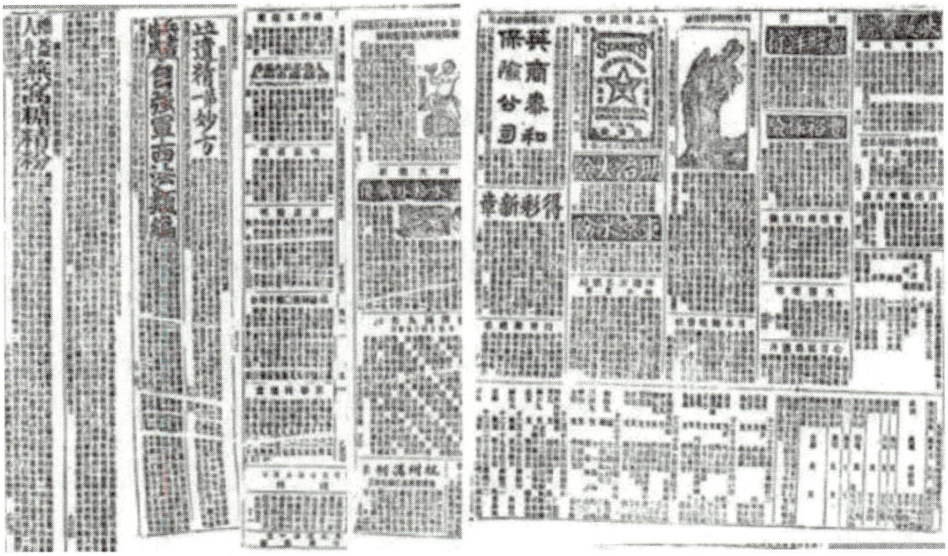

图3　1898年1月25日第4、5、6、7、8版广告

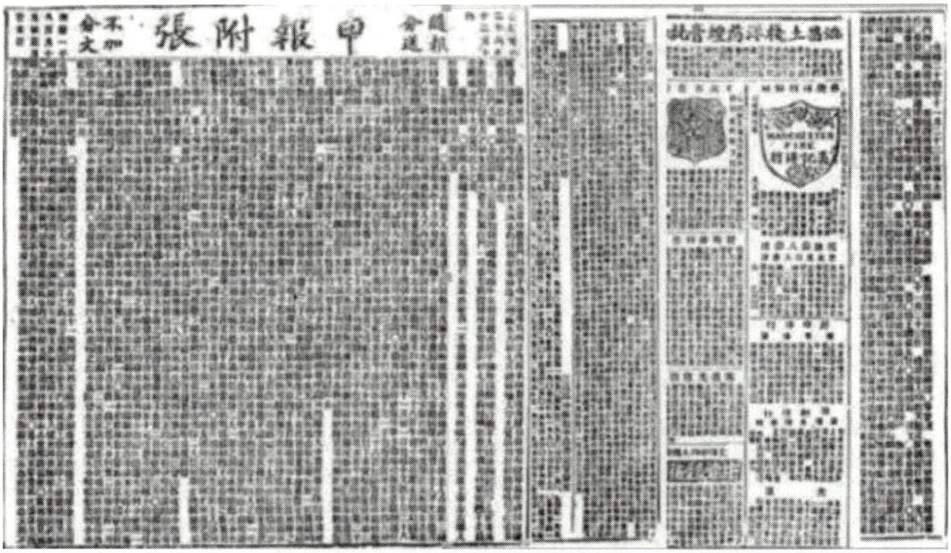
申報附張

图 4　1899 年 1 月 25 日《申报》第 9、10、11、12 版附张

二、申报主笔黄协埙

第 1 版中间偏左的位置有这样一则消息，摘录如下：

本馆接奉电音

昨日上午京师飞电传来朱笔二道、懿旨一道，敬谨译登：

十二月十二日，奉朱笔，成章补授宗人府府丞钦此。同日，奉朱笔，朱祖谋补授右春坊右庶子钦此。同日，钦奉慈禧端佑康颐昭豫庄诚寿恭钦献崇熙皇太后懿旨：乾清门行走苏呢特多罗贝勒索特那木多布沁加恩著在西苑门内骑马并乘坐拖床，乾清门行走喃喇沁辅国公僧格扎布加恩著在西苑门内乘坐拖床钦此。

大意是：慈禧下旨赐予贝勒及辅国公僧在西苑门内乘坐拖床的特权。

其中，“慈禧端佑康颐昭豫庄诚寿恭钦献崇熙皇太后”这样的称呼让我心生疑问：是什么原因使一份在当时可以称为“现代化”的报纸要用如此谦恭的语气，并用昂贵的通讯手段——电报传递圣旨呢？

后来，我在《民国报人：新闻史上的隐秘一页》这本书中找到了答案：

当时的《申报》主笔黄协埙青年时师从著名学者张文虎，黄氏才气逼人，但时运不济，在科考中屡次落第。乃于1883年下半年到上海，成为申报馆一名主笔。总主笔一职，忝列高管人员末座。黄协埙接任时，正值中国与近邻频频交恶，世界强国又割据愈急，引发国内变革呼声四起，报馆内外环境也为之一变。当时上海报业的发展状况，可见于诸黄协埙十几年后的回忆：“中间所经大事凡三，曰中日互战、曰康梁变政、曰日俄交讧，每经一事，则见识必高一层，生涯必旺一倍。”但在当时，黄协埙“当局者迷”，并无这般见识。他主事期间，《申报》在言论方面拘谨保守，明显落后于时代，同人多有记述。

上任不久，黄协埙创造了一种格式化的言论体裁，即“恭读某月某日懿旨（上谕）谨祝其后”体。黄协埙如此维护《申报》与朝廷的关系，从积极意义说，他是一个具有爱国意识的传统知识分子。但是，报纸本质上是争取广泛读者的媒体，如果不能与时俱进，公平客观持论，就无法扮演好特定时代的公共角色。事实上，在当时的背景下，“保皇”并不意味着保守，只是为保持“政治正确”，黄协埙表现得过于积极了。

电音背后其实是报馆主笔的政治企图，这就难怪有上面毕恭毕敬的“恭录圣旨体”出现了。好在，这天的《申报》并不都是这个“腔调”，头版社论就是更有新闻价值的新闻事件。

三、十里洋场，内部斗争

在第1版正中间的位置占有最大篇幅的一段文字引起了我的注意，题为《法人不能逞志于中国说》。这篇报道共分为四个部分：

（一）租界纷争的前情回顾

这一部分内容从法国人索取上海四明公所所在地讲起，将百姓的聚众与抗议、南市贸易停滞、法总领事调停无效引发纷纷议论等一幅幅画面呈现在读者面前。接着是“执笔人的预言”——法国的行为一定会受到各国的牵制。

不出所料，英美试图联合阻止法国的扩界野心，尤其英国一改往日“事不关己，高高挂起”的态度，极力反对此事。弱肉强食，没有一个国家愿意设身处地为一个弱者着想，说句公道话。而是在别国侵犯了自身权益的时候才起身反对，甚至企图将自己的利益再次扩大。

（二）针锋相对的租界之争

执笔人曰：“子岂未读左氏传邻之厚、君之薄二语乎？考英法美之辟租界于上海也，英居洋泾浜之北、吴淞江之南，菁华皆荟萃于斯。百物云屯，财货山积，肩摩毂击冠于通都。法居洋泾浜南，地虽绵长繁富，回不如英界。若美则僻在淞北，其地最广，然多各项工厂自余。惟工艺人居之市面，亦不十分兴旺。一旦法得推广租界，英美即不免相形见绌、暗受其亏。且中国虽允给西门外或八仙桥附近之田，而法人所念念不忘者，苍小东门外迤南新筑之马路也。其地虽不及各租界之广远，而富商大贾栉比，云连沪上生涯良以此为最旺。迩年我中国大兴工作费至十余万金，遂得道路坦平、轮辕凑聚。今若被法人所得，不特美界固瞠乎。在后无可追踪且恐市面渐移，而南英界亦不免衰颓寥落。英人最重商务局，肯任其所为故向之袖手作壁上观者？至此而不得不尽力与争，以免权利为他人所得也。然则美人何乐而与英联合曰：“美界居沪之极北，若生意移至南市，则美界益见清寥。”

主要内容有以下几点：

1. 各国租界的地理位置：英国租界在洋泾浜之北、吴淞江之南，物产丰富，且是物流枢纽。法国租界在洋泾浜南，地域虽然绵长繁富，但不如英租界的条件优越。美国租界则在淞北占地最广，有许多工厂设立于此以满足需求。

2. 法国扩大租借的要求：对迤南新筑马路觊觎已久。

3. 英美两国反对的原因：迤南新筑马路为交通要道，如果被法国占领，将会导致英美贸易流通锐减的情况。

关于租借之争的历史背景是这样的，1899年在公共租界谈立新界的同时，法租界当局趁四明公所发生冲突，在与江苏藩台及上海道的谈判中，提出扩界计划：在十六铺迤南新马路一带，西外门一带，八仙桥一带，浦东一部分及吴淞一部分，都属扩界范围，欲使法租界实际面积扩大至原面积的两倍半。中方对此要求原则上予以同意，仅提出保全四明公所坟地的条件。因遭到英租界方面的反对，法方不再坚持将浦东与吴淞部分扩张为租界。1899年6月底，法总领事白藻泰与两江总督代表也议妥法界新址：北至北长浜，西至顾家宅、官邸庙，南至打铁浜、晏公庙、丁公桥，东至城河浜。①

由此观之，法国的扩界计划已经涉及英租界的部分领域，因此英国的“狗急跳墙”情有可原，虽然在英国的极力反对下法国放弃了浦东与吴淞的部分区域，但其“两倍半”的欲望实在太过贪婪，我不禁想到《六国论》中的“奉之弥繁，侵之愈急”。

（三）忍无可忍的英美抗议

其不得不起而与之争持者，事势使然。岂美人之好为有事哉？况昔年中国与美国所订和约其第一款云：“大清国与大合众国并其民人皆照前和平友好，毋得或异更不得互相欺凌。偶因小故而启争端，若他国有何不公轻藐之事，一经照知，必须相助，从中善为调处，以示友谊关切。”故中东一役美廷曾遣国务卿福司德至日本介绍其间事，虽不成，然已远劳跋涉。兹者，中法因扩界之事稍有遵言，美国自应按照约章为之排解，英即出而中立，美自不得退居人后不发一言。此所以两国皆驰书总理衙门，不愿任法人独辟租界欤。

“大合众国”真的与“大清国”友好往来、芟夷大难了吗？当然不是，英美两国如此强烈地反对法国扩大租界不过是为了一己私利罢了。这段文字让我真切地体会到“弱国”的真实涵义。在自己国家的领土上，外人为所欲为，强取豪夺，根本不顾忌主人的感受和利益，这真是丧权辱国的真实写照啊！

① 吴志伟. 上海租界研究［M］. 上海：学林出版社，2012：53.

（四）同类事件的比较总结

或许闭关锁国的大清王朝会觉得不必与“弹丸小国”一般见识，但残酷的事实摆在眼前：打，打不过；躲，躲不开。在自以为是的清政府正在为自己把荒芜的土地丢给洋人而沾沾自喜之时，洋人却在租界修路办厂、输出资本，让腐败的中国官僚大跌眼镜，望“洋”兴叹……

四、租界中的巡捕房

本期《申报》中有这样几则短讯与租界相关：《南市捕房纪事》《英界晚堂琐案》《英界公堂纪事》《美界捕房纪事》。其中有两则为“捕房纪事”，现摘录其中一则如下：

美界捕房纪事

昨晨，积窃李桂生混入北河南路六百五十一号门牌某姓家，窃得古铜香炉等物，适为包探金立生所见，拘入捕房押候，解送公堂禀请谳员郑瀚生大令究办。

前日之晨，游方僧亮圆在新北门振武台上窃得某甲之银镶烟枪及报时钟等物，携至吴淞路某押铺质钱。正论价间，适为包探刘阿炳所见，向诘支吾知其来路不明，带入捕房押候，转解公堂禀请讯办。

昨晨，江北小窃王阿三在外虹口公和祥码头窃取旧铁，适为巡街印捕所见，拘送捕房押候，解至公堂禀请核办。

前晚，偷儿施阿二在四华德路某作场内窃得木板数方，适为某包探所见，拘入捕房押候，转送公堂禀请讯究。

甬人孙某挈妻某氏侨居北四川路仁智里某号门牌屋内，氏悍泼性成，前晚与邻妇口角，继复互扭，至捕房呶呶声诉。捕头谓氏撒泼行凶本应究办，姑念女流不予惩究，遂释之使去。

这几条消息讲的无非是小偷小摸、人贩子、民事纠纷等问题。其余一则也不外乎这些内容，这让我们看到了一个真实的上海租界——混乱不堪。同时这也让我对“捕房”产生了兴趣：

早在租界设立之初，根据第一次《土地章程》的约定，租界就开始招募华人当更夫，由领事管辖，职责无非是负责夜间巡视，有事击鼓报警，无事打更报时。其存在形式尚未脱离农耕社会的传统窠臼。至1899年增设侦探股。这些内设机构的管理人员，都由西籍巡捕担任。同年，巡捕房正式命名为工部局警务处，公开亮出了警务机构的身份。几十年间，巡捕经历了由‘更夫’更名，加入外籍巡捕，得到领事团签字确认‘地位合法’等过程。

“令人诧异的是，清朝政府对巡捕房制度的创设非但毫无异议，而且还承诺给予一定的经济支持。1880年以后，特别是进入20世纪后，工部局税收额度大幅增长，年收入达到或超过1 000万两银子。如果按当下（2007年）价格，每两银子（十六两制）折合人民币110元计算，那就达到或超过11亿。当然，这时候的工部局机构也越来越庞大，特别是捕房。”①

原来，捕房是由更夫演变而来，在1899年已经成为一个警务机构。由于捕房归工部局管辖，我们理所应当地认为它只负责租界内的事务，但“南市”为上海老城区华人的居住地，却有“捕房”参与管理，这种新旧交替的公共管理模式也许是这场侵略背后的一次意外输出，中国由此开始走向不一样的明天。

这就是18世纪、19世纪之交《申报》中关于租界的内容。作为近代中国最具影响力的报纸，《申报》几乎成为近代报纸的代名词，它涵盖中国人的阅读需要：大到国家政治、中外要务，小到风俗变迁、商家贸易，无所不包，可谓“西洋风物的国产化”。而租界的纷争及租界内捕房的开设无疑是《申报》中最具“西洋风物”特征的核心内容，尽管这些“西洋景”使人内心有些沉重、不安……

① 姜龙飞. 上海租界［M］. 上海：文汇出版社，2014：91-93.

参考文献：

1. 谢彬. 租界丧地史［M］. 天津：天津教育出版社，2009.
2. 吴志伟. 上海租界研究［M］. 上海：学林出版社，2012.
3. 姜龙飞. 上海租界［M］. 上海：文汇出版社，2014.
4. 张功臣. 民国报人：新闻史上的隐秘一页［M］. 济南：山东画报出版社，2010.
5. 朱晓明. 上海法租界的警察1910—1937年［D］. 上海：华东师范大学，2012.
6. 熊月之. 上海租界与文化融合［J］. 学术月刊，2002（5）.
7. 张金桐，张萌. 解读上海租界时期的新闻报刊事业［J］. 河北经贸大学学报（综合版），2017（6）.
8. 曹发军，赵媛媛. 晚清上海租界扩界的历史考察［J］. 中州大学学报，2008（2）.
9. 向阳. 上海租界土地章程研究的检视与思考［J］. 河南牧业经济学院学报，2017（04）.
10. 熊月之. 论上海租界的双重影响［J］. 史林，1987（03）.

作者为 2017 级新闻学专业本科生（数据新闻报道方向）
指导老师：李煜

百年回眸“戏曲告白”

罗雅涵

我的生日是 1999 年 6 月 8 日，如果穿越百年，那天是 1899 年 6 月 8 日。在这天的《申报》上的密密麻麻的广告中，我发现了这样的内容：

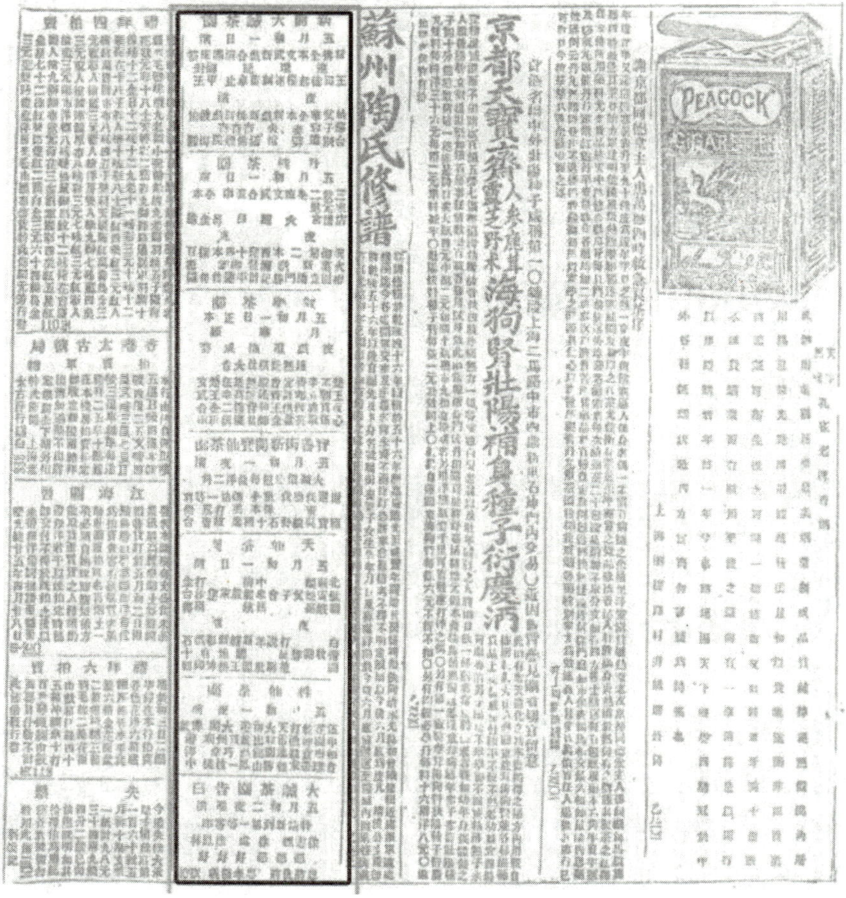
蘇州陶氏修譜

PEACOCK

图 1　1899 年 6 月 8 日《申报》第 6 版

仔细辨认，原来这些都是戏院推广剧目的广告。这类广告当时不叫广告，叫“戏目告白”。

为什么叫告白？因为《申报》创刊的时候，还没有“广告”这一名称，而是称为“告白”，即向公众公布、宣告，其编辑形式与新闻一样。广告主多为外国商人，中国商人没有意识到广告的作用，对在报纸上刊登广告并不重视。而当时的戏园主人却是例外，他们较早地发现刊登广告对增加营业收入的作用。因此，《申报》创刊不久，各戏园便开始在《申报》上刊登演出广告。[①]

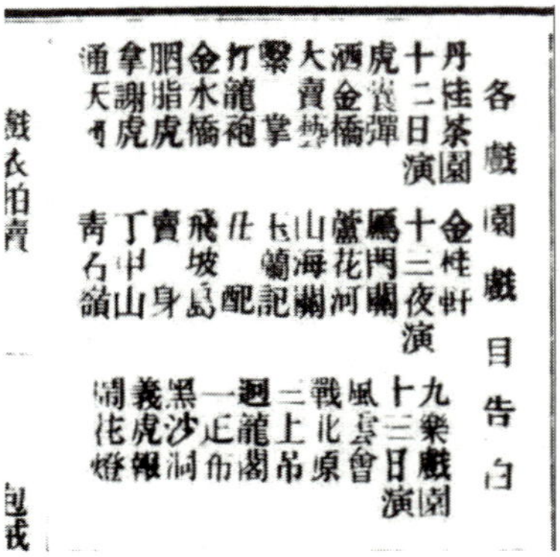
各戲園戲目告白

丹桂茶園 十二日演
虎囊彈 洒金橋 大賣[illegible] [illegible]掌 打龍袍 金水橋 胭脂虎 拿謝虎 通天[illegible]

金桂軒 十三夜演
鳳門關 蘆花河 山海關 長[illegible]記 [illegible]配 飛坡島 賣身 丁甲山 青石嶺

九樂戲園 十三日演
風雲會 戰北原 三上吊 迴龍閣 一疋布 黑沙洞 義虎報 鬧花燈

戲衣伯青
包戲

图2　1872年6月18日《申报》第7版刊登的一则戏目告白

《申报》第一次刊登戏曲广告是在清同治十一年五月十三，即1872年6月18日(《申报》创办第50天），该日第7版刊登《各戏园戏目告白》，预告了上海几个戏院将要上演的剧目。

这则广告是我国报业史上的第一个戏剧广告，它标志着我国近代戏曲的传播方式进入了一个新阶段。

《申报》创刊以前，戏园的宣传方式主要是张贴海报，用色笔或墨笔将演员和上演剧目写在纸上，然后派人贴在戏园门前或闹市，以吸引观众。自从《申报》开辟“各戏园戏目告白”之后，各大戏园为了扩大社会影响，纷纷在报上发表戏目告白，从此，报纸演剧广告逐步取代街头戏曲海报，成为向广大观众传送演出信息的主要渠道。[②]

一、戏目告白的流变

《申报》刚开始刊登“戏目告白”时候，内容很简单，仅罗列戏园名称、演出时间和剧目。这些戏目告白与其说是“广告”，不如说是“演出通知”。其背后暗含着消极的传播心理——“仅止于发挥告知的作用，除了所欲传达

① 姚小鸥，陈波.《申报》的戏曲广告与早期海派京剧［J］. 现代传播（双月刊），2004（1）.

② 姚小鸥，陈波.《申报》的戏曲广告与早期海派京剧［J］. 现代传播（双月刊），2004（1）.

的讯息之基本要素以外，并不试图透过其他方式影响读者。"[①]"戏目告白"本身这个名称，以及其早先采用将各戏园的广告集中于一栏之内的刊登方式，也是这种"仅止于告知，并不试图扩大影响"传播心理的反映。

随着《申报》发行数量的增加和影响范围的扩大，读者越来越多，报纸的广告效果逐步增强。此时，在《申报》上登载广告的戏园也越来越多，戏园广告的形式也相应有了很大的变化。19世纪末20世纪初，戏目告白的内容更为丰富，有研究者归纳出关于戏目告白内容的流变轨迹，共有五个阶段：

表1 《申报》戏目告白刊登时间及内容

刊登起始日期	刊登结束日期	内容	停刊原因	备注
清同治十一年 五月十三 （1872年5月13日）	清同治十二年 三月二十 （1873年3月20日）	1. 地点 2. 时间 3. 剧目	不明	金桂轩於10月23日至12月20日固定刊登主要演员名
清同治十三年 十二月十九日 （1875年1月26日）	清同治十三年 十二月二十三日 （1875年1月30日）	1. 时间 2. 地点 3. 剧目 4. 演员 5. 制作特色 6. 附带优惠	国丧 （同治帝逝世）	系丹桂园为各班会戏而隔日刊登
清光绪元年 三月十六 （1875年4月21日）	清光绪七年 三月二十九 （1881年4月27日）	1. 时间 2. 地点 3. 剧目 4. 演员 5. 制作特色 6. 附带优惠 7. 偶见本事与特定剧	国丧 （慈安太后逝世）	清光绪元年 四月十一至二十 （1875年5月15日至24日） 曾中断10天
清光绪七年 六月二十一 （1881年7月16日）	清光绪二十六年 六月初二 （1900年6月28日）	1. 时间 2. 地点 3. 剧目 4. 制作特色 5. 附带优惠 6. 价目	报纸销路 不佳	清光绪二十六年 十一月初六至十六 （1900年12月17日至1901年1月6日）、清光绪二十九年十一月十四至十六 （1904年1月1日至3日） 曾复现两次

① 林幸慧. 由申报戏曲广告看上海京剧发展［M］. 台北：里仁书局，2008：10.

续表

刊登起始日期	刊登结束日期	内容	停刊原因	备注
清光绪三十一年 正月初四 （1905年2月7日）	民国三十八年 5月27日 （1949年5月27日）	1. 时间 2. 地点 3. 剧目 4. 演员 5. 制作特色 6. 宣传套语 7. 价目 8. 电话号码	上海易帜，申报馆被接收	因抗战初起、太平洋战争爆发与抗战胜利而有三次短暂停刊

笔者生日100年前的《申报》（1899年6月8日）刊登的戏目处在第4至第5个阶段，1899年，一则普通的戏目告白包含了如下基本信息：演出地点、时间、场次、宣传语以及演出剧目。

同一版戏目广告的最后一则，还增加了主演人员的名单以及主题提示：

1. 主演人员名单：徐云桓、徐处、徐凤林；

2. 主题提示：恶恶恶，好好好，恩将仇报，忠孝节义。

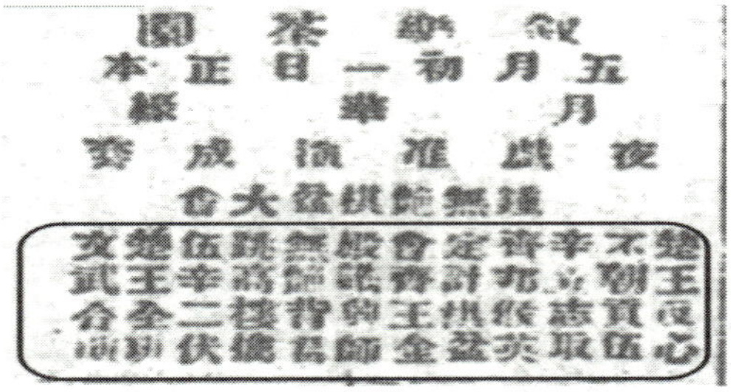

图3　1872年6月18日《申报》戏目告白

左图是同一版戏目告白的第三则，增加了打油诗作为内容简介。

从以上几则戏目告白可以看出，戏目告白的发展非常迅速。自1872年出现，到1899年时，《申报》上刊载的戏曲广告总体数量多，内容丰富。虽然每一则广告字数较少，但信息量很大。就其基本构成要素来说，戏目告白已经具备现代戏曲、话剧、电影海报的雏形。

二、戏目告白形式和编辑方式的变化

与戏目相关的广告，最早出现的是“启事声明”。这类告白因事而生，数量最少，通常与演出关系较小，与剧院经营关系较大。多如公告戏院转让、衣箱拍卖等。

第一则启事声明出现于1872年6月13日（农历五月初八）的《申报》上，刊登的内容是义泰行一个戏衣拍卖的广告：“本行奉：会审衙门发下戏馆衣装十九箱，凡文武男女袍衫、盔帽、旗帜等件各样俱全，准于礼拜一两点钟在本行拍卖，有合意者请来拍定可也。义泰行告白。”

值得注意的是，第一则启事声明的时间早于第一则戏目告白五天。但人们普遍将其划分至拍卖广告，并未放入戏曲广告之列。

随后出现的是“名角广告”和“新戏预告”。随着上海京班戏园数量的增多，戏园之间的竞争日益激烈，报纸上刊登的京剧演出广告也越来越多。为了能更直接地吸引观众，各戏园主若是邀请到了名角或排演出了新的剧目，往往专门登出广告。这类广告渐渐地从“戏园戏目告白”中独立出来，成为京剧演出广告中的两种特殊形式，即“名角广告”和“新戏预告”，重点介绍演员、剧目等。而一般的演出广告——“戏园戏目告白”逐渐定型，即简单介绍戏园名称、演出时间和演出剧目，偶尔会附带标出戏园的票价，以及演出形式的说明。①

另外，戏目告白的编辑排版也有了一定的技巧和模式。当时的报纸广告为了醒目，排版时会采用不同的字体，对剧中精彩的内容用大字标出。演员也根据名望的大小，采用不同的字体排版。广告商用大号字体标出的演员名字直接冲击着读者的视觉，令人过目不忘。广告的商业性和演艺界的商品化于此可见一斑。②

为了调动观众看戏的热情，演员名字的前面通常会冠以“头等名角”“一等名角”等炒作性的词语。到了民国初年，报载广告对演员的炒作更为严重。据梅兰芳回忆，他于1913年首次到上海演出时，印象最深的就是上海的广告。“当时新角在报上登的名字所占的篇幅大得可怕。在我们的名姓上面，加上许多奇奇怪怪的头衔。凤二爷（即王凤卿）是‘礼聘初次到申天下第一汪派须生’‘环球第一须生’；我是‘敦聘初次到申独一无二天下第一青衣’，

① 林幸慧. 由申报戏曲广告看上海京剧发展［M］. 台北：里仁书局，2008：10.

② 赵维国，陈佳.《申报》与晚清海派京剧的传播［J］. 上海戏剧学院学报，2009（4）.

像这样夸张得太无边际的广告在我们北京报上是看不见的。”①

同时，在戏目告白的版面形式上，《申报》也做出了新的尝试。开始在广告版面中镶嵌几何图形的花边，力求使告白美观醒目。以前那种告白时代的单调排版和背后的“仅止于告知，并不试图扩大影响”的消极心态荡然无存，取而代之的是为了吸引更多观众而不断丰富自己广告内容与形式的尝试，以及新的传播方式下广告商对于传播效果的追求。

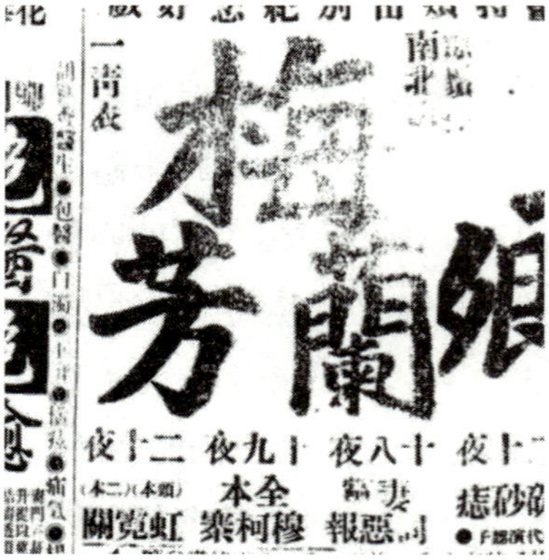

图4　1913年12月17日《申报》第12版戏目告白

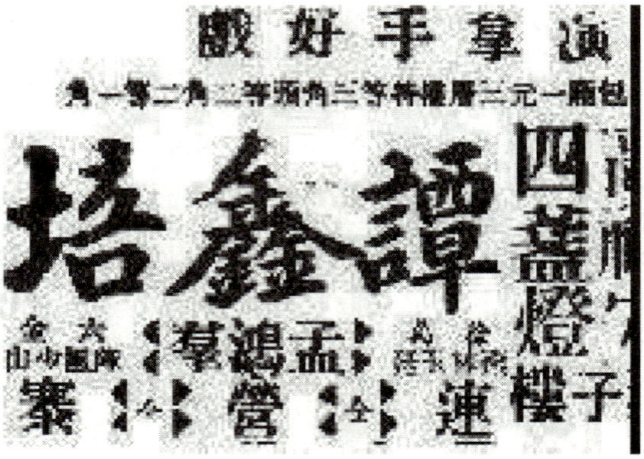

图5　1912年12月31日《申报》第4版戏目告白

三、影响戏目告白发展的因素

戏目告白的刊登与发展也不是一帆风顺的。从1872年出现第一则戏目告白到1949年《申报》停刊，77年间，戏目告白常常因为各种各样的原因停刊。这种突然停刊的状况，前后一共出现了11次。时间较长的停刊共有4次。

1. 1873年3月20日，戏目告白突然停刊，原因不详。后于1875年1月26日恢复刊登。

2. 1875年1月30日，戏目告白停刊，原因是同治帝逝世，举行国丧。后于1875年4月21日恢复刊登。

① 梅兰芳，许姬传. 舞台生活四十年［M］. 北京：中国戏剧出版社，1961：141.

3. 1881 年 4 月 27 日，戏目告白停刊，原因是慈安太后逝世，举行国丧。后于 1881 年 7 月 16 日恢复刊登。

4. 1900 年 6 月 28 日，戏目告白突然停刊，据推测原因是报纸销路不佳。后于 1905 年 2 月 7 日恢复刊登。

1905 年后，戏目告白便进入全盛期。内容形式愈发多样，影响力逐步攀升。直到 1949 年解放军接管上海，《申报》终刊，戏目告白连同《申报》永远地消失在人们的视野中。

观察以上戏目告白停刊的原因，我们不难发现，《申报》作为中国近代史上历时最长、影响最大的中文报刊，其发展既受到传统专制政治势力的限制，也受到近代资本主义经济发展的影响。因此，一方面，作为"新媒介"的《申报》要受制于新旧交替的传播环境，在传播新的思想主张的同时，不得不遵从原有政治格局的运作规则；另一方面，《申报》本身就是西学东渐后，资本主义工商业经济快速发展的产物，在面临市场至上的经济准则时，《申报》也只能服从市场规则，即报纸销量、广告数量和广告刊载价格具有内在的联动性，当报纸销量处在鼎盛时期时，戏目告白自然内容繁多，形式多样，价格高昂；当报纸销量不佳时，戏目告白也往往寥寥无几甚至面临停刊风险。

1900 年 6 月底，戏目告白在《申报》上突然停刊。原因是在晚清新政萌芽时，当时主持《申报》笔政的黄协埙"昧于时势"，招致《申报》"销路就衰，一落千丈"。到 1905 年，销量从鼎盛时期的 1 万份减少到六七千份。这一年，《申报》主笔更换，由一派"年轻而思想较新"的同仁接替黄协埙主持笔政。新班底上任后，于 1905 年 2 月 7 日第 1 张报上，发表了《本馆报务举例》，表示在"世界进化，理想日新"的时代，"亟思改良，渐求进步"，做各报馆之"先路"。[①] 也是在这一天，《申报》恢复了"戏目告白"的刊登。由此观之，在戏目告白的传播中，报纸本身扮演着从"信息"到"受众"之间的关键性"媒介"环节，其自身的立场、宗旨及经营管理的重要性是不言而喻的。

① 张功臣. 民国报人：新闻史上的隐秘一页［M］. 济南：山东画报出版社，2010：328.

四、戏目告白的作用

从功能上来说，广告可以增强受众的消费意愿，使他们更广泛地获知信息。戏曲广告通过发布各个戏园的演出戏目和演员情况，传播更多演出信息，扩宽了观众的选择范围，在为观众提供方便的同时，也为戏园增加了收入，使上海的戏曲市场得到快速发展。

广告还有劝服功能，增强消费者的情感偏好。“广告不仅要增强消费者现有的需求和愿望，使他们感知和了解信息，还要增强他们的感觉和情感，使他们偏好于某一产品。”① 就《申报》上的戏曲广告而言，京剧广告培养了上海观众对京剧的感情和偏爱，有助于京剧在和其他剧种的竞争中迅速脱颖而出，成为当时上海舞台演出的主要剧种。在《申报》等报纸的推动作用下，海派京剧的影响力不断扩大。

进一步说，广告还可以对当地的社会文化和风俗产生影响。“首先是广告人将广告作品通过广告客体（消费者）在社会生活中经常接触的大众媒介和非大众媒介发布，将广告中包含的文化观念和社会生活的内容传达给广告客体。广告客体经过注意、记忆的过程接受并保留部分广告信息，并且根据自身的判断，摒弃其中的关于生活方式和文化观念的部分信息，而接受部分信息，转化为自己的观念和行为，这样广告中的部分信息就融入了社会文化，对社会文化发生了作用。”②《申报》的戏曲广告影响了上海的社会文化环境，进而影响观众的审美心理，在海派艺术风格的形成中具有较大的作用。③

穿越百年读《申报》，我们往往被正文里那些长篇大段的社论所吸引，忽略了这些看似千篇一律的戏目告白。戏目告白从诞生起便不断发展，不断演变，其背后是富有改革精神的办报人和戏院主人的鼎力推动，其广告形式的内在张力，及其可能性与可塑性，既反映着晚清至民国时期上海市民的生活状况、市井文化，也折射出时代的兴衰更替、波澜起伏。

---

① 丁俊杰，张树庭．广告概论［M］．北京：中央广播电视大学出版社，1999：70.

② 丁俊杰，张树庭．广告概论［M］．北京：中央广播电视大学出版社，1999：77.

③ 姚小鸥，陈波．《申报》的戏曲广告与早期海派京剧［J］．现代传播（双月刊），2004（1）.

参考文献：

1. 林幸慧. 由申报戏曲广告看上海京剧发展［M］. 台北：里仁书局，2008.
2. 上海图书馆编. 近代中文第一报《申报》［M］. 上海：上海科学技术文献出版社，2013.
3. 丁俊杰，张树庭. 广告概论［M］. 北京：中央广播电视大学出版社，1999.
4. 梅兰芳，许姬传. 舞台生活四十年［M］. 北京：中国戏剧出版社，1961.
5. 姚小鸥，陈波.《申报》的戏曲广告与早期海派京剧［J］. 现代传播（双月刊），2004（1）.
6. 赵维国，陈佳.《申报》与晚清海派京剧的传播［J］. 上海戏剧学院学报，2009（4）.
7. 韩美苗. 晚清《申报》中的戏剧史料研究［D］. 临汾：山西师范大学，2014.
8. 唐雪莹. 从《申报》戏曲广告看近代上海戏曲市场化［J］. 四川戏剧，2010（6）.

作者为2017级新闻学专业本科生（数据新闻报道方向）
指导老师：李煜

从《女学防弊说》看近代女学

曹大杨

本人生日回到百年之前是1899年4月28日，这一天的《申报》共有8版，《申报》附张6版。今天的主题是第1版中的社论《女学防弊说》。

文章开头首先提出，中国的女学自古有之。女学使女性安守妇道，遵循礼仪，进而使社会风气良好，内教修明，社会秩序得以维护，而且特别强调“自朝廷以及闾巷无不学之女”，来说明古时女学之兴、礼教之盛。

紧接着文章就说到，如今女学没落，女性不再学习传统女学，于是“安于卑陋”，社会“阴教不修”，导致了近代中国的孱弱蒙昧：

> 至于今日孱弱不振，外侮迭乘，推原其故，皆由阴教不修之病，乃为之纠约同志，提倡宗风，女学之兴，蒸蒸日上。

由此我们可以看出作者眼中女学的重要性，已经提升到兴盛国运的高度，那么作者所说的女学到底是什么呢?

中国传统女学是建立在儒家伦理道德基础上，以古代多部女子教育经典为教材的女子教育体系。

中国传统女学，特别是发展到明清时期的女学，其核心可以归结为“三从四德”：三从，未嫁从父、既嫁从夫、夫死从子；四德，妇德、妇言、妇容、妇功。

女学首先是与儒家伦理道德相适应的。三个“从”把女性的一生划为三段，在每一段中女性都可以说是男性的附属品。四德则是对女性的要求，限定了女性在家庭乃至社会中的位置和功能。

为了更具体地了解女学，我们可以一窥传统女学的经典——班昭的《女诫》。《女诫》共分七章，主要指导女性处理夫妻关系、个人言行及家庭关系。

《女诫》指出，夫妻关系非常重要，对妇女尤为重要，所以妇女要卑，要恭，要慎，要无条件地顺从，不能与丈夫冲突顶撞，要以婚姻大局为重。

生活中妇女要规范自己，节俭自律，注意言行举止，甚至被剥夺了追求美丽、参加聚会的权利，而且还冠以"天命论"的解释。在家庭关系中，女性应顺从公婆，并和丈夫的兄弟姐妹搞好关系。这反映了女性在中国传统家庭中的地位——几乎位于家庭结构的最末端。

而《女诫》的作者班昭又是何许人也？她是东汉的女史学家、文学家，出身儒学世家，是史学家班彪之女，班固、班超之妹。而《女诫》是她留给班家女性、教授她们做人道理的家书，日后则被争相传抄，成为传统女学经典中的经典。

班昭 14 岁嫁同郡曹世叔为妻，故后世亦称"曹大家"。可悲的是，曹世叔早卒，班昭则年逾古稀而逝。所以所谓《女诫》有多少出于班昭本人作为女人、作为妻子的经验呢？本质而言，《女诫》不过是作了儒家伦理道德中女性价值体系的代言而已。由此可见，随历史逐渐形成的女学，也不过如此。

尽管如此，我们也不得不承认传统女学有其自身的进步性。

其一，历代都强调"兴女学"，这本身就反映了对女子教育的关注。如《女诫·夫妇篇》所言"但教男而不教女，不亦蔽于彼此之数乎"。

其二，女学的确强调了女性的作用。如女学的另一部经典，刘向的《列女传》中，就褒扬了许多通才卓识、机敏干练、富于聪明才智而兴国利世的普通女性，肯定了她们对国家、家庭、社会事业的贡献。

但这些进步思想毕竟还是建立在父权社会的价值体系上的，而且随着理学的出现、兴盛，女学越来越成为束缚女性自由、压抑女性人格的枷锁。明代四本女学著作合刻为《闺阁女四书集注》，成为固定的女子教材。从《女诫》到"女四书"，女学也如同其根植的儒学一样，走入僵化与异化。

于此，郑观应在《盛世危言·女教》中的一句话阐释得很透彻："中国之人，生齿繁昌，心思灵巧，女范虽肃，女学多疏。"

了解了女学深厚的历史渊源，再回到 1899 年春这期《申报》头版的评论文章。接下去作者把矛头转向了"泰西男女平权之说"，表达了对于西方女权思想的不齿：

鸣呼！何其立言之不慎欤？夫治内治外责，各有归米盐琐屑，亦见经济。

面对西学东渐的历史风潮，作者所持的完全是传统立场。但作为《申报》的头版社论，本文既然提到了西方女学，说明西方女学在当时的中国已经有了不小的影响。

那么，西方女学是如何传入中国的呢？

美国著名汉学家费正清在其《剑桥中国晚清史》中曾言：新教徒中，很多人明确信奉男女平等的原则，而且决心投入一场十字军运动，以争取中国妇女的“平等权利”。正是在这样的宗教影响和历史关节处，中国国门渐开，西方传教士带来了西方思想和西方教育，各地建立起教会学校。其中，来华女宣教士阿德希于1844年创办了中国近代第一所女校——宁波女塾。

19世纪70年代，仅基督教在华所设日校就有82所，女寄宿学校39所，共招女生2101人。[①] 而教会女校与中国传统的女子教育体系显然是平行的，并无交汇。

但原文作者所提到的“泰西男女平权之说”的流行，并不直接源于教会女校，而主要与戊戌变法有关。

在戊戌变法时期，康有为在《大同书》中提出“为无量数女子呼弥天之怨”，“为女子拯沉溺之苦”[②]，“以公理言之，女子当与男子一切同之；以实效征之，女子当与男子一切同。此天理之至公，人道之行……”

梁启超也提出了“兴女学”的主张，并发表了《论女学》《倡设女学学堂》等文章。他认为：“治天下之大本二：曰正人心，广人才。而二者之本，必自蒙养始。蒙养之本，必自母教始。母教之本，必自妇学始，故妇学实天下存亡强弱之大原也。”（《变法通议三之六·论女学》）

戊戌变法的维新主导者们已经意识到：广大妇女，作为国家人口的半数，长期处于被压抑、被忽视的境地，这是对国家劳动力和人才民智的巨大浪费。

---

① 阎广芬. 简论西方女学对中国近代女子教育的影响［J］. 河北大学学报（哲学社会科学版），2000（6）.

② 韩天博，杨敏. 浅析陈撷芬《女学报》的创办背景与条件［J］. 今传媒，2013（6）.

所以康梁倡导“兴女学”，教育女性，解放女性，赋予平权。

维新变法运动对女学的影响有多大呢？1928 年陈东原的《中国妇女生活史》总结道：甲午战争后，妇女生活最主要的变化就是兴女学和戒缠足。[①]

但康梁的女学真的就是广大中国女性的出路吗？

维新思想对女性价值的阐述，主要还是基于一种社会进化论的逻辑。解放女性、兴办女学，到底还是为了国家、民族提升竞争力，解决近代中国面临的危机，并不是为了帮助女性实现个体价值，获取个人自由。

维新派以西方男女平等理论为基础，学习西方女学。然而，其兴办女学的主要目的是救亡国存，所期唤醒的是女性持家的“义务意识”，即“上可相夫，下可教子，近可宜家，远可善种”，显然，这与西方学者在“天赋人权”的号召下呼唤人性相比，属于两种不同的境界[②]。尽管如此，对于 19 世纪末的中国来说，这种思想的进步意义已经非同小可了。

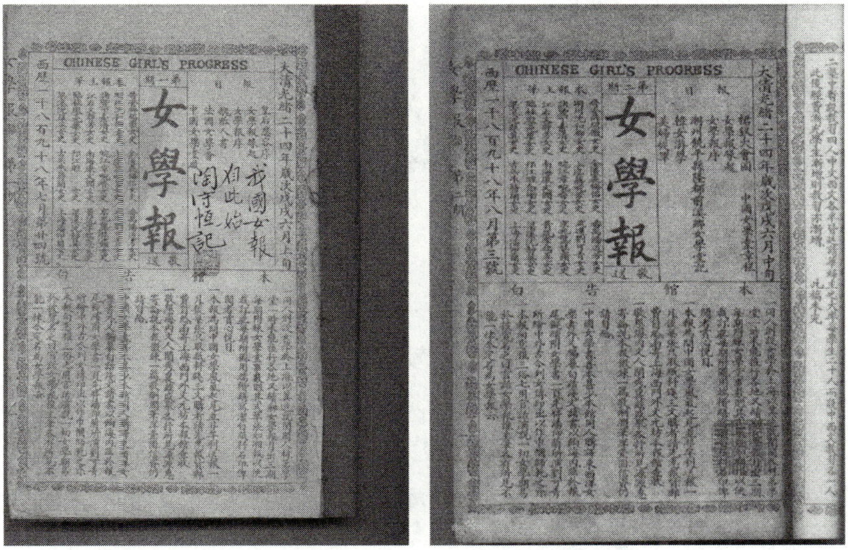

图 1 《女学报》第 1 期和第 2 期，英文报名是 Chinese Girl's Progress

① 陈东原. 中国妇女生活史[M]. 上海：商务印书馆，1937: 316.

② 阎广芬. 简论西方女学对中国近代女子教育的影响[J]. 河北大学学报（哲学社会科学版），2000(6).

事实证明，女性的解放和教育，还是得交给女性自己。

1897 年初秋，李闰（谭嗣同妻）、黄谨娱（康广仁妻）于上海创建了“女学会”。

1898 年，康同薇（康有为之女）创办《女学报》——中国历史上最早的妇女报刊。

1899 年（待考），陈撷芬创办了《女报》，原刊发行了短短 12 期，原是陈撷芬自发续编《女学报》，于 1902 年复刊，不久又告停刊。但这份《女报》在中国近代妇女运动史上却闪闪发光。

陈撷芬是近代中国女权先驱中最具代表性的人物。她是《苏报》报馆主人陈范的女儿，是上海爱国女学校第一批学生。1899 年主笔《女报》时陈撷芬年仅 16 岁，于是她也成了中国新闻史上最年轻的报人。

而她的年轻正赋予了她斗士的精神。1903 年 2 月 27 日，复刊的《女报》上登出了她振聋发聩的《独立篇》。这是中国近代史上最彻底、最进步的女性解放宣言。其中，最宝贵的两点是：

其一，思想上独立是妇女解放的关键。陈撷芬认识到，对妇女解放最大的阻碍是几千年来传统社会男尊女卑观念对女性思想的禁锢。所以她呼吁女性在思想上抛弃“屏我曰女流，德我以无才”的“菲薄之词”，追求思想独立。

其二，女子要自我教育，不能望于男子。她的女学已经超越了康梁的层面，她提出：“受明达男子之教”不如“明达女子自教”。这意味着女性应该自我教育，本质而言，是真正地在鼓励女性自我解放，追求人格尊严和个性自由。由此可见，中国女学直到陈撷芬这里，才有了真正的女权思想的内涵，而她的愿望与预言是“不逮十年，女界中殆无不兴之学，亦无不复之权矣。”

除陈撷芬以外，一批进步女性也在报纸上发表文章，倡导女子参政权，倡导婚姻自由和扩大女子教育，形成新女学的思潮。

> “方今瓜分之局已开，国势日危”，有声同叹。前月明诏特下，谕各庶民，皆得上书。夫民也者，男为之民，女亦谓之民。凡我

同辈亦可以联名上书，直陈所见，以无负为戴高履厚之中国女子也。[①]

女权主义的新女学，才是中国女性解放的真正出路。而后新文化运动民主科学的呼声中，新女学的影响不断扩大。女子教育和妇女运动也得到了巨大的发展。

1922年《壬戌学制》的颁行，标志了中国从小学到大学男女同学教育体制的确立。据1921—1922年的统计数据，中国女生数为417 820人，占学生总数8.37%。[②]1915—1920年五年间新创刊的妇女报刊就有近30种，尤以1915年创刊的《妇女杂志》对西方女学的介绍最具系统性，影响也最大。与此同时，还有许多杂志办了妇女专号。这都反映了新女学对中国社会与中国女性生活的影响。

《女学防弊说》的最后，对于恋爱自由，作者以"中外风俗固有不同"驳斥，而后，再次呼吁广大妇女"幡然改变"，钻习传统女学。

1899年身处世纪之交的中国，面对着女学的新气象、社会的新思想，《申报》所持的却是保守的观点。但我们也必须意识到，《申报》对女学的观点很可能代表的就是当时社会的主流意识。根植于王朝社会的《申报》即使成为独立舆论，也无法推动"革命性"的进步，尤其是在性别权力结构这种社会的基础性问题上。而在一个几千年沿袭下来的父权社会中，女性的解放恰恰就应该是一场"革命"。我们当然不能苛求黄协埙时期的《申报》，要求它超越自己的社会历史阶段和承袭已久的文化立场，事实上，女学的现代化、女权的兴张，最终还是要靠中国女性自己。尽管如此，我们不得不说《申报》还是忠实地扮演了历史记录者的角色，为此，今天的我们才能从中读出当时人所关心的问题、讨论的话题，了解近代中国的发展渊源。

---

① 卢翠.好爱国说[J].女学报，1898(5).

② 阎广芬.简论西方女学对中国近代女子教育的影响[J].河北大学学报(哲学社会科学版)，2000(6).

参考文献：

1. 华人基督教史人物辞典[EB/OL].[2017.12.26]. http://www.bdcconline.net/zh-hans/

2. 梁丽英. 晚清女学研究[D]. 辽宁师范大学，2012(4).

3. 夏晓虹. 晚清两份《女学报》的前世今生[J]. 现代中文学刊，2012(1).

4. 张学玲. 教会女学与近代职业女性的兴起[J]. 江苏科技 大学学报社科，2005(3).

5. 余丽芬. 西学东渐与近代女学[J]. 浙江学刊(双月刊)，1996(3).

6. 张国艳. 中国近代女学发展探析[D]. 兰州：西北师范大学，2001(5).

作者为 2017 级新闻学专业本科生（数据新闻报道方向）

指导老师：李煜

从《申报》分析清末时期的奢俭观

刘史航

我出生于1999年9月10日（农历八月初一），穿越至百年前，是1899年9月5日（清光绪二十五年八月初一）。

这一天的《申报》共14版，大致内容如下：

表1　1899年9月5日《申报》14版主要内容

版面	主要内容
第1版	头版社论和政治新闻
第2至4版	政治、军事、社会新闻
第5至8版	商业广告
第9版	申报附张
第10至12版	官报、申明告白、广告
第13至14版	京报全录

本期《申报》的头版社论是《论近今俗尚之奢》，阐述了在中国社会发生深刻裂变的历史阶段，与之密切联系的奢俭观发生了时代性的嬗变。

这引起了我的好奇，通过翻阅不同期次的《申报》，发现多次谈及“奢”“俭”之辩，如下图所示。综合论之，大致可分为3种观点：黜奢崇俭，黜俭崇奢和奢俭并重。

表2　《申报》“奢”“俭”论题

序号	刊登时间	论题
01	1895-04-23	论理财以节俭本
02	1895-05-28	论务本
03	1895-09-03	论近今俗尚之奢

续表

序号	刊登时间	论题
04	1896-01-11	沪上宜禁奢崇俭说
05	1896-10-30	箴官
06	1896-11-15	中西奢俭辨
07	1896-11-26	论风俗之坏由于不能崇俭
08	1897-04-20	中西一贯之道论
09	1897-07-27	论嫁娶之礼宜崇节俭
10	1899-06-13	论国势贫弱皆由俗尚之奢
11	1901-12-03	勤俭为富强之本说

在此过程中，我又查阅了一些相关文献，发现迄今为止，学术界的相关研究基本以“崇奢黜俭”取代“黜奢崇俭”为核心展开。如此考察虽不乏一定合理性，但仍不免有失偏颇。事实上，清末社会的复杂性，客观上决定了这一价值观演化的复杂性，仅仅囿于经济领域的理论诠释很难把握其内在实质，只有将其置于当时社会语境中作社会文化式的探讨，才能深刻理解其内涵。

一、黜奢崇俭

本期《申报》上的头版社论《论近今俗尚之奢》所论述的明显是有代表性的崇俭观点。

文章指出，国困民贫的局面皆由不能节俭所致，提倡以民俭来改变国贫的局面。

读罢文章，问题来了，当时为何会产生这种思想呢？在本期报纸第 1 版的左边有一篇名为《暂停索地》的文章，大致内容为由于意大利强占三门湾，现在水师大臣伯天乐氏和利安诺侯爵商议邮船事务，想请清政府每年补贴经费若干，可见当时财政压力之大。

在本期报纸的第 2 版右侧有一篇名为《军费日增》的文章，主要通过罗列欧洲各国每人要交纳的军费来表现欧洲列强军需日增其额，文中“观其不惜民财"同样指出清政府意识到财政的挥霍与缺漏。

同时，官吏"尚奢"的风气也日盛一日，吏治日趋腐败，客观上也要求提倡黜奢崇俭来清正官德。1901 年 3 月 30 日的《申报》头版言论《崇俭说》就曾指出："今日不崇俭之病，尤以宦途为特甚。……殃民误国之事皆缘之而起。"这说明当时的官吏无论是衣食住行，还是举止言行上都近于奢靡，霍乱纲纪，而殃民误国之事的缘由也在于此。

不仅如此，民间贪图享乐，生活趋于奢侈的恶风陋俗又从反面将"黜奢崇俭"推到舆论的风口之上。本期头版言论《论近今俗尚之奢》中就提到"最近又盛行麻雀竹牌"，如此奢靡之风与当时积贫积弱的国家态势形成鲜明对比。正如《论嫁娶之礼宜崇节俭》之感叹："风俗至今日可谓奢侈极矣。"针对如此恶风陋俗，《普通学报》提倡节用以改良风俗。[①]而时论将其根源也归之于吏德堕落，可以说是洞察细微，剖析深刻。

此外，文中明确指出，通商之后，效仿西方的现象层出不穷，认为西方的生活方式十分奢侈："况自通商以后，局面一新无不取效西法，以为西人享用之奢，中国不及万一。"其实这只是观其表象，奢侈的背后必有强大的经济实力作支撑，表面上不惜巨费，事实上可能有切实的利益驱使，不能将之认为是目光短浅地只顾眼前的享乐。

统而观之，当时严峻的社会现实，内忧外患的局面让"黜奢崇俭"成为时论关注政治的首要议题。

那么，换一个角度，黜奢崇俭的意义也十分显著。以 1896 年 11 月 26 日《申报》上刊登的《论风俗之坏由于不能崇俭》为主例分析。首先，"俭"有利于修养道德。文中描述道："处今日之时势而欲思变化人心，荡涤污俗，要莫急于崇俭去奢"；其次，"俭"有利于整顿吏治，移风易俗。"为今之计，欲挽回风俗，当以崇俭为第一义。官俭则自无贪酷之弊，而吏治清矣。士俭则自无非分之干，而人才出矣。商俭则商务自有起色，农俭则农家皆有盖藏。苟一切之人皆能崇俭而去奢，则四方盗贼之害将不平而自平民生。"此外，在 1901 年 12 月 3 日刊登的《勤俭为富强之本说》也指出："去官吏之奢，惩官吏之惰，则有事之官吏，固可望其俭且勤，而致力于国之富强。"最后，

---

① 丁守和. 辛亥革命时期期刊介绍（第3集）[M]. 北京：人民出版社，1983：3.

在经济的层面上，“俭”有利于近代创业，促进商业发展。《论风俗之坏由于不能崇俭》中提到：“尚俭则商务自有起色。”

二、黜俭崇奢

与上文相反的观点，则是立足于中国社会发展趋势，认为传统“奢俭”观具有很大的消极影响，如有碍思想进步、遏制经济发展等。从社会的角度来说，传统“崇俭”观具有明显的守旧特征，脱离了时代发展的轨道。谭嗣同认为：“崇俭是封建统治阶级以奸猾桀黠之资，凭借高位，尊齿重望，阴行豪强兼并之术，以之欺世盗名的资本。”中国守旧闭塞无知无欲的国民只知道“崇俭”，而以享乐为浪费、为耻辱。在世界各国相互竞争日益激烈的时代，必定不能苟延性命。

而从传统的奢俭观念思想本身来说，本就存在着有碍思想进步的弊端，当时大多被“陋俗”冠以斥之。梁启超认为：崇俭乃“上古不得已之陋俗”，痛斥那些“食不熏肉，妾不衣帛”式守财奴借“崇俭”之名壅塞全国之财，断绝廛市之气，称这些人实为“世界之蟊贼，天下之罪人”。[①] 梁启超将“俭”与“陋”联系起来看，言论带有明显近代观念，可以说对传统“奢俭”观作了深刻批判。

事实上，传统的崇俭观对国民生计的发展也有一定的遏制作用。传统的自然经济形式让“成由勤俭败由奢”的思维定式制约了传统工商业的发展与进化。“崇俭”之俗导致开物成务，利用前民，励材奖能，通商惠工，一切制度文为，经营区画，皆当废绝。[②] 如此“崇俭”导致人人贫穷，天下大事，遂乃不可以支。至贫极窘之中国御侮“败亡之由，咸此而已矣”。如此言辞切中传统极端“奢俭”观的痼病。

当时顽固派违背历史潮流，受到了维新派思想家的批判。谭嗣同就曾明确提出“黜俭崇奢”论与“黜奢崇俭”论相对立。但要指出的是，在谭嗣同这里，“崇奢”不是指向个人消费方面的奢侈挥霍，而是主张把财富投入近代资本

① 梁启超. 饮冰室合集（二）[M]. 北京：中华书局，1989：37–44.

② 蔡尚思，方行. 谭嗣同全集（下册）[M]. 北京：中华书局，1981：323.

主义工商业，是一种生产消费方面的"奢"，其本质是为达到富国富民的目的，以"崇奢"来刺激资本主义工商业的发展，以"黜俭"来反对落后的封建主义生产方式。

结合《申报》概言之，如谭嗣同这般维新派的奢俭观是在对传统奢俭观念思想的批判中生发出的一种创新性的解读。

三、奢俭并重

相对于前两种较偏激的观念，清末"奢俭并重"观体现出明显的理性色彩。它综合论述，依据社会实际，从国家前途、民族命运出发，比照中外思想资源，对"奢俭"观作了比较平实的理论诠释。

首先，此观点注意到了中西均有"奢俭"观。在1896年11月15日第1版《中西奢俭辨》一文中提到西方尚"奢"，中国尚"俭"，视其为中西"俭"与"奢"的较量，革命党人熊希龄也指出考察各国兵力的强盛情况，西方推崇德治，东方则推崇实践，究其根本还是两国的勤俭悬殊，"故以勤俭而敌骄奢，未有不操左券者矣。"[①] 由此可知，"奢俭并重"观已逐渐成为时论共识，蕴含着融合中西"俭"德以富国强兵的深意。

其次，"奢"与"俭"具有相对性，不宜绝对化。在《申报》1895年9月3日第1版《论近今俗尚之奢》这一篇文章中明确指出："处富有之时，而民俗奢侈，犹可说也。"字里行间透露出要居安思危，不要过分追求奢侈豪华之意。

再次，"奢"与"俭"需因时而异，有所侧重。严复指出："过于强调节俭而不用，则务富之本旨荒矣。况无享用，则物产丰盈之后，民将缦然止足，而所以励其求益之情者不其废乎！……是故理富之术，在一国之母财、支费，相酌剂为盈虚。"[②] 从中可以看出严复认同崇俭，又提倡积极消费。这充分体现出对传统的以等级定"奢俭"准则的突破，具有浓厚的时代色彩，体现出历史的进步性。

① 林增平，周秋光. 熊希龄集（上册）[M]. 长沙：湖南出版社，1996：283.

② 王栻. 严复集（第4册）[M]. 北京：中华书局，1986：880-881.

最后，“奢俭并重”观适应了近代资本主义经济发展规律。实业家张謇积极扩大投资，大办新式企业，以发展近代资本主义经济，体现出尚“奢”的一面。同时，他注重节俭，把节俭列入家训、校训及企业规章之中，作为他对学生、家人和职员的重要要求。[①]对于他自己，则是培养良好道德，积累更多发展资金，又赋予崇“俭”以近代资本主义精神。

概而言之，无论如何诠释，清末综合而论的“奢俭并重”观涉及丰富多彩的理论蕴涵，反映了当时人们关注国家前途与命运的爱国激情，彰显出他们在奢俭问题上日趋成熟的认识，自觉适应社会发展的积极心态。

不管是关乎奢俭的何种观点，都是那个时代的人们智慧的结晶，它们产生于急剧变化的历史时期。

第一，这有助于中国近代经济理论与伦理架构的形成。如对于“奢”，时论强调以时代、经济情况、地域等来判断，而非等级，这是对建构于等级社会之上的传统经济伦理思想的深刻革命，表现出人们思想观念的与时俱进，有利于中国近代经济思想的形成。

第二，促进了吏治的改良、风俗的正清、近代伦理道德的重构。《申报》言论中大多主张政府官员崇“俭”，做民之表率，这是对传统“奢俭”思想积极合理内涵的创造性继承，而且当时的一些思想还将澄清官德与改良社会风俗联系在一起，这必然有利于近代伦理道德的重构。

第三，有利于中西思想文化的融合与互动。清末对于“奢俭”观的讨论，实际上是将中西文化融汇起来，有助于中国人思想观念及价值观的近代化发展，也使国民性质改造的历史主题更加凸显，更加深化。

第四，极大地推动了中国传统文化的近代化。奢俭观包括经济领域、政治领域，并泛化于社会、道德、文化诸方面，成为中国传统文化近代化的重要组成部分，推动了中国传统文化的近代化。

穿越百年读《申报》，我真切地感受到作为一份大众报纸，《申报》在那样一个时代具有的担当与包容，它既是一个历史剪影本，也是一个历史助推器。它让我切实地感受到了在中国传统社会深刻裂变的历史阶段，与之密切联系的传统观念的近代嬗变。在这个复杂的过程中，不同的人们对“俭”

① 蒋国宏. 张謇的崇俭思想及作风[J]. 史学月刊, 1998(1).

与“奢”的认同感迥异，或偏激，或理性，但其递进色彩明显，一脉相承，日趋完善，更加成熟，并显现出时代的特征。

思想观念的传统与现代之争，折射出清末思想家与普罗大众在那样一个诸多危机交织的时代下，实行救亡图存，促使传统思想文化“新陈代谢”的努力与坚持。晚清《申报》时论中的观念虽已成为历史，但其中蕴涵的积极价值对当代政治道德、公民道德、经济伦理建设等影响仍弥足珍贵，值得我们认真反思，合理地继承与发扬。

参考文献：

1. 赵炎才. 清末时期奢俭观的学理透视[J]. 学术研究, 2006(10).

2. 谢孝明, 肖永玥. 谭嗣同奢俭思想的“破”“立”论[J]. 思想战线, 2009(5).

3. 蔡尚思, 方行. 谭嗣同全集：下册[M]. 北京：中华书局, 1981.

4. 王栻. 严复集：第四册[M]. 北京：中华书局, 1986.

5. 赵炎才. 晚清奢俭消费思想的历史演化[J]. 天津社会科学, 2008(5).

6. 景东升. 论晚清俭奢观的嬗变[J]. 北京工商大学学报(社会科学版), 2007(3).

作者为2017级新闻学专业本科生（数据新闻报道方向）

指导老师：李煜

现代化中的社会风云

从《申报》看晚清乱世

何　茵

一、引言

《申报》作为一份近代报纸，内容丰富、涉猎广泛，可以反映当时社会的种种现象。今天，我们就由一期《申报》讲起，还原常常被我们忽视的晚清社会乱象。从我的生日 1998 年 2 月 26 日算起，穿越百年，就是 1898 年 1 月 30 日。

论从史出，为了引出我的主题，我们先简单了解一下这期《申报》前四版主要内容：

第 1 版

论设特科为国家自强之本（政治）：陈述了设特科的必要性，是改革科举制度的前奏之一

京师飞电（军事）：军中人员奖惩与调整

胶事传闻（社会治安）：德国兵被土匪戕害

兵船炸裂（军事）：美国海难

往援快舰（社会治安）：英国船搁浅

崎阳零拾（社会治安）：美国兵攻击日本人

琼南春信（社会治安）：海南土匪骚乱

军机严密（军事）：官员们在民族危机前保卫领土，严守国家机密

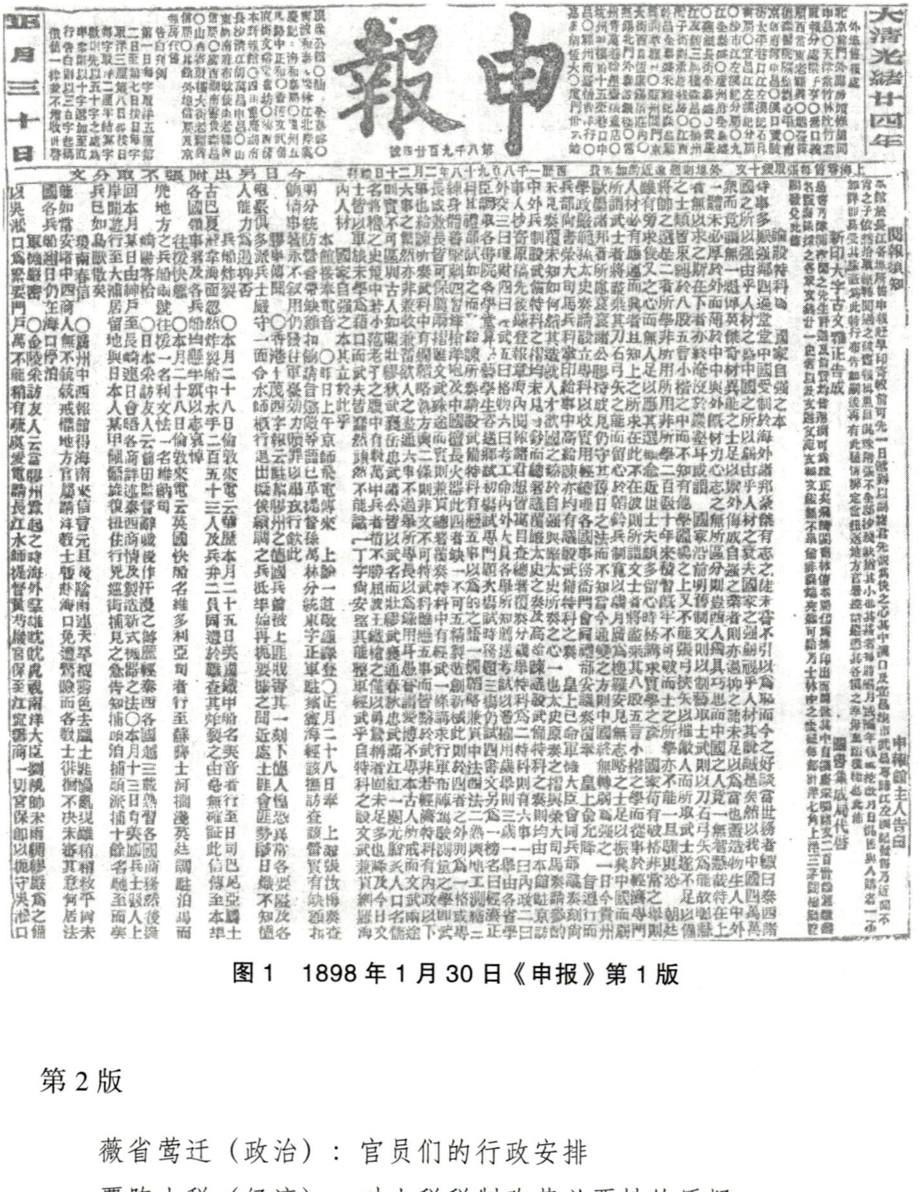

图 1　1898 年 1 月 30 日《申报》第 1 版

第 2 版

薇省莺迁（政治）：官员们的行政安排
覆陈土税（经济）：对土税税制改革必要性的质疑
钱局将开（经济）：钱价抬升的现象与官员的应对方案
示清匪乡（社会治安）：广州官员拟定的详细的治匪方案
四明火警（社会治安）：一起火灾
研讯诈赃（社会治安）：一起栽赃案

屧廊艳迹（社会治安、经济）：聚众赌博案、民事纠纷、水价飞涨、地产产权乱象

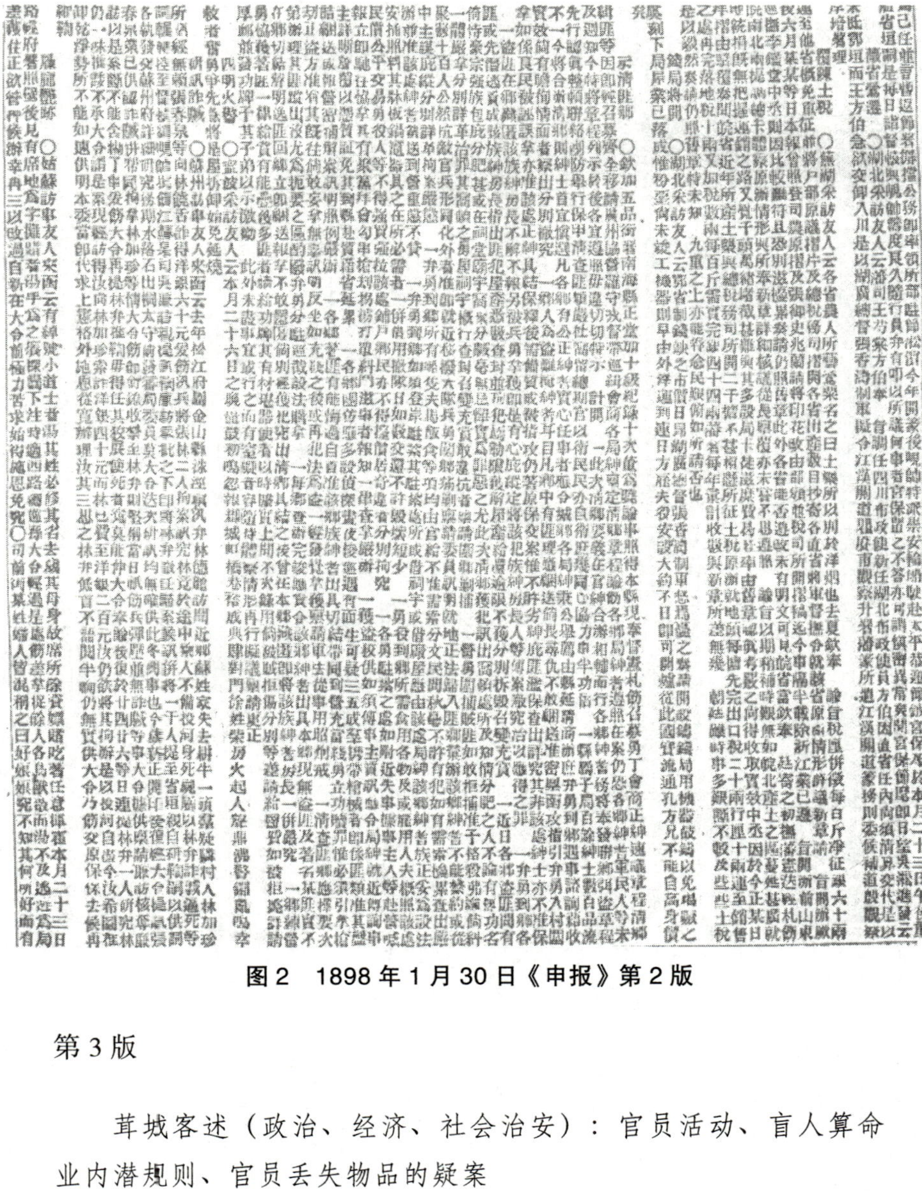

图2　1898年1月30日《申报》第2版

第3版

苇城客述（政治、经济、社会治安）：官员活动、盲人算命业内潜规则、官员丢失物品的疑案

整顿茶务（经济）：整顿茶叶出口、正当贸易

祭神日期（文化）：发布祭神安排

烟寮劫案（社会治安）：一起入室抢劫案
翻筑旧路（城市建设）：发布城市建设安排

局示照录（社会治安）：喝止不法分子冒充官员征捐的行为
绘声绘影（文化）：早期电影播放情形
驗尕毆伤（社会治安）：民事纠纷伤人案

图 3　1898 年 1 月 30 日《申报》第 3 版

第4版

严缉失物（社会治安）：美国医生丢失物品一事

严禁私刑（社会治安）：喝止捕头使用私刑的行为

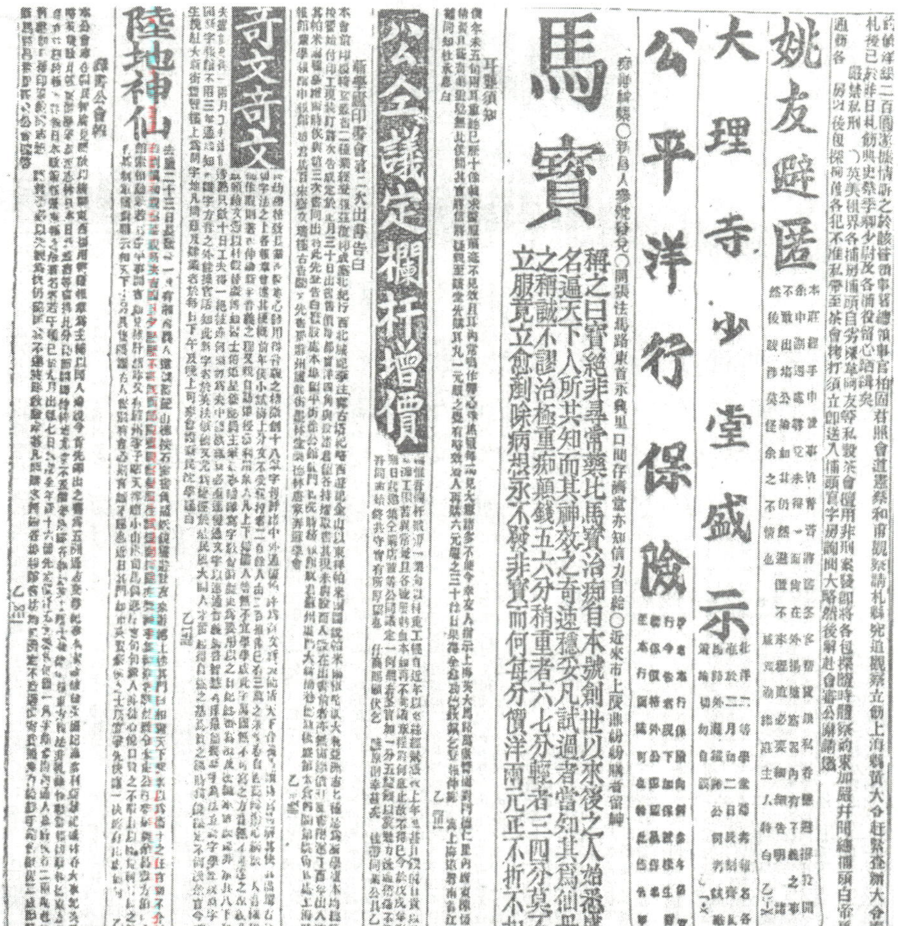

姚友避匿

大理寺少卿示

公平洋行保險

馬寶

稱之曰寶絕非尋常藥比馬寶治痾有本號剏世以來後之人始悉盛名遍天下人所共知而其神效之奇速穩妥凡試過者當知其爲仙丹之稱誠不誣治極重痾頭錢五六分稍重者六七分輕者三四分莫不立服見立愈剷除病根永不發非寶而何每分價洋兩元正不折不扣

公全議定欄杆增價

奇文奇文

陸地神仙

图4　1898年1月30日《申报》第4版

以下是对本期《申报》各类内容的数据统计：

社会治安	经济	政治	军事	文化	城市建设
15	6	4	3	2	1

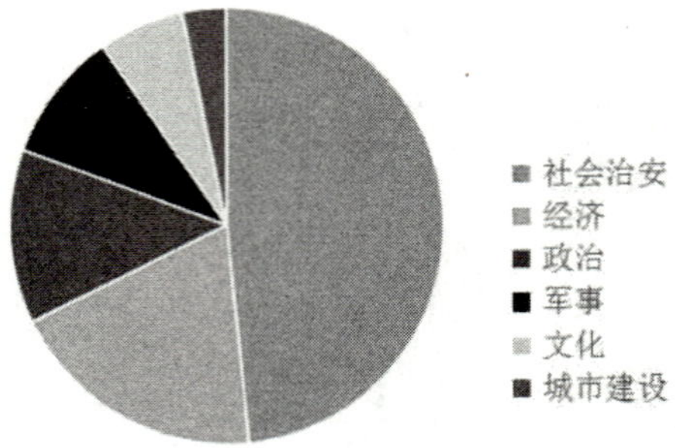

图5　1898年1月30日《申报》内容分类统计

从中不难看出，社会治安这一主题的新闻所占比例最大。而且，这期《申报》所占版面最大的一篇报道就是讲治匪方案的《示清匪乡》。其中原因自然有报社要激发读者阅读兴趣的企图，但也反映出清末动荡的历史现实。我不禁好奇，在晚清社会，匪患为何如此猖獗？难道政府对此完全没有作为？

二、晚清社会动荡的原因

下面先从本期《申报》上所占版面最大的内容——土匪作乱讲起，分析个中原因。

当时，中国的社会群众主要分为以下几种：

1. 洋人：官、兵、传教士；

2. 中国地方官兵、巡捕；

3. 土匪及地方军事武装团体；

4. 富绅；

5. 知识分子；

6. 普通民众。

通过分析，我们可以发现，这其中，前三者都与军人有直接联系。洋人依靠军队保卫，中国地方官兵是国家机器的组成部分，而土匪中的很多人曾经是士兵，很多土匪后来被收编为所谓的正规军。而富绅中也有许多与前三者发生经常性的交易以自保或牟利。从中我们可以直观地感受到军人在晚清社会中的重要地位和作用。要知道，如果得不到正确管理，这些拥有武器与武力的人作乱所造成的破坏比普通人更严重。

当时土匪作乱的原因主要分为自下而上和自上而下两个方面。

（一）自下而上

1. 军人崛起

> 中国传统社会自秦汉以下，基本上是士农工商与兵（军人社群）分立的二元社会结构，士为“四民”之首，商居“四民”之末，兵则连末也够不上，军人社群在正常情况下大都处于传统社会结构的边缘地位。
>
> 近代以来，中国社会结构发生了剧烈变革，特别是近代军人社群的崛起和传统士人的边缘化，导致“士”与“兵”的角色的错位。近代军人进踞社会主干并扮演社会领导角色，通过兵与士农工商的社会契合，逐步形成了士农工商兵“五位一体”的社会新程序。[①]

这就意味着晚清军人的社会地位已经得到大幅度提升。原因在于，晚清时期国门大开，在西方列强坚船利炮的威逼下，社会各界的国族意识被唤醒，希望通过采取西方的军事思想和军国主义策略，来抵御侵略。

2. 灾荒时常发生

> 据统计，淮北地区从汉惠帝五年（前 190 年）至清道光二十年（1840 年）间，主要水灾年数为 186 个，旱灾 88 个；从 1840

---

① 熊志勇. 近代军人社群崛起与传统“四民”结构的整合——以晚清社会变迁为视点［J］. 人文杂志，1997（1）.

> 年到1938年，间隔不到一年就出现一次灾荒，可谓“十年九荒”。灾荒的不断发生，给淮河两岸民众的生命、财产造成巨大破坏，苏北地区的一首民歌生动、形象地描述了这一情景：“伤心六月淫雨飞，农夫竭力齐筑围。筑围旋随湖堤决，膏血沥尽洪水肥。六年水来早禾熟，今岁水来瓮无粟。日高一日米价昂，饥殍余生形似鹄。洪涛直注东海滨，村墟出没水无垠。皎皎明月共千里，空复下照流离人。流民生计苦日蹙，纷纷卖船复卖屋。鬻妇鬻女更鬻儿，老幼同声尽一哭。”①

上述文字充分说明了灾荒对人民生活的影响。因为地域辽阔、气候环境复杂，我国自古就自然灾害多发，而当时政府财力匮乏，且忽视下层百姓，导致救济措施不到位。人们通过正常渠道无法获取生活必需的物资，便有可能加入作乱的队伍。

（二）自上而下

这其中更重要的原因是政府管理不力。

我们首先来了解一下清代一贯的基层治安管理制度：

> 警察之制，发端于西欧，为清末之“舶来品”。清代在建立近代警察制度之前，政府尚未设立专业的治安管理机构，未颁布专门的治安法律，社会治安秩序的维持和法条律令的执行一般是由绿营、各级地方政府衙役、捕快和保甲、团练等共同承担。清末近代警察制度尚未引入中国之前，各大都市和各府厅州县城镇，设有保甲局的地方，则有几个局丁跑跑差事，夜里则有几名更夫轮班敲梆打更，多住在城楼上。官府衙门，除规定有差役、民壮听用外，则有“绿营兵勇”穿着号褂子、排成小队，间或在街上查查街。至于绿营的节制，则有参将、游击、守备、千总把总和

① 梁家贵. 晚清淮河流域匪患与治理——以捻党为中心之探讨[J]. 淮北师范大学学报（哲学社会科学版），2012（2）.

外委官弁，随县府辖境之大小，分别驻扎以资弹压而维治安。前清绿营的腐败无用，几乎中外皆知。[1]

史书记载，清光绪二十七年（1901 年）9 月 12 日，清廷颁布上谕："著各省将军、督抚，将原有各营严行淘汰，精选若干营，分为常备、续备、巡警等军，一律操习枪炮，认真训练，以成劲旅。"以此为标志，清廷正式提出建立"警察制度"。据《奉天通志》记载，当年，沈阳在全国率先创建了警察机关。清光绪二十八年（1902 年）农历二月，奉天省城（沈阳）将"保用局"改为"警察总局"，主管奉天省城（沈阳）的治安和卫生工作。可见，当时旧的治安体系已经腐朽，新的治安体系尚未建立，即便日后草创，专业性依然欠缺，具体表现为警察既要维持社会治安，还要管理环境卫生。在新旧交替之间，自然缺乏约束不法分子的有效力量。

前面所说的《示清匪乡》就提到：

此次清乡要义，在官绅合办相辅而行，各乡绅耆务将奉发联乡弭盗章程，先行认真整顿，联络团防，举行保甲，清查匪类，严杜窝留。总期官以卫民，民亦自卫，庶几，同心协力事半功倍。

这显然是在警察制度建立之前，为加强社会治安、平定匪乱而采取的官绅联动的方式。

三、土匪兴起的历史影响

先来阅读一篇小说节选：

"沂蒙光棍是十足的土而又土的土匪，大股小股，一副过了今天不管明日的做派，全无什么志向和原则，既杀富，更祸贫。见庄就攻，见东西就抢，口号是'沉的不要碾和磨，轻的不沾绣

① 邹俊杰. 晚清的治安体制及其弊端——以张之洞建警之前的湖北为例［J］. 湖北警官学院学报，2014（1）.

> 花针’，除此见啥抢啥。
>
> 一时间，一种省力有食的职业产生了，自然群起而仿效。往往一人为匪，全家为盗，甚至整村整庄整族的人都干起这桩买卖。”①

土匪作为一种社会现象存在，本质是反社会、违法的。他们对利益的攫取都是建立在无辜百姓受苦受难的基础上的。从上述文字可以看出，土匪的兴起使很多人放弃了正当职业，转而干起了违法乱纪、不劳而获的勾当，这就败坏了社会风气，对正常的经济生产也产生了恶劣的影响。

但另一方面，正是在这样一种社会环境下，成长起了一批以张作霖、樊钟秀为代表的在中国20世纪初的政治舞台上扮演重要角色的土匪，他们从土匪做起，成功转型，跻身政治要人行列，运用他们的聪明才智与为匪时积累下的丰富实战经验，参与了社会变革。

四、我的观点

晚清的社会动荡——土匪乱民武装力量盛行，是近代中国转型时期的非常结果，是军人社群崛起的副产品，也是当时政府全面崩溃衰落前的征兆。《申报》在戊戌变法的前夕，如此写实地报道各地匪患丛生的新闻，想来只有在上海公共租界这样特殊的言论空间下，才能公开发行吧。

参考文献：

1. 黄伟英. 晚清赣南盗匪问题的研究［D］. 南昌：南昌大学，2007.

2. 陈艳，郭帅鹏. 近代中国土匪泛滥成灾原因研究——以民国时期的四川省为例［J］. 学理论·下，2015（5）.

作者为2016级新闻学专业本科生（数据新闻报道方向）

指导老师：李煜

① 王学泰. 社会解体中的土匪现象——《瞭阳崮祭》的社会学考察［J］. 社会学家茶座，2003（4）：138-146.

从《申报》看中国刑罚的宽省和法制文明

李星璇

我出生于1998年11月27日，一百年前是1898年11月27日，当时是清光绪二十四年。

1898年是一个在历史书上频繁出现的年份。

谈到这一年，我们想到“屈辱”：

表1　1898年签订的条约

时间	国家	事件
3月27日	沙俄	签订《中俄会订条约》
4月14日	美国	签订《粤汉铁路借款合同》
4月	法国	强占广东遂溪县的海头讯
5月	沙俄	签订《展拓香港界址专条》
6月9日	英国	签订《展拓香港界址专条》

谈到这一年，我们也想到“进步与变革”：

表2　1898年的“进步与变革”

时间	事件
6月11日	百日维新（戊戌变法）开始
7月3日	北京大学的前身京师大学堂成立
9月21日	百日维新（戊戌变法）失败

11月27日就是这么不平凡的一年中平凡的一天，没有什么大事发生。然而，处在这样一个大环境下，外有坚船利炮，内有社会动荡，表面看似平静，实则暗流涌动，这一天也不可避免地沾上了时代的气息。

这一天《申报》的头版头条就是《书欧美各大国师船表后》，透露出的战乱气息不言而喻。但是我关注的并不是各国的军备状况，而是第 1 版左侧的一篇文章，叫作《遵议办理监犯例章折》。这篇文章里摘录了慈禧太后的两道懿旨和大臣们的回奏，通过对这篇文章的研究，我真切地体会到了古代君臣议政的过程，相比历史书上晦涩的描述，这过程更加生动鲜活。

一、第一道懿旨

大清光緒廿四年

申報

十月十四日

图 1　1898 年 11 月 27 日《申报》第 1 版

此等凶徒，其情可恶，其愚可悯，凡为盗贼之人，每借口于饥寒迫切，流而为匪；殊不思犯法十刑，断无生理，况若辈类非懦弱无能，偿使安分务农，本有营生之路；投营效力，亦有进身之阶。与囚禁图圄身首异处者，孰得孰失？

在这道懿旨里，慈禧太后分析了本本分分做人的好处，与囚禁图圄、身首异处形成对比，晓之以理，动之以情。

深宫轸念民生，无日不以尚德缓刑为念，用是特颁训谕：凡我赤子，尚其仰体朝廷恫瘝在抱之怀，勉为盛世良民，毋得徒逞强梁，自罹法网，著各省督抚督饬地方有司通行晓示，务使遐陬僻壤咸共周知，用副爱养黎元，至意钦此。

她表示自己在深宫里也时刻担心百姓的生活，"深宫轸念民生"，特地颁布训谕，希望百姓们安分守己，体谅朝廷。

其中，慈禧太后提到了"尚德缓刑"，正是这一观念吸引了我。《清史稿》中这样评价慈禧："一激而启戊戌之争，再激而成庚子之乱。晚乃一意变法，怵天命之难谌，察人心之将涣，而欲救之以立宪，百端并举，政急民烦，陵土未干，国步遂改。"[①] 可见，史书对慈禧太后的评价并不高。但是在这道懿旨里，能体现出她非常人道而先进的观念。查阅资料后发现，慈禧太后虽然签订了很多丧权辱国的条约，留下了千古骂名，但是她执政期间废除了凌迟、连坐等酷刑，可见"尚德缓刑"四个字也不只是说说而已。

二、第二道懿旨

向来中外各衙门办理盗劫盗犯俱系不分首从，自属照律办理，从前尚分别法无可贷，情尚可原两层。

惟念盗案首从，虽同一犯法，究属稍有区别，应如何网开一面，

① 赵尔巽. 清史稿·列传·后妃［M］. 北京：中华书局，2015.

稍施法外之仁，著军机大臣会同三法司妥拟具奏。

在第二道懿旨里，慈禧太后主要提了两个方面。一个是根据前人的经验，把盗犯分为法无可贷、情有可原两层；另一个是提出区分主犯从犯，希望能够“稍施法外之仁”。想法虽好，但是放在当时的现实环境中，却不一定能实现。大臣们正是考虑到政策实际执行过程中的诸多问题，才给慈禧太后递上了如下这封奏折。

三、大臣的奏折

我朝缓刑尚德，超越汉唐、康熙年间，海宇敉安，几至刑措……因于乾隆八年，纂入例册，严惩强暴之中，仍寓曲予矜全之意……匪徒恃此为狡，卸州县借口以开脱，养痈遗患遂酿成道光末年之乱……

今虽军务肃清，多歷年所，而轮船铁轨次第举行，营勇额兵先后裁撤，失业愈众，游手愈多，弱者转乎沟壑，强者流为盗贼劫案之伙，未必不由于此。若遽议改从旧例，恐水懦民玩，开法网而罹网者转多，且宥强暴之性命，破良善之身家，亦殊失绥靖闾阎之意……

地方官贤否不齐……州县但顾考成，督抚仅凭禀报道府以空详塞责委员，以会禀销差，草菅人命在所不免。

由此可见，大臣们对于慈禧太后的想法，是不能完全认同的。因为之前在康熙雍正年间，“缓刑尚德”在一定程度上也导致一些投机钻营的现象，威胁社会稳定。

臣等公同商酌，除现有军务省分及各省实系土匪、马贼、会匪、游勇，啸聚薮泽抗拒官兵形同叛逆者，暂准就地正法，仍随时具奏备录供招咨部查核外，其余寻常盗案，一律规复旧制办理……

但是，慈禧太后的想法也有一定的道理。于是，综合两方面的考虑，大臣们提出了折中的办法，把犯人分为“形同叛逆者”的重犯和其他寻常罪犯，按不同的方式处理。

四、背景

实际上，刑罚的宽恕自古就有。

表 3　古代刑罚的宽恕

朝代	特点
夏商	刑罚严苛，导致王朝灭亡的一个原因
周	吸取前朝教训，提出“明德慎罚”
秦	“以法治国”，但是对不同罪犯区别对待。比如区分故意与过失、对未成年人犯罪有特殊规定。
汉	休养生息，废除肉刑
魏晋南北朝	出现死刑复审制度
隋	废除鞭刑、枭首等酷刑
唐	三复奏和五复奏，《唐律》加减刑制度，对加刑严格控制
宋元	刑罚宽恕性时进时退
清	《大清新刑律》正式废除封建五刑，建立近代刑罚体系

刑罚，应该是通过惩戒，在全社会起到警示作用的工具，而不该成为统治者宣泄个人情绪、胡作非为的幌子。刑罚讲求适度，既能尽量尊重罪犯的生命，又能起到惩恶的作用。因此，刑罚是否宽恕，能够体现出一个社会法律制度的文明程度。而由上面的表格可知，中华民族的法律文明在不断地进步，刑罚是向着宽恕的方向发展的。分析其原因，各个朝代都不同，但是有一点是共同的，那就是受“忠恕之道”的影响。

孔子曰：“出门如见大宾，使民如承大祭。己所不欲，勿施于人。在邦无怨，在家无怨。”儒家思想对中华民族影响深远，这样的忠恕之道，也对各个朝代刑罚人性化的发展和息讼思想的出现产生了积极影响。

我又查阅了 1898 年之前的《申报》，发现刑罚宽恕的思想时时可以在案件的处理过程中看到。可见，刑罚的宽恕并非是慈禧太后临时起意想到的，放在清末这样一个特殊的背景里，慈禧太后提出这样的建议，除了上文所述的忠恕之道的原因外，一定还有其他特殊的原因。

首先，当时正值清末，西方列强的坚船利炮打开了中国的大门，在把战乱带到中国的同时，也把西方资本主义的刑罚人道主义精神、刑罚权限制论带到了中国。

伴随着旧民主主义革命的浪潮，中国资产阶级重新认识和思考西方的社会制度和思想文化，一些思想进步的文人开始办报，宣扬以自由、平等、博爱和天赋人权为核心的人道主义思想。当时百姓是可以接触到这些先进思想的，他们的思想也在不知不觉中发生了变化，这些不利于清政府的统治。清政府必须采取一些措施，来适应时代的变化，维护自己的统治。

其次，当时清政府的处境很艰难，外有西洋列强觊觎侵略，内有百姓造反，反抗无能的政府。历史上的 1898 年，太平天国运动刚过去 30 年，而第二年 1899 年义和团运动就要爆发了。所以此时正处于百姓起义酝酿时期，清政府的军队却在对外战场上苟延残喘着，无暇顾及国内。对于这样的形势，朝廷不会没有察觉，不会没有恐惧。正如慈禧太后在懿旨中所言，朝廷希望百姓“仰体朝廷恫瘝在抱之怀”，不要再生出事端，给朝廷添乱。因此，这个时候朝廷万万不敢对百姓太严苛，明智的做法就是减轻刑罚，表现对百姓的体恤关怀。虽然不能从根本上化解阶级矛盾，但是也能起到缓解和拖延的作用。

总而言之，慈禧太后还是在维护自己的统治。刑罚宽恕不过是她的众多措施中的一种，却在无形中推动了中华民族法律文明的进步。

五、走出奏折看《申报》

老报人张默在概括《申报》的内容时曾说：“一为谕旨宫门抄等，以备官场之浏览；一为大小考试文章题目，以备学子之揣摩；一为诗词歌曲，以备名流文士之推敲；一为各地盗命火警及一切狐怪异闻，以备一般人茶余酒后之谈助。”[①] 可见，《申报》在当时功能趋于多样化，有着稳定的读者群。

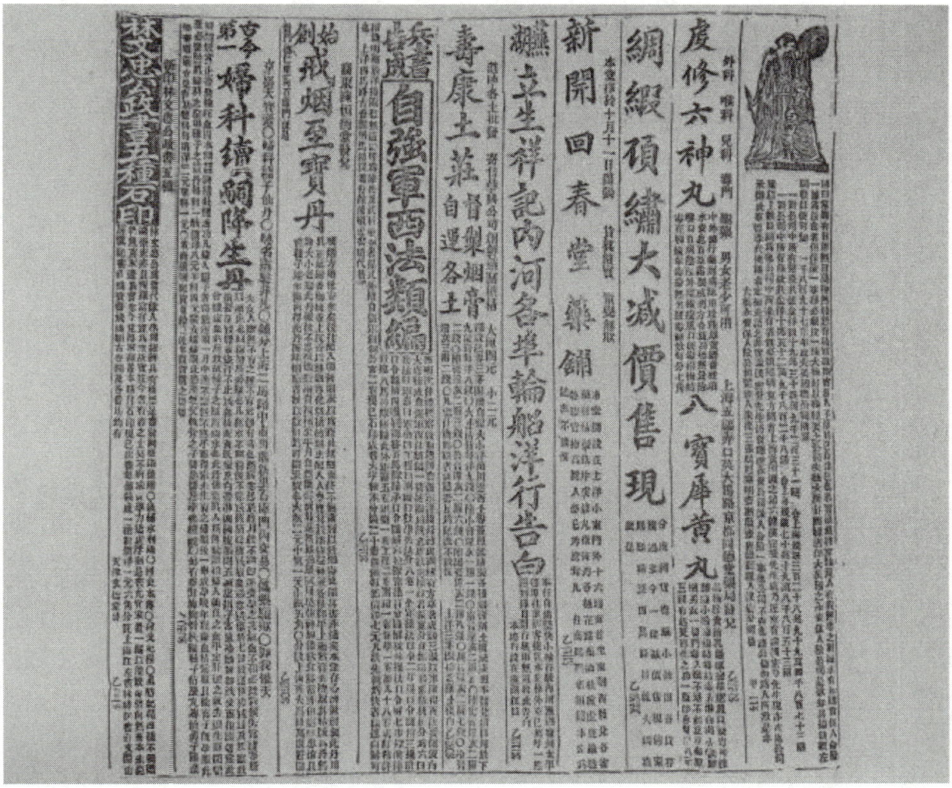

虔修六神丸

八寶庫黃丸

綢緞頭繡大減價售現

新開回春堂藥舖

內河各埠輪船洋行告白

壽康土莊

自運各土

自強軍西法類編

戒烟至寶丹

婦科續嗣降生丹

图 2　1898 年 11 月 27 日《申报》第 5 版

在 1898 年 11 月 27 日这一期《申报》中，大部分版面是社会新闻和广告（如上图）。

① 张默. 六十年来之申报［M］// 徐忍寒.申报七十七年史料（一八七二——一九四九）. 上海：上海文史馆，1962.

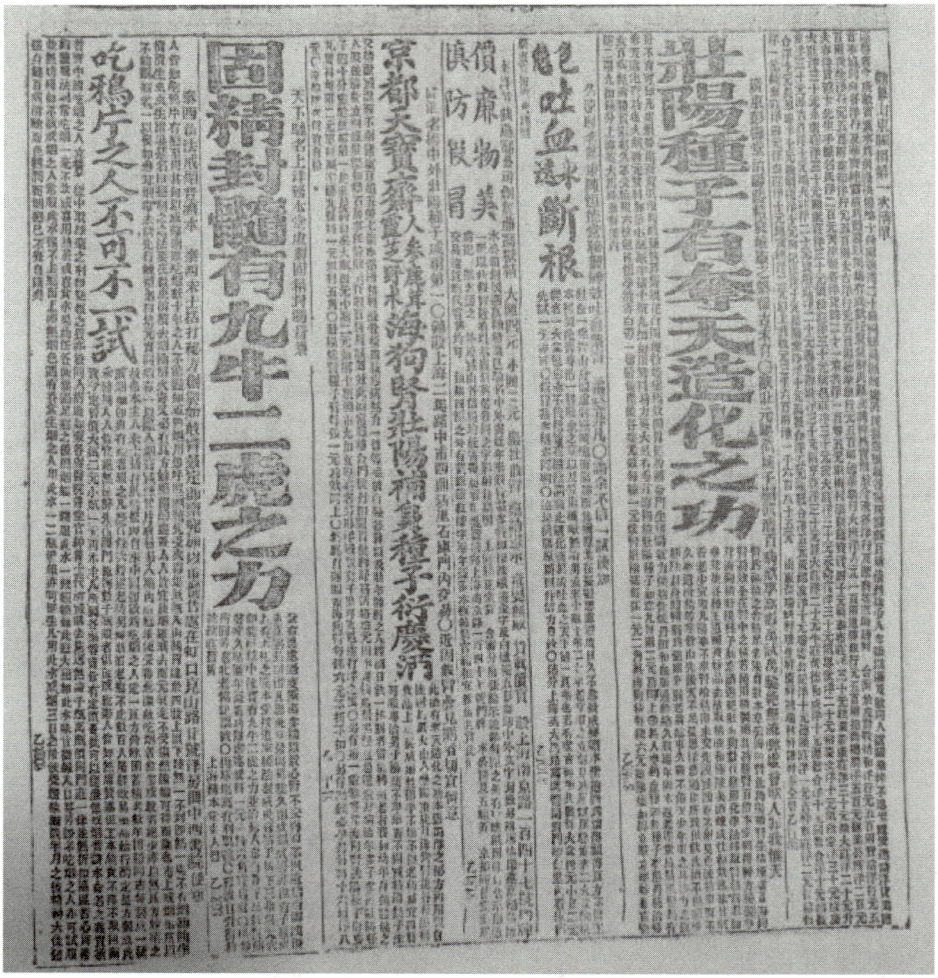
壯陽種子有奪天造化之功

包吐血永斷根

價廉物美 謹防假冒

京都天寶齋人參鹿茸海狗腎壯陽精補種子衍慶丹

固精封髓有九牛二虎之力

吃鴉片之人不可不試

图 3　1898 年 11 月 27 日《申报》第 4 版

这一版详细刊登了君臣议奏，多少显得有些格格不入，这显示出了《申报》对于政治新闻的处理方法还不够成熟，只能死板地抄录奏折。但是随着办报经验的丰富，完全抄录的奏折逐渐退出了报纸，取而代之的是一些宫廷新闻，虽然它们部分也来源于奏折和谕旨，但是相比之前单纯地抄录奏折，这样的宫廷新闻经过编辑和润色，有些加上了报社的评论，再配上图片，越来越能吸引读者了。

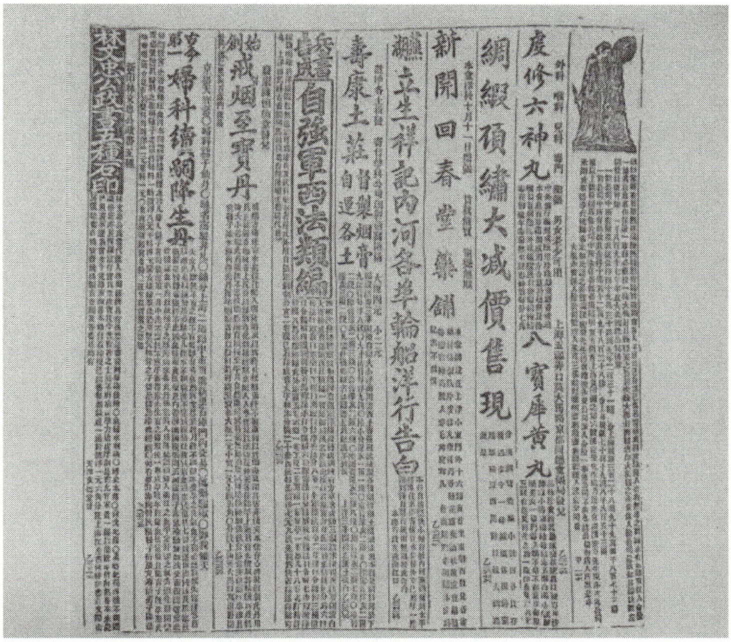

图 4　1898 年 11 月 27 日《申报》第 3 版

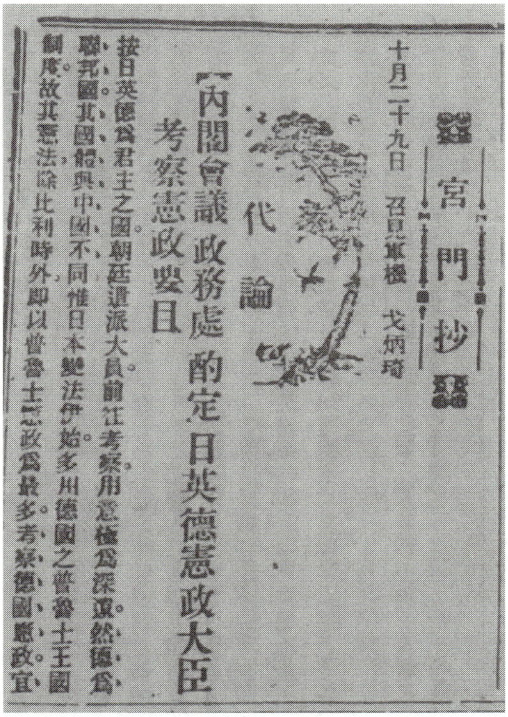
宮門抄

十月二十九日　召見軍機　戈炳琦

代論

內閣會議政務處酌定日英德憲政大臣考察憲政要目

按日英德爲君主之國。朝廷遣派大員前往考察。用意極爲深遠。然德爲聯邦國。其國體與中國不同。惟日本變法伊始。多用德國之普魯士王國制度。故其憲法除比利時外。即以普魯士憲法爲最多。考察德國憲政宜

图 5　1908 年 11 月 24 日《申报》第 3 版

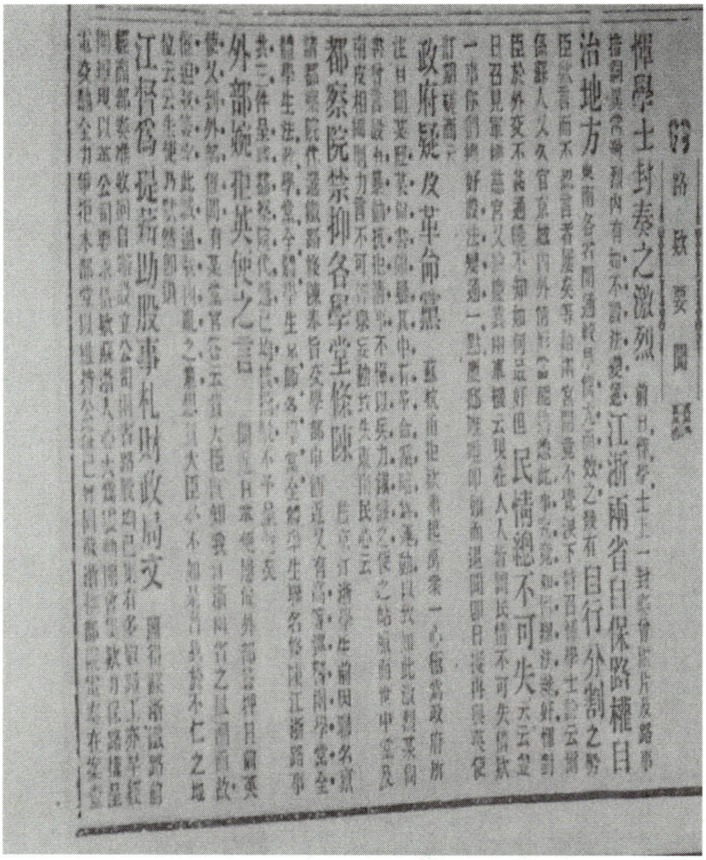

图 6　1907 年 12 月 5 日《申报》第 3 版

对比可见，1908 年前后，《申报》的政治新闻已经由原来单纯的抄录奏折变成了宫门抄、要闻等其他形式。

穿越百年读《申报》，我看到中国法律文明的发展，看到清末政治参与的过程。虽然清末社会动荡，封建势力仍然有着很大的力量，但是政府为法制文明作出的努力和这种集思广益的议政方式，是值得我们借鉴的。同时，无论是刑罚宽容性的变化，还是《申报》处理新闻方式的变化，都告诉我们：时代是不断变化的，唯有改变自己、发展自己来适应这个时代，才能在时代的变迁中不被淘汰。

参考文献：

1. 白克浩斯. 外国人眼中的中国人慈禧［M］. 北京：东方出版社，2014.

2. 宋洁．“具五刑”考——兼证汉文帝易刑之前存在两个“五刑”系统［J］. 中国史研究，2014（2）.

3. 秦学利. 论刑罚的宽容性［D］. 开封：河南大学，2013.

4. 栾洁. 论我国自首制度的若干问题［D］. 武汉：华中科技大学，2011.

5. 樊凤林. 论未成年人的刑事责任［J］. 杭州商学院学报，2002（3）.

6. 张晋藩. 中国法律的传统与近代转型［M］. 北京：法律出版社，2009.

7. 赵尔巽. 清史稿［M］. 北京：中华书局，2015.

8. 方勇. 墨子［M］. 北京：中华书局，2015.

9. 孔丘. 尚书［M］. 北京：海潮出版社，2013.

10. 刘昫.旧唐书［M］. 北京：中华书局，1975.

11. 魏收. 魏书［M］. 北京：中华书局，2017.

12. 司马迁. 史记［M］. 长沙：岳麓书社，2011.

13. 高汉成. 大清新刑律［M］. 北京：社会科学文献出版社，2013.

14. 张静. 鸦片战争对中国传统观念的影响［J］. 历史教学，2012（3）.

15. 程丽红，李桐忠．《申报》宫廷新闻与近代报刊变革［J］. 中国社会科学报，2014（656）.

16. 徐忍寒. 申报七十七年史料：一八七二——一九四九［M］. 上海：上海文史馆，1962.

作者为2017级新闻学专业本科生（数据新闻报道方向）

指导老师：李煜

“文人论政”与晚清武备学堂

李豪展

在 1895 年 10 月 7 日《申报》（总第 8070 期）第 1 版正中央的位置，是这样一篇社论《论各县宜设武备学堂》。

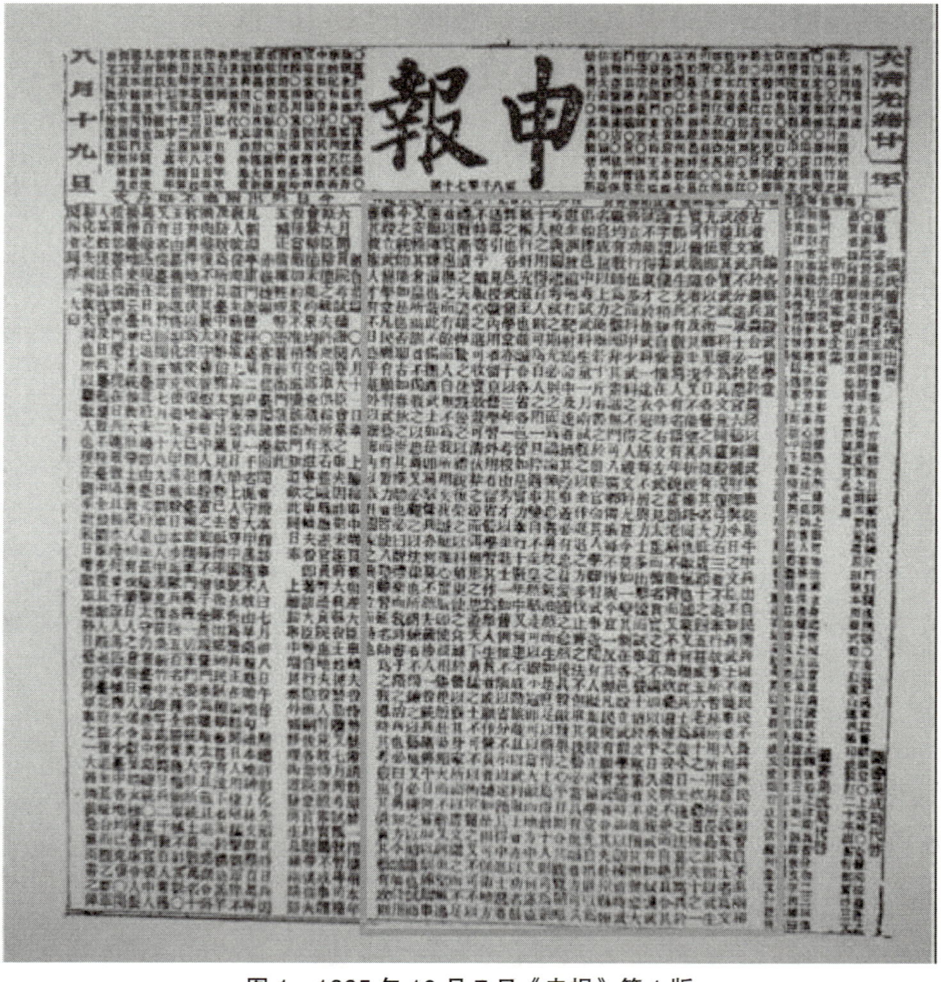
申報

图 1　1895 年 10 月 7 日《申报》第 1 版

根据笔者查阅的参考文献，所谓“武备学堂”，就是近代史上最早的陆军学校，是晚清军事现代化的最初尝试。中国首个武备学堂，即天津武备学堂，又叫北洋武备学堂，是李鸿章在1885年主持设立的。武备学堂作为洋务运动的重要组成部分，可以说是近代中国救亡图存的一次军事制度上的努力。虽然它在1900年八国联军侵华时期被炸毁，但在前后15年的时间里，它在中国军事教育史上占据重要的历史地位。武备学堂的设立不仅确立了维护集权统治的办学思想，而且开创了新式陆军教育制度，设置了较为齐全的组织机构、校舍设备，聘请了素质优良的教职人员。武备学堂所培养的学生大多成为清末时期新军编练的骨干和北洋军阀的重要成员，对军人专政局面的产生具有深远影响。纵观《申报》，从1872年创刊到1949年停止发行，“武备学堂”一词一共出现1454次，可见武备学堂在我国近现代史上是占有一定地位的。

1885年，近代中国第一所培养陆军人才的军事院校——天津武备学堂建立。近代中国的风云人物，北洋军阀首领冯国璋、曹锟、段祺瑞等人就是从这里开始了他们的叱咤风云之路。

1895年，因为甲午战争失败，清政府被迫与日本签订了《马关条约》，中日甲午战争大败宣告洋务运动结束的同时，也暴露了晚清军队的软弱无能。此时，再提出“武备学堂”四个字，也就不难理解了。

《申报》的这篇文章开头阐述了兵农关系、文武关系的历史背景：

> 古者寓兵于农，兵农合一，皆于农隙，以讲武事，车徒马牛甲兵出自民间，兵以卫民，民不畏兵，兵民两相习，自不至两相凌，且文武不分途，取士必于泽宫，六艺则娴射御，与今日之文臣不知兵，武士不晓事者，大相庭矣。

总体而言，军事制度本来是沿袭传统，兵农合一，文武不分，但到清末之时已经演变成文武分家，文臣不会带兵，武将不晓得行政之事，与传统大相径庭，背道而驰。

武备学堂出现的原因除了抗击外敌侵略，还是为了革故鼎新，对弊端丛生的旧的军队制度进行改革，所以这篇社论接下来就阐述了旧制度的流弊：

第一，录取方式，形同虚设，使兵士所习非所用，所用非所长。

> 国家取士，名为文武并重，其实武试一科视为具，文竟司虚设，况复弓刀石三者，不过奉行故事，所习非所用，所用非所长。

设立武备学堂的原因之一就是现存选拔士兵的制度不够完善，考试内容与应试者所拥有的特长不符，导致很多身怀绝技的人才难以发挥所长，关上了他们投身军队，实现杀敌报国伟大抱负的大门。由此，国家上层招揽不到人才，下层平民抱怨自身才能无用武之地。

第二，武官地位日渐式微，每况愈下。

> 惟在今时，右文左武之见太重，而循名责实之道不讲，加以承平日久，文吏视武弁如奴仆，武试不能得眞才，于是武举一途，衣冠之族每不屑。

武举的地位在当时日渐降低，越来越不受重视和尊重，重文轻武的成见太重。如果不给武举证明自己的机会，久而久之，文官看武官就像看奴才一样，武试一途再也找不到真正的人才，有钱的官宦人家也不屑于走武举这条路。

第三，军队“空饷”之风盛行，兵力空虚，难以成为保家卫国的铜墙铁壁。

> 今日各营之兵，徒有其名，大抵虚额十之四五，甚或五六，老弱十之一，炊爨洒扫之夫十之一，实可备战阵者，不及其半，况又不能望其折锐冲锋，同仇敌忾也，国家又何赖此兵士为哉，今日至捷之法，莫若寓兵于士，即以武生充兵。

由于制度不完善，大清王朝的国防兵力空虚，虽然嘴上吹得厉害，但实际上滥竽充数的有十分之四五，甚至达到十分之五六，再加上老弱病残的占十分之一，再加上做饭、打扫卫生的后勤兵占十分之一，能上阵的不足一半，试问这样的军队何谈保家卫国？

传统八旗军队是这样外强中干，有名无实，而晚清形势又内忧外患。如何让军队建设跟上时代步伐,《申报》的“维新”思路就是“各县宜设武备学堂”,采用新型的军校制度——武备学堂代替陈旧过时、漏洞百出的旧的武举制,寓兵于士,招揽天下武生充兵。

1906年,清末新政时期,政府取消了旧式武举,而在各省设立武备学堂,以培养新式军官。

> 今莫如一变其制,在各邑设立武备学堂,随时加以训练。前时武职,均有教师为之垄断,非其素识,无门可入,穷乡僻壤每不得与。今宜一反其弊,凡民间有愿习武者,令其先赴州县报名,自成童以上,力能举若干斤者,书之于册,县官命其入学,肄习武事。近闻有人拟集资设立武备学堂,先自捐,廉以为倡,始择邑中考试武科生童,一月两试,教之以坐作进退之方,步伐止齐之法,不但取其技艺,必当具有血诚者,方可入选,至演放枪炮打靶射鹄命中及远者,犹其余事,盖必有忠君爱国之念,然后具杀敌致果之心,平日则令其观览韬略考校舆图,逮考试之期,尤必与之面为讲论,俾其忠义勇敢之气,油然而生。

这说明当时在各县设立武备学堂,随时训练。以前的武职都是由教师垄断教导,没有关系就无法拜师入门,现在只要是会点拳脚的人都可以去州县报名,年龄和体力达到一定要求就能入学学习武艺,一个月接受两次考核。那些相距很远就能打中靶子、射中鸟的技巧都不是最重要的,最重要的是要有忠义勇敢的爱国信念,有在战场上打败敌人的决心。

在这段介绍中,我注意到了三个关键点:首先,武备学堂打破了武学教育的垄断,人人都有机会习武报国;其次,每个月都有考试,录取方式不是摆架子、走过场,而是有具体的入学标准;最后,除了教导武艺,还注重忠君爱国思想的教育,这在那个时代,不说是最先进的军事教育思想,却也的确是最需要的军队建设理念。由此看来,设立武备学堂是适应当时局势的一步好棋。

这步好棋之所以“好”,就在于以下几点:

> 人有名籍,有年貌,虚额老弱不能冒,而又不肯为炊爨洒扫

之役，诸弊不绝而自绝。

首先，这些报考武备学堂的学员，登记了姓名、年龄，不可能让老弱之人冒名顶替空吃军饷。这些人大多年轻力壮，自然也不肯扫地做饭，如此一来入学者质量有了保障，又能人尽其才，自然就会杜绝之前八旗军队的各种流弊。

如是，庶足以称得士焉，得数十人，则可为数十人之用，得百人，则可为百人之用，一旦猝遇事变，自不至皇然骇走，可以御小寇，即可以当大敌。而地方中，又何虑盗贼横行，奸宄滋至也哉。诚令各省各邑，皆如是，实力奉行十数年中，又何患不成劲旅哉。

其次，这样的人，有十个就能当十个用，有一百个就能当一百个人用。一旦发生什么紧急事件，他们自然不会害怕逃跑。这些人可以抓小贼，也能阻挡大敌来犯！这样地方上就不必担心盗贼横行、奸邪之人当道。如果真的让各省各县都这么做，严格执行十来年，大清军队一定是一支攻敌制胜的劲旅。

各邑武备学堂，亦予以三年一考校，由秀才以至进士，一如旧例惟不限以省分，不示以定额，其得中进士选者，送部引，见授职，内用者，留京营学习；外用者，留省营学习，其作为举人生员者，或愿作营员者。

再次，各县的武备学堂，还可以三年组织一次考试，让军人们考完秀才考进士，就像文考的方式那样，只是不限制参加考试的省份，不限定参加考试的名额。假如他们有人考中进士，就能被送到部委授予官职，在内可以在京城的军营里深造，在外可以在省里的军营里深造。这些人作为武举生员，也必然愿意在军营中建功立业。

可收实效，兼可清伏莽之源，而弭无形之患。盖天下勇猛之士，不可不以术牢笼之，又不可不以礼教渐渍之。夫骁雄悍鸷之徒，既优之以礼貌，复荣之以科第，更使之食禄于营，以养其身家，所谓以虚文縻之而不足者，以实惠抚之而有余，而人自无不为我所用矣。

最后，武备学堂让会拳脚的人当兵，也清扫了社会隐藏的不稳定因素。因为天下勇猛之士，不能不给他们立规矩，也不能不用礼教去教化他们。对付这些骁勇野蛮的人，用礼节去优待他们，用科举名位的荣誉去感召他们，让他们在军营里有固定俸禄来养家糊口，比起用虚浮的文字安抚他们这种没用的手段，用实实在在的好处收买他们更加有效，如此一来，这些人就能为国家所用了。

武备学堂真是一步好棋，《申报》的议论也确实周详缜密，然而江河日下的晚清政府已经如风雨飘摇中的千年老屋，一招一式已经无法拯救其于水火，充满忠君爱国思想的《申报》主笔们也算是恪尽职守，不断在为紫禁城中已成孤家寡人的君主排忧解难，但是草灰蛇线，伏笔千里。民国乱象，武人当道的情势，岂不也是武备学堂的后续影响。虽说“文人论政”的现象是中国近代报刊的传统，却不免有隔靴搔痒、画饼充饥之嫌。

参考文献：

1. 姚锦祥. 论北洋武备学堂的历史地位及其影响[J]. 南京师大学报（社会科学版），1992(1).
2. 熊群荣，张华腾. 北洋武备学堂与晚清军事早期现代化[J]. 理论与现代化，2012(6).
3. 哈恩忠. 光绪朝各省设立武备学堂档案（上）[J]. 历史档案，2013(2).
4. 哈恩忠. 光绪朝各省设立武备学堂档案（下）[J]. 历史档案，2013(3).

作者为2017级新闻学专业本科生（数据新闻报道方向）
指导老师：李煜

从《申报》言论看近代慈善事业的转型

王 言

晚清是中国社会由传统的王朝社会向近代社会转型的一个重要时期。其间，中国的政治、文化、商业、教育等方面都发生了巨大变革。在这“三千年未有之变局”中，中国的慈善事业也经历了一系列变化。就让我们从1899年1月28日《申报》头版上的这篇应对当时天灾人祸的社论开始，看近代慈善事业的转型变迁。

在1899年1月28日的《申报》第1版正中央的位置，刊登的是这样一篇题目十分有趣的社论《勤行善以弭灾说》。乍看之下，它似乎是说广施善行就能消弭灾难，文章为何会设立这个主题呢？难道是在宣扬因果论吗？其本意又是什么呢？

其实，所谓“行善”，是指应对当时中国正在发生的各种灾荒。据《清史稿》记载，1899年前后全国天灾不断，水灾、旱灾、雹灾、蝗灾在各地出现。政府虽有赈济，但也是杯水车薪。《清末社会的裂变与各阶层分析》等文章还指出，当时富户、商人鲜有救济灾民者，反而借机放贷，大发人命财，导致社会矛盾激化。在当时的《申报》中也有另一篇名为《照录芜湖积穀团练章程》的报道可以说明这种社会危机，文中写道：

> 芜湖采访友人云：此间向乏义仓。每值凶年，富户必囤米居奇，以致小民频呼庚癸今岁自春徂夏，米粮奇绌，阛邑皇皇。适值青黄不接之时，四野农民疗饥乏策，因而弃其耒耜，转徙流离。

足见当时灾荒之惨烈。

而所谓“行善消灾”，也并不是宣扬因果论，而是借儒家之口引出“消灾”，并与因果论的消灾作辨析：

> 报应之说，儒者不道……不过以理为主，不类乎术数家言而已。盖天地为生人造命，圣人为生人立命。有立命之道，而气数不得。争权术家尝窃其说，以形气数之有据。谓行善以弭灾，乃数定而人事为之挽回。不知圣人为万民立命者，即在乎行善弭灾之内。

也就是说，“行善消灾”是指通过各种救助施舍的行为来帮助社会上的灾民，以消除社会灾难，体现的是一种为万民立命的圣人式担当。

接下来，作者从人性的角度，通过介绍儒家的“仁爱”和墨家的“兼爱”以及古时人们的古道热肠来指出人皆有恻隐之心，社会成员之间应相互帮助：“于是摩顶放踵，以利天下，而其弊至于薄。待其亲，圣人则有泛爱之量，而无兼爱之心。笃于其亲，不遗于甚疏；厚于其近，不隔于其远。”如此，帮助别人，自己也会被人帮助，这样一个阶级间和睦共处的社会架构就搭建起来了。

在这之后，作者笔锋一转，指出“今人自视太隘，事事为己，无天下为公之量”。在面对有难之人时，非但不出手相助，反而想落井下石，正如“秦人视越人之肥瘠，且并欲瘠越人而肥秦人”。这就是暗指当时富人面对因天灾流离失所的灾民时，非但不出手相救，反而借机放贷，大发国难财。这一段与上一段相联系，虽有厚古薄今之嫌，却也的确描绘了当时人的自私、麻木、冷漠，其字里行间都在呼唤人性中的怜悯之情，呼吁人们承担起自己的社会责任。

而最后，作者更进一步指出“沪上为中国第一热闹之处，商买辐辏，冠盖如云”，富商有雄厚的财力物力来救济灾民。但其坐视不管，则可能“差乎不能行善以弭灾，反至轻身以速祸”。这其实是委婉地对发人命财的富人提出警告，毕竟一旦灾民流离失所、贫富矛盾激化，社会发生动荡，富人自身也在劫难逃。

总览全文，作者先是从儒家圣人的角度写出了行善的意义——消灾不是消自己现有的灾，而是消社会的灾，从而消自己潜在的灾；接着，从人性的角度指出救助难民是全社会的责任；最后，暗示发国难财的恶果，不仅会伤害灾民，更会殃及自身。所以无论从情理，还是切身利益的角度考虑，富裕阶级都应该尽力帮助灾民，至少不能落井下石，否则将会导致社会矛盾激化，引起剧烈的社会动荡。

这也就是说，《申报》主笔在面对灾荒时，只是在劝诫富人不要借机发国难财，并希望他们能积极帮助灾民，使国家渡过危机。但是，文章却没有劝说政府应有所作为，承担起救助灾民的责任，这也许要从晚清慈善事业的转型谈起。

众所周知，我国作为农业大国，自古以来就是天灾频发的国家，历朝历代也都经历过较之清末的自然灾害更为严重的天灾。但大多都是通过政府的赈济得以解决的——当然，这是以国力强盛为前提的。但是在 19 世纪末，晚清政府早已行将就木，统治者胸无大志，只求苟且，根本没有解决灾荒的决心和魄力；基层吏治更是腐朽不堪，纵使中央政府想要有所作为，到了基层也难以落实。事实上，晚清的灾荒之所以如此严重，并不仅仅是天灾，更是清政府昏庸统治导致的“人祸”。如此，指望清政府站出来救黎民于水火，基本上是痴人说梦了。

翻看相关文献，我们发现中国民间的慈善机构却在晚清时期取得了长足的发展，其管理方式、慈善项目、救济区域较之从前都有了很大的转变，并在救济灾民、稳定社会方面起到至关重要的作用。或许，这也是《申报》主笔面对灾荒时对上海富商给予厚望的重要原因。

我们知道，民间慈善事业在中国古已有之，诸如养济院、育婴堂、漏泽园等机构就是其中代表。在古代，民间寺庙和一些富人的慈善行为也是民间慈善的重要组成部分，但这些民间慈善组织无论在影响力还是持续性方面都不如政府，就其经营方式来看也称不上真正意义上的慈善组织。可以说，政府的赈济都是社会慈善事业的主体。

明清时期，一些真正的民间慈善机构已经成立并活跃在江南富庶地区。《上海县续志》中记载“邑绅士多好义者，海隅一城，善堂以十数记。老幼笃疾者有养，鳏寡孤独者有养，生有恤，死有助，可谓周且备矣”，其中“善堂”指的就是上海民间的慈善机构。

然而，传统的民间慈善组织在经营方面与近现代的慈善组织还相差甚远，在康雍乾时期确实兴旺一时，但是清朝末期，传统慈善机构因善款来源匮乏、管理混乱而日渐衰微，又加上政府有心无力，中国传统的慈善事业在清末发生嬗变也就顺理成章了。

当然，除此之外，慈善事业发生嬗变的原因还有很多。其一，西学东渐之下，西方慈善事业的组织方法逐渐传入中国；其二，伴随着传统经济体制的逐渐瓦解，一批新兴的民族资产阶级开始崛起，他们大多有救亡图存的志向，乐于兴办善堂，也愿意积极接受西方慈善事业的管理办法。实业家、慈善家张謇就是其中代表；其三，政府虽无力亲自赈济灾民，但也鼓励民间慈善机构，如清政府在1909年颁布了《城镇乡地方自治章程》，为民间慈善事业取得了政治保护。

在以上诸多元素汇聚之下，近代慈善事业取得了巨大发展，较之传统善堂更具近现代色彩，具体表现在如下方面：

1. 经营方式的近代化

经营方式的转变可谓中国慈善事业发生嬗变中的最重要的一环。与之前不同，晚清慈善机构逐步实现了募款与救济的分离，出现了募捐机构、实施机构与调价机构并立的新格局。在提高工作效率之外，还避免了传统善堂常有的贪腐事件的发生，一方面使机构更受民众信任，从而能募捐到更多善款；另一方面又保证了慈善机构能够长久地运行。

2. 募款渠道的多样化

在单纯的民间主动捐助之外，近代慈善机构开始运用报纸进行灾时募捐，《申报》的协赈所就是专门为慈善机构募捐设立的部门。此外，义演募捐、名人字画的义卖募捐也成为晚清慈善机构募捐的新途径。甚至出现了发行福利彩票这一募款方式，可谓极具近代色彩。

3. 慈善项目的多样化

所谓不治已病治未病，近代慈善机构在救济灾民之外，同样看重教育、基础设施建设，治标更治本。晚清慈善机构开始创办学堂、推动女学发展，并兴工代赈、完善基础设施——这正是慈善事业走向近代化的标准之一。

从发展历程上看，戊戌运动开启了近代慈善事业在中国的启蒙之路。维新运动宣扬学习西方政治制度，对于慈善事业的现代化同样看重，有的变法者还是近代慈善事业的重要参与者。以康有为为例，在19世纪90年代，他主张将“恤穷”同“务农”“劝工”“惠商”并列为养民富国的四大要务，提出要扩展善堂的社会功能；到20世纪初，他提出建立“公养”“公教”“公恤”的社会保障制度。维新运动的支持者将西方的慈善观念、经营方式引入中国，给中国的慈善事业注入新的血液。在此影响下，许多慈善家、慈善机构做出转变，中国慈善事业在管理方式、救济方面上都开始了现代化转型。以慈善家经元善为例，他在维新运动之前就已经积极投身慈善事业，维新运动开始后，他受到新思潮鼓舞，积极作出转变，其参与创办的上海协赈公所，是我国首个实现了募款与赈济分离的慈善组织，可谓是历史性的进步。

戊戌变法失败之后，慈善事业的发展一度十分缓慢。20世纪，随着地方自治法案的推行，中国的慈善事业迎来了新的春天。在上海、广州、武昌等经济发达、风气开化的地区，地方上的绅商精英通过地方自治获得了更大的影响力，也相应地承担起组织慈善事业的任务。同时，这段时间又是民族资本主义蓬勃发展的时期，大批以救亡图存为己任的实业家也积极参加慈善事业，为其发展提供了强有力的支持。

民国成立后，慈善事业取得了更大的发展。当时军阀混战、天灾频仍，政府财力捉襟见肘，仍然无力赈济灾民，只能通过修订《赈务处暂行章程》《督办赈务公署组织条例》等法令，以立法形式促进民间慈善事业的发展。在此条件下，中国慈善机构无论从数目还是影响力上都有了更大的提高。中国红十字会等大型慈善组织就是从这时起发展做大的，也就是在此时，中国的慈善事业完成了现代化的转型过渡。

由此，我们从《申报》呼吁富人救济灾民，发现了近代中国慈善事业由以政府为主体的传统慈善到以民间力量为主的近代慈善事业转变的端倪，这种舆论影响力一定是近代中国慈善事业发生转型的重要推手。作为晚清至民国间具有重要影响力的现代商业报刊，《申报》的言论历来执中不偏，颇有知人论世的现实功用。虽然没有维新人士的激烈之辞，却在天灾人祸的乱世，勉力维系，挽救苍生，使民间力量得以存续自治，其意义值得后人深思。

参考文献：

1. 赵尔巽等. 清史稿［M］. 北京：中华书局，2015.

2. 曾桂林. 清末民初的慈善事业和社会变迁（1895–1928）——以长江中下游地区为中心［D］. 长沙：湖南师范大学，2002.

3. 迟云飞. 清末社会的裂变与各阶层分析［J］. 史学集刊，2003（4）.

4. 王娟. 小议清末民初北京社会的贫富问题［J］. 商丘师范学院学报，2009（10）.

5. 黄璜. 晚清自然灾害与社会矛盾冲突［J］. 传承，2013（9）.

2017 级新闻学专业本科生（数据新闻报道方向）

指导老师：李煜

从《申报》看晚清铁路事业的起步

闫求识

现代铁路的原型可追溯到 1825 年，当年斯托克顿—达灵顿铁路在英国正式通车。此后近半个世纪，铁路以其迅速、便利、经济的优点而深受重视，修筑铁路一度成为欧洲大陆上最热门、最时髦的事。1869 年，工业革命催生了第一条贯穿北美大陆的太平洋铁路，现代美国的雏形在一路轰鸣中孕育。彼时，距离 1804 年第一辆蒸汽机车的运作还不到 70 年。

与铁路在西方的风靡成鲜明对比的是，晚清的铁路事业进展得磕磕绊绊、步履维艰。

中国建设铁路，始于同治三年（1865 年）。1865 年，英国人司梯文生由印度来华，倡议在苏州、上海建一铁道，谓可与伦敦西北铁道媲美。但当时风气不开，无人应和。[①] 次年 7 月，英国商人杜兰德在北京宣武门外建造一里多长的小铁道，试行小火车。这是铁道输入中国之始，李端瑞的《春冰室野乘》记载："英人杜兰德以小铁路一条，长可里许，敷于京师永宁门外平地，以小汽车驰其上，迅疾如飞。京师人诧所未闻，劾为妖物，举国若狂，几致大变。"而最终这条小铁路由步兵统领饬令摧毁。[②] 洋务派大臣李鸿章后来在谈到此事时仍念念不忘："前此铁路一里，轰动都人。"

眼看着西洋诸国尽享铁路之利，大清的人力车、马车却仍大行其道，有志之士们借由出版物向沉睡的帝国发出声声呐喊，《申报》的笔者们便是其中的典范。

---

① 白寿彝. 中国交通史［M］. 北京：中国文史出版社，2015：221.

② 忘情岁月. 在晚清修条铁路有多难？［EB/OL］.［2014-01-01］(2018-02-27). http://bbs.tiexue.net/post2_7032883_1.html.

一、支持修建铁路的最初论辩

1872年4月30日，《申报》创刊第一年即开始为中国铁路建设发声助力。

1872年5月2日，《申报》第二期就刊登了《造铁路告白》（第6版），帮集股修路打起了广告：故上海几家大洋行欲筹建铁路，计划从“小东门码头，过金利源海关、苏州河一直到同和祥码头。”并公开向华人集股，凡“中国人愿做股份者，须于本月廿八日之前，至义兴洋行签名，以早为贵，幸勿自娱。”

1872年11月28日，《申报》又发表了《论内地收购设火轮车路》（第2版），再度分析了铁路的“四利”：便捷文报运输，保证粮饷供应，提升公务效率。

《申报》早期对铁路建设不遗余力的宣传反映了当时社会对铁路的普遍看法，以与《汇报》的论辩为典型。1872—1874年，《申报》与在铁路建设问题上以保守著称的《汇报》陆续展开辩论。1874年8月，《汇报》在《论中国开筑火车路》中提出了修建铁路导致的车夫失业问题，《申报》在1874年8月26日头版的《火轮车路辩》中答复：“若造火车路，必用多人，失此业者，司就彼佣，故境有火路一大带造成后，而所经各处之贸易顿然广大数倍，昔之就业于大路之人皆可行业于火车各分路，其势实无失业之患也。”后文进一步强调：“火车于国家颁政、遣使、两兵转饷之利，实莫大焉。试观两国相争，一国尽用火车以行事，一国则概无焉，谁能胜乎？”抓住火车转运速度快的特点，强调其在国家竞争、转运兵士物资等方面有着无可替代的功用。[①]

《汇报》就铁路事故的问题，言及火车事故率高，洋人每视为乘火车为危机，由此质问《申报》铁路安全性。1874年9月12日，《申报》对此在《复揭火车利弊》（第2版）中反诘道“去年何故又有四百五十余兆人之搭车乎？”一个月后，又转载日本报刊报道：“东洋所行轮车，稍有失事。夫东人之创行轮车已将一年，而于装客搭货之举，方初闻有小损之事。”

此后，铁路的安全问题再掀波澜。《汇报》抛出英国两个儿童被火车所伤的新闻，《申报》对此回应道：“凡火轮车无不护以木栅以止行人，其有遇害者，盖由越入栅内之所致也。”

---

① 胡进.申报舆论和中国近代铁路建设事业的启动[J].安庆师范学院学报，2008.

在转运赈灾物资方面，《申报》从印度赈灾实例和国内赈灾现实论证了火车的必要性。1876 年 6 月 9 日《劝中国建火轮车路说》（第 3 版）载："现今印度国各处太平，何也？有做的火轮车，又有开的车道，若遇不足食之地方粮米昂贵，即向产米充足、价值低贱之处，商人前往该处兴贩，觅火轮车装运前来粜卖，易于赚钱。俾歉年地方富足人家便于籴用其贫穷黎民，国家就借以赈饥。"

除上文所谈之外，二报及《字林西报》《万国公报》等报对铁路的论述还涉及了货物安全等方面。暂且将是非对错搁置不论，辩论无疑扩大了铁路问题的社会影响力，让民众的声音在千年来的集权社会得到放大，而利大于弊的权衡比较，为中国铁路建设的启动做出了良好的舆论准备，早期报人有"开启民智"之功！

二、助力淞沪铁路

面对重重阻力，英、法、美等主要列强始终没有放弃在中国修建铁路的设想和要求。《申报》对此的宣传起步相当早，以 1873 年 8 月 30 日头版中的《英人议献火车铁路于中国》为例，《申报》评论："英国人民深感火车之裨益人事，而独以未行于中国为缺憾，典为恨事，于是捐钱购买造办火车铁路呈现朝廷，以冀上亲见其用之便、制之精，而因仿行于各处，以博其美利也。"

1876 年（光绪二年）初，英商邪马台其沙实业公司（后怡和洋行）建议修建淞沪铁路，自吴淞至上海。怡和洋行打着修建一条"寻常马路"的幌子，骗过清政府的地方主管部门——苏松太道，开始铺设从上海到宝山江湾镇的一段铁路。

《申报》从淞沪铁路还没有修成时便给予了密切关注，如 1876 年 2 月 17 日《吴淞铁路将成》（第 2 版）的报道："所筑之火车铁路已筑至离上海三四里天通庵之北。观其大势当可不日落成，沿途或逼港汊，即支木为梁，极其稳固。现已有火车辆，时带连木石，迅若风驰电掣，实平生所未见也。"

又如 6 月 8 日《铁路将成》（第 2 版）："工程已有十分之八，温章浜南面现亦动工，筑至吴泾桥温草浜之北。订筑有数里之远，故月内或可竣工也。”

同月20日第2版的《铁路近状》进行了跟进：“现已有搭客车六辆，停顿于屋内，虽有上中下三等之分，然装摺铺陈并皆华美，每车约可载二三十人。”

7月3日，吴淞铁路上海江湾段正式营业，当天《申报》的记者就在《记华客初乘火车情形》（第2版）中报道：“车既摇摇前行，初犹迟嗣，逐渐迅疾。但闻辙轨摩荡声甚厉，而人已如电掣飈驰随之以去矣。乘者观者一齐笑容可掬，啧啧称叹，而以马得未曾有计一刻五分。”

光绪二年正月十二（1876年2月6日），淞沪铁路约建成2.14千米（一英里又三分之一），小机车第一次开行。十月十六（1876年12月1日），全长14.5千米的吴淞铁路正式通车营业，这是中国境内第一条通车运营的铁路。

然而，淞沪铁路开通，利益甚薄，每星期每英里仅获利约27镑（约合今6万人民币），加之顽固派打出“为民请命”的旗帜反对修建铁路，而较为进步的官员（如李鸿章），也因这一条外资掌控的中国铁路如鲠在喉。终于，光绪三年九月十五日（1877年10月21日），中国以二十万五千两白银的巨款，收回这条路以及它的车辆。《申报》在同年10月31日的《火车拆卸》（第3版）记录下了这条铁路在历史舞台上的落幕：“归中国经理之铁路，其火车已饬，铁厂工匠拆卸储于板箱之中，闻系南洋通商大臣之官故，余均将陆续拆毁也。”

三、迎来转机

1878年，开平矿务局建立，李鸿章决定从唐山修筑一条至胥各庄的铁路用以运煤。这便是著名的唐胥铁路。

然而，这条铁路不准用机车，只准用驴马搭载。这就是所谓马车铁道，这条铁道两轨间的距离，定为四英尺八英寸半（约1.5米），成了日后清代修建铁路的标准。1881年6月24日（光绪七年五月二十九），唐胥铁路正式开工建设，同年的农历十一月间竣工，路长9千米，成为中国正式修造铁路的开端。

三年后，中法战争的爆发将清朝陆上的运输不力暴露无遗，海运又易受牵制。1885年2月24日《申报》上《法文译略》（第3版）甚至报道了法军扣留运米船只的消息。不知当时铁路国防裨益慷慨陈词的报人若见此报道，该作何感想。

这场“不败而败”的战争过后，大量国人已发觉铁路成为大国竞争的重要资源，《申报》又开始了舆论动员，1885年7月16日，头版《论中国此时应以培养元气为第一义》写道：铁路则亟为开办，以便商运，专以商务为要图而更善全各国邦交之道，使列邦皆和睦而无间言，则彼西人亦断不至无端而开衅于中国，即或有一二国偶然龃龉，何至大局决裂？

最终，清政府同意将已经建成的唐胥铁路由阎庄接修至大沽并延长到天津和山海关，同时批准将原先的“开平铁路公司”易名为“中国铁路公司”。值得一提的是，为了扩大招股事宜，新成立的中国铁路公司第一时间在《申报》刊发了开办铁路的消息，记录下了这一具有重大意义的名称改变，1887年4月23日《申报》头版《开办铁路》自豪地宣告：“钦奉懿旨谕：仍由开平铁路公司经理奏派，前福建藩司沈方伯品莲署长芦运司正任，津海关首周玉山观察为督办，旧日开平铁路公司总办伍秩庸观察为副办，吴南皇太守仍为该铁路正副总办。名之曰中国铁路公司。”

四、短暂的春天

1888年冬季，李鸿章向慈禧太后进呈了从法国进口的小火车一台和车厢六节。这就是著名的“紫光阁铁路”（或称“西苑铁路”）。

据说，慈禧在移居西苑中海之后，差不多每天都要乘坐一趟小火车，往返于仪銮殿和镜清斋之间。每次行驶，都有许多太监手执黄缎幡旗在黄帷车前的铁轨两旁，列队导引，成为宫墙之内一道十分奇特的风景。

紫光阁铁路的建成，让慈禧和光绪皇帝以及各位中枢重臣亲眼目睹和体验到了这种先进的运输工具的各种优点。1889年初，慈禧太后下发懿旨，明令海军衙门会同军机大臣妥议修建铁路事宜。同年8月，又正式委派李鸿章、张之洞会同海军衙门主持修路大计，并加派直隶按察使周馥、清河道潘骏德随同办理。在此前后，《申报》又接连发表《勘视铁路》《扩充铁路》等多篇文章（见下表），于诸多方面为中国正式修建铁路摇旗宣传，将消息传播至千家万户。

表1　1888年12月–1889年9月《申报》刊登的与修建铁路有关的报道

报道标题	刊登时间	版面
《勘视铁路》	1888.12.18	2
《扩充铁路》	1889.01.07	1
《铁路告示》	1889.01.29	2
《铁路兴而财务旺论》	1889.02.16	1
《铁路述闻》	1889.02.20	2
《铁路考略》	1889.07.08	1
《铁路权舆》	1889.09.20	2
《铁路绩闻》	1889.09.22	2

至此，一场持续时间长达20多年的修造铁路的激辩，算是正式画上了句号。新事物的萌生从来不易，好在有识之士如《申报》的笔者们，总是以犀利的笔触、深远的思想，顽强的职业精神坚守在发声第一线。无数萤火，竟成了炬火照亮黑夜。

但是，此后铁路修建的故事并没有走向一帆风顺，五年之后，中日甲午战争又把稍有起色的帝国拖进了战败的深渊，一时间列强掀起了瓜分中国的狂潮，俄国、英国、法国、德国、日本、比利时纷纷开始了对东北、山东、沪宁等地的铁路资源抢点。刚获得名分的中国铁路事业，又一次跌至谷底。

五、后记

1917年3月20日，《申报》有如是文章，《四十年前之路政谈——火轮车路辨》（第5版）。那个年代的报纸文学，向来多针砭时弊，本文却如隐退的居士，在酒桌旁与故友畅谈从前的峥嵘：

“本馆之意，深以为中国自富自强为念，故于火车一事，明知上官缩手畏难，仍常讲论其大利，盖见欧罗巴及亚麦利加诸国，借此举以臻兴旺。”

“人微言轻，不能陈其说于当道，而请试行之，徒为是空言，以为愚者千虑之一得而已。”

岁月已逝，言论犹在，真可谓“笑是非浮论，白衣苍狗，文章定价，秋月华星。”

参考文献：

1. 严介生. 清末铁路三大悲剧人物［M］. 北京：中国铁道出版社，2009：153-180.

2. 杨勇刚. 中国近代铁路史［M］. 上海：上海书店出版社，1997：10-35.

3. 朱从兵.《申报》与中国近代铁路建设事业起步的舆论动员［J］. 安徽大学学报（哲学社会科学版），2010，34（01）：97-107.

4. 李士军.《申报》社评与晚清争回铁路路权运动［J］. 牡丹江师范学院学报（哲学社会科学版），2010（05）：78-80.

5. 杨玲.《申报》与早期中国铁路之发展［J］. 世界轨道交通，2008.

6. 张丽华. 1874—1877年〈申报〉里的“吴淞铁路事件”［J］. 东方文化，2003.

作者为 2017 级新闻学专业本科生（数据新闻报道方向）

指导老师：李煜

从《申报》看近代社会的团练组织

吴 澳

我的生日是1999年12月7日，回首百年前的1899年12月7日，即清光绪二十五年（己亥年）十一月初五，此时的中国正处在内外交困的水深火热之中。在帝国主义全球化的滚滚硝烟中，坚船利炮撬开了国门，亡国灭种的危机，催生了社会上很多的自卫团体。团练作为其中一支，在当时发挥了不可或缺的作用。报纸作为社会舆论的记录者和传播者，极具时代敏感性，也时刻关注着团练的发展，也为保护国家和民族发挥了一定的历史作用。怀着敬畏之心，我开始研读100年前的那期《申报》。

翻看这一天的《申报》共14版，其中第1至第3版为社论，政治、军事、社会新闻，公堂琐案等；第4至12版为广告（以医药、保险广告为主）；第13、14版为京报全录（清光绪二十五年十月二十三日、清光绪二十五年十月二十四日的内容）。在这期报纸中，引起我关注的文章，是处在本期报纸头版的一篇社论《劝各省实力兴办团练以维时局论》（见下图）。

在深入介绍这篇文章之前，先要了解一下团练的“前世今生”。团练其实是指中国古代的地方民兵制度，又被称为乡勇、练勇、乡兵，来源于周朝的保甲制，当然历代各有不同，通过这篇文章，主要带大家观其“今生”——清朝团练。

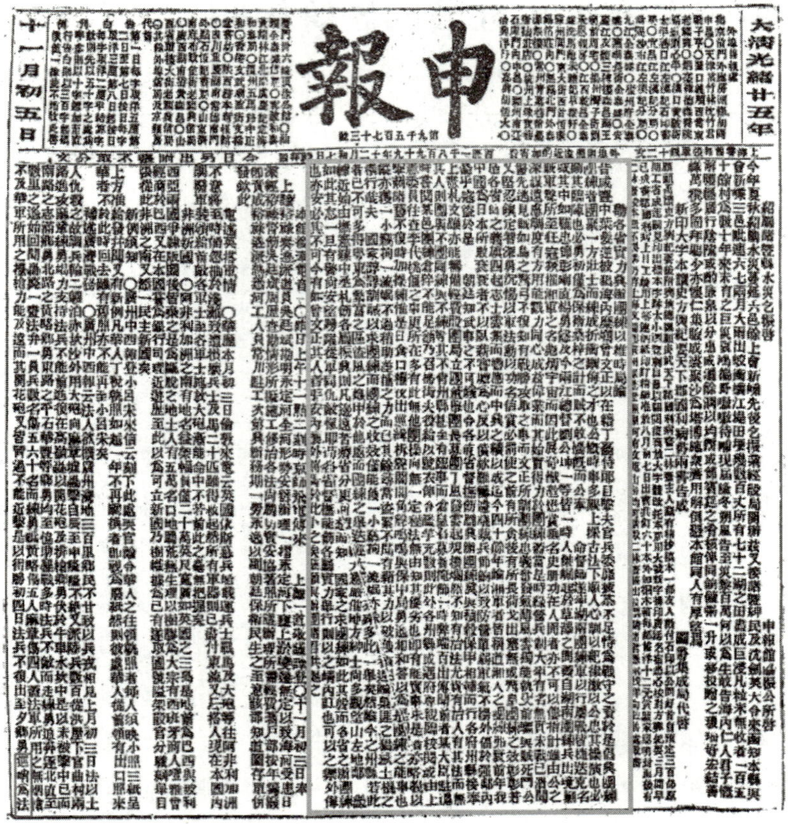
大清光緒廿五年

申報

十一月初五日

图 1　1899 年 12 月 7 日《申报》第 1 版《劝各省实力兴办团练以维时局论》

清朝团练源于保甲，当然二者又存在着区别和联系。团练的组织规模与官僚政治的区划如里甲、保甲的组织规模相对应。“团练与保甲本是相为表里的”，通过参考相关文献，我了解到，在很多情况下，不具有实际作用的保甲组织的行政划分，也为团练的组织提供了现有的形式。或者在保甲的组织形式中纳入团练的内容，或者以保甲的基础组成团练。这是近代团练形成的最基本的路径。虽然在社会功能上，团练取代了保甲，但是在社会组织形式上，团练常常依存于保甲。因此，团练组织，也主要以保甲为基本单位。

再形象些来讲，一方面，二者是“母子关系”：团练在保甲中孕育而成（组织形式上依存）；另一方面，二者是“兄弟关系”：保甲重在清理户口，防备盗贼；团练重在防御，抵制暴力。保甲具有法律性，推行全国，属于官僚政治体系；团练具有自发性，多由地方绅士主持，并未在全国强制推行，属于社会自主行为。保甲的控制权属于中央，以牵制绅权；团练之权，则操之于绅士，以制衡保甲（内容和功能上各司职）。当然，最后二者都掌握到绅士手中，形成“有事则团练，无事则保甲”的局面。清统治者还将团练、积谷和保甲同列为“地方应办事宜”。

具体讲到清朝团练，起源于19世纪20年代对分散式的川楚白莲教起义的镇压。之后，“近代太平天国起义和捻军对社会秩序和清王朝的有力冲击，成为团练普遍兴起的历史契机，亦促使团练发展为一种完备的社会控制组织。”[①] 清在咸丰三年（1853年），清朝谕令各省普遍推行团练，团练由此开始普遍发展。

在团练发展过程中，有两个较有代表性的事件：其一，鸦片战争时，两广总督林则徐在广东三江入海口各乡镇组织乡勇及民团抵抗英国海军，取得成功。团练由此开始收编为清军正规军；其二，即具有广泛影响力的湘军，是整个近代史中最重要的团练形式。咸丰元年（1851年），湖南人罗泽南的学生王鑫开始编练民兵。至咸丰年间太平天国爆发后，曾国藩于1854年初以团练为基础，加上兵勇、夫役工匠等编成陆军十三营六千五百人、水师十营五千人，共一万七千人，人称“湘勇”或“湘军”，“兵随将转，兵为将有”，全军只服从曾国藩一人。湘军骁勇善战，成为清军主力，鼎盛时兵力达五十万人，因而有“无湘不成军”的民谚。民国时亦有言：“中国若是古希腊，湖南定是斯巴达；中国若是德意志，湖南即是普鲁士。”

在以上背景下，我们来看《申报》当日的头版社论《劝各省实力兴办团练以维时局论》。

开篇即先交代清朝团练的源起，论述了曾国藩创办团练的原因：“昔咸丰中叶，发逆披猖，海内糜烂。曾文正以在籍丁忧侍郎目击，夫官兵委靡疲茶，不足恃为战守之资，于是倡兴团练。”同时又对曾国藩创办的团练大加赞扬，认为正是兴办团练，才使得曾国藩创造了彪炳青史的功绩。

---

① 金钟博. 明清时代乡村组织与保甲制之关系［J］. 中国社会经济史研究，2002（2）.

团练者，团聚一方壮士，而练成折冲御侮之才也。公慨时事多艰，上采古法，下顺人心；训以纪律，激以公忠；其操演也必勤；其临阵也必勇。初仅为保卫桑梓之计，而贼不敢扰。既而公奉命督师，遂率湖南团练军以行，屡战皆捷，迭克名城。其中如罗忠节、彭刚直、杨勇慤及今两江总督刘公坤一等，皆一时人杰崛起于草泽之间。盖自湖南团练兵出境剿贼，军声所至，狂寇频摧。湘军之名彪炳宇宙，而因此展奇猷邀懋赏垂名史册，功在人间者，亦不可以偻指计。虽由公之深谋远虑，调度有方；用能戮力同心，成兹伟业，而其始实得力于团练。

文章在对曾国藩率领的湘军大加褒扬之后，接着指出当时国家的正规军——绿营军存在严重的问题，并将绿营军和曾国藩的团练做了比较：

盖当是时绿营兵制大率有名无实，未战已溃，闻警先逃，见贼如鸟之惊弓，不复知有战胜攻取之事；而文正所训团练忠义奋发，气薄风云，独能执殳前驱，与贼死斗。公又坚忍镇定，智深勇沉，惕以军法，动以功名，信赏必罚，使之前有所贪，后有所畏，荷戈出塞，无或惊皇，团练之效彰彰！

之后文章转而论述兴办团练的必要性：

若是各省师之义旗四起，志士云集而响应，而中兴之绩以成。迄今四十余年，论湘军者皆称道湘人之团练弗衰。前年我中国为日本所败，衮衮者不以卧薪尝胆为心，反以偿款难筹，遽议裁兵节饷，以致防营单弱，军气不扬，外偪于强邻，内忧乎寇盗。

然而，在世纪之交，兴办团练早已不是曾国藩那样的一呼百应，而是举步维艰，成了地方各省应付中央的虚张声势之举：

于是朝廷知武事之不可缓也，令各直省督抚饬属兴办团练，冀与积谷保甲相辅而行。各府州县接奉上宪札文，虽亦能筹备经费设团局、立团董、举团长、募团丁，风发云起，规模烂然，不知有治法尤贵有治人，有其法而无其人，则团与不团同、练与不练等，其不肖州县，甚至有临事而仓皇召募者，掩饰一时弊端，百出传闻。前者某大臣驻沪时，尝阅某邑团练，仓猝不能足额，乃召扫街夫役给以号衣，俾令滥竽充数，则此外各州县或遇府尊亲临校阅，或由上宪委员往查李代桃僵之事，更所在多有此无他，团操向无一定程法，无由知其优劣也。即有能实事求是者，亦略教以击刺诸艺，不复时加操练，惟是日食口粮，夜出巡缉，柝声阁阁，角声呜呜，与保甲局勇遥相和答，以为是团练之能事也。纵亦获一小窃，拘一流氓，不过稍助差捕之力而已。其余寻常盗案不闻有借其力以破获者，遑论枭匪之猖獗，土棍之横行哉！

夫国家谆谆训诫以求团练，而团练之收效仅能获一小窃、拘一流氓，亦殊多此一举矣。然论今之州县若此者，已不可多得。粤东为繁富之区，盗风之炽，甲于他处。而团练之举，迭经大宪严催，地方绅士尚多观望。山左地邻畿辅，近始由抚宪毓中丞札饬各属振兴，则凡边远若瘠省分，更可想而知。国家之求团练如此其殷，而各省之办团练如此其怠。一旦有警，尚安望踊跃从军，同仇敌忾？！

最后，可以看出本文的题旨在于“实力”二字，作者希望各省响应清政府的号召，像曾国藩一样，拿出实力兴办团练，不再敷衍了事。

在本篇言论之外，当天的报纸，还在多处提到兴办团练以抵御内忧外患的意义，如第 1 版的《补述广湾战务》，就是对广湾战争的跟踪报道，交代在广湾战争中，中国乡勇英勇反抗取得胜利的结果，当然也从侧面指出中国当前的国内外形势十分严峻，凸显出乡勇、团练等地方军事组织的重要性。在第 2 版头条，有一篇新闻《遂溪公义》，报道了法国索要广州湾作租界，但是没有划定界址而越境，扰及附近的遂溪县，当地百姓“数月以来，举办团练卧薪枕戈，同心协力以图自保”。

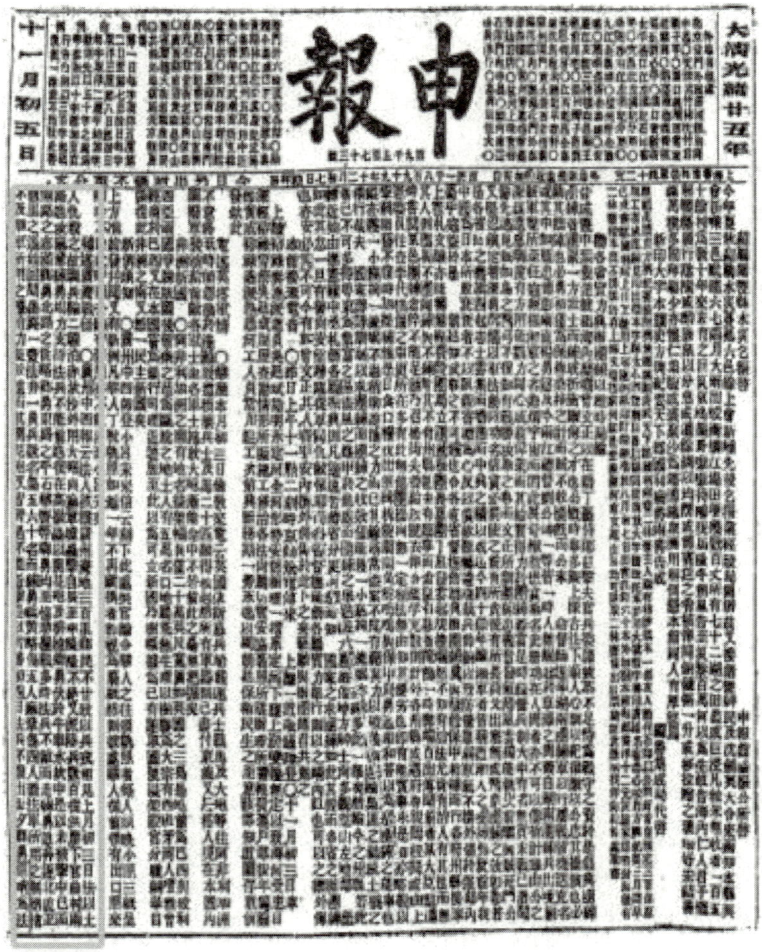

大清光緒廿五年

申報

十一月初五日

图 2　1899 年 12 月 7 日《申报》第 1 版《补述广湾战务》

除了以上新闻报道中反映了地方各省用团练以抵御外辱的实际行动，当天《申报》的“《京报》节选”也报道了时任广东巡抚德寿（？—1903）给朝廷的上书，殷切希望“时艰适值，必得推行保甲，举办民团，方足以御外侮而卫民生”。

图 3　1899 年 12 月 7 日《申报》第 2 版《遂溪公义》

通过以上分析，结合相关背景我们可以看出，由黄协埙主持笔政的《申报》，日趋保守，该社论围绕朝廷的意志，大力褒扬曾国藩的湘军，希望加强地方军事力量，来弥补清中央政府在政治和军事上的软弱无能。但是，在本期报纸中，团练、乡勇、练勇等词共出现 36 次，《申报》的言论与新闻报道，已经形成了较为密切的联系与互动，具有强烈的时效性和针对性，这就意味着作为“报章文体”的言论，在实践中已经较为成熟，并形成了一种规范化的程式，这应该说是此时《申报》保守言论之外的专业成就，值得深思。

参考文献：

1. 金钟博. 明清时代乡村组织与保甲制之关系［J］. 中国社会经济史研究，2002（2）.

2. 魏源. 圣武记·附夷艘寇海记［M］. 长沙：岳麓书社，2011.

3. 黄晋祥. 晚清《申报》的主笔与社评［N］. 光明日报，2007-6-15.

4. 黄细嘉. 近代的团练和团练制度［J］. 历史教学，1997（10）.

5. 张功臣. 民国报人——新闻史上的隐秘一页［M］. 济南：山东画报出版社，2010.

作者为2017级新闻学专业本科生（数据新闻报道方向）

指导老师：李煜

晚清时期的火灾与灭火

李佳昊

我出生于 1999 年 4 月 14 日。百年前的这一天，是 1899 年 4 月 14 日，也就是清光绪二十五年三月初五。

这一天的《申报》共 12 版，新闻与言论主要在前 4 版，版面如下：

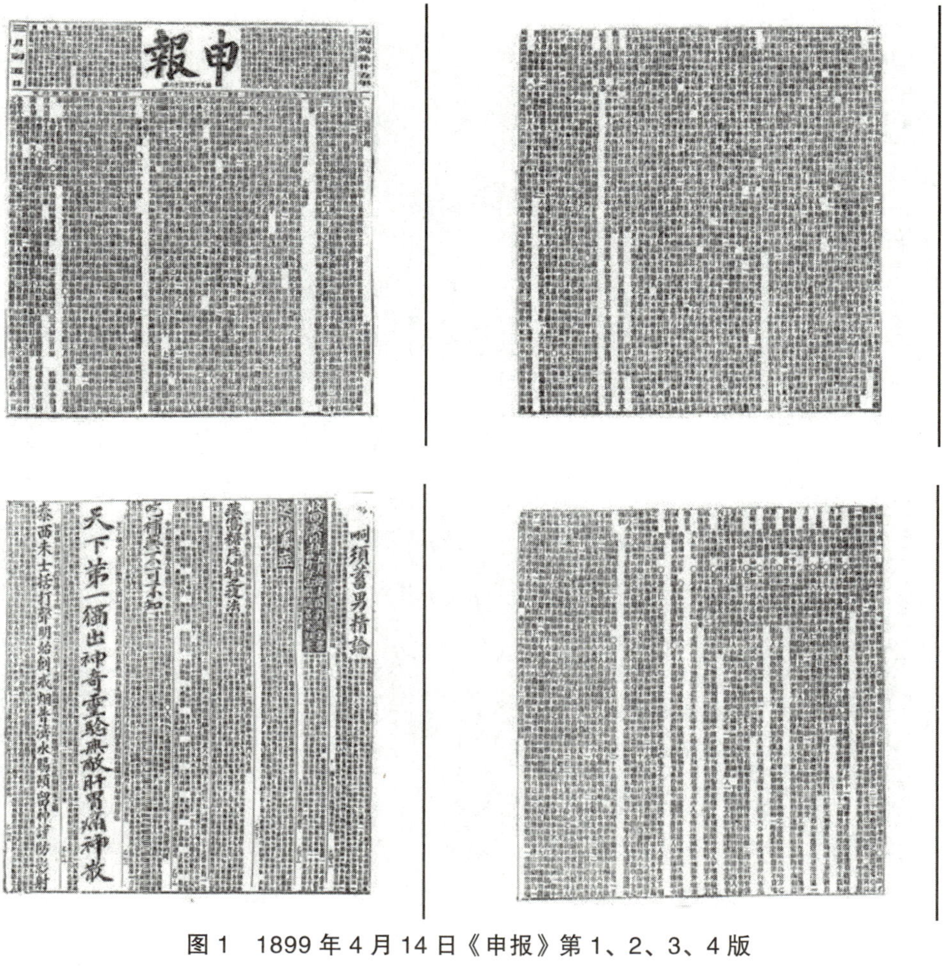
申報

天下第一獨出神奇靈驗無敵肝胃痛神散

图 1　1899 年 4 月 14 日《申报》第 1、2、3、4 版

《申报》作为民国时期最为通行的大众报刊，它每日的内容自然少不了各类民生新闻。

我在翻阅这期《申报》的同时，还浏览了其他的版面，发现在民生新闻中，“消防”这类关乎财产、外交和人身安全的事件总会成为报道的重点。

而在本日《申报》的第 3 版中，就有两篇关于消防的报道引起了我的兴趣，如下图所示：

图 2　1899 年 4 月 14 日《申报》第 3 版

这两篇报道的全文，第一篇是：

研讯火头

上月二十六日之夜，法租界公馆马路永泰丝线店忽肇火灾，延烧左右邻。事后包探查得是店与比邻二酉山庄均曾保火险，爰将店中执事人彭友甫及邻居见证，解送公堂。谳（yàn）员朱森庭明府讯供之下，恐有纵火情事，著将彭友甫押候交保，出外候饬（chì，整顿），包探查明禀覆，再行核夺。昨日堂期，包探投案，禀称查得店中人□ □火油灯致兆，焚如之祸，惟两店各保火险银千两，因将彭解案请判。某保险行西人亦上堂观审。明府谓道宪大人议定新章，所赔银两照三股，均分以一股归起火之家，一股抚恤被累邻人，一股罚充公款。何翻译谓此举各国领事尚未允洽，未便照行明府遂饬将彭友甫仍交保出外。

此篇报道是关于发生在法租界一家丝绸店的起火事件。从中我们不难看出，火灾在邻里生活中是比较严重的事件，租界的“领事裁判权”已经介入调解善后。更重要的是，火灾保险制度也已经在租界实行起来。

第二篇报道内容如下：

失火即熄

前晚美租界外虹口百老汇路远昌机器店忽然失火，霎时火势炎炎，飞扬跋扈。幸店内人多，得以扑灭。只将机器焚毁，未酿成灾。

此次机器店的失火事件又发生在美租界，而报道的重点则是非常明确地点出了“未酿成灾”。

综上我们可以发现：两次火灾都发生在租界，但是前者有巨额火灾保险，尽管有大的损失，甚至已经累及近邻，但会有灾后赔付，可以重建家园。当然由于赔付保额巨大，甚至被怀疑故意纵火，骗取保金，自然要对簿公堂，由执法者裁量。而后者失火，看起来损失不大，自然也就以报道结束。但是由此可以发现，《申报》对此类火灾报道，尤其是租界的灾情，给予了较大的关注，只是这种关注，既有前现代时期对天灾人祸的自然对抗，也着眼于现代社会对自然灾害的制度性预防，这种古今交错，前后并置的新闻，实在是晚清的特殊景致。

让我们先来了解一下火灾、防灾、救灾的“前世今生”。

一、对于火灾的历史认识

火灾是指在时间和空间上失去控制的灾害性燃烧现象。火灾是最频繁、最普遍地威胁公众安全和社会发展的灾害之一。

关于火灾的最早记载是商代武丁时期（前 1339—前 1281 年），奴隶夜间放火焚烧奴隶主的 3 座粮食仓库。这是汉字诞生以来最早的火灾记录。

早在三千多年前就有对于火灾的记录，可见从古至今中国人都对火灾无比重视。

那么古人对于火是怎样认识的呢？

中国人自古对火有敬畏之心。由于居住的房屋大多为木质结构，失火事件从古至今都是经常发生且无法避免的意外事故。因此，从上到下，各个阶层的中国人都尽力避免直称“火”字，多使用“灾”“遗漏”“回禄”“祝融”“荧惑”代表火灾。

其中，“祝融”为中国古代的火神。火神神圣不可侵犯的原则，不仅贯穿于生产习俗中，也落实到日常生活的各个方面。在感恩火给人间带来恩惠的同时，人们又把森林草场的火灾以及病人发烧、小儿梦魇等疾病视为火神发怒的结果。这样，愈是对火崇敬，也就愈发畏惧它对人的惩罚报复。因而在古代中国，火神远比其他自然神更受崇敬。

19 世纪 60 年代，鸦片战争所导致的上海港口大开，外商涌入，太平天国及捻军起义引发周边省市居民进入上海，许多劳动人口在促成上海经济发展的同时，也极大地增加了租界的人口数量。虽然上海租界繁荣发展，商户遍地开张，但是棚户区的大量、密集出现也成了火灾发生的隐患。

相比于租界以外民众聚居的地方，上海租界发生火灾的频率更高，损失也更大，所以租界当局自然会采取更加先进高效的灭火手段和防范措施。一方面是防火救火的技术手段，另一方面是西方保险制度的引入。

二、防火与灭火措施的历史变迁

我们祖先在同火灾作斗争的长期实践中，积累了丰富的经验。对这种经验的科学概括最早见于《周易》，“水在火上，既济。君子以思患而预防之”。东汉史学家荀悦在《申鉴·杂言》中进一步明确提出“防为上，救次之，诫为下”“防患于未然”的思想。

自古以来，防范火灾均为中国地方管理的职责所在。自汉代到唐代，许多贤明的地方官吏也是大力推行“火政”。宋代，我国诞生了世界上第一支消防队（和今天的消防官兵相似）。这支国家消防队创建于北宋开封，完善于南宋临安，到淳祐十二年（1252 年）临安已有消防队 20 隅、7 队，总计 5 100 人，有望火楼（消防局）10 座。

尽管防范措施严密，我国古代始终没有建立独立的防火机构。彼时的上海租界，消防任务也主要由慈善组织“善堂”所承担，救火的费用来自于商界人士的定期捐款，直至民国十九年才正式收归政府管理。

值得一提的是，明清时期出现了一种通过“圣旨”来宣传防火的方法。在清朝后期，更是有报刊刊登圣谕来教化臣民，这也是防火的心理建设措施之一。

以下是史料中常见的具体防火措施：

宋代巡警（即消防员）“夜间巡警”，督促居民按时熄灯。每个军巡铺发放若干长矛、弓箭、水桶、火叉、铁锚、斧锯、消防梯，弓箭用于捕捉盗贼，水桶、火叉、铁锚等物用于防火，斧锯则用来拆房子，目的是将燃烧范围控制住，使已经燃烧的地带尽快烧完，尽量不引燃相邻房屋。

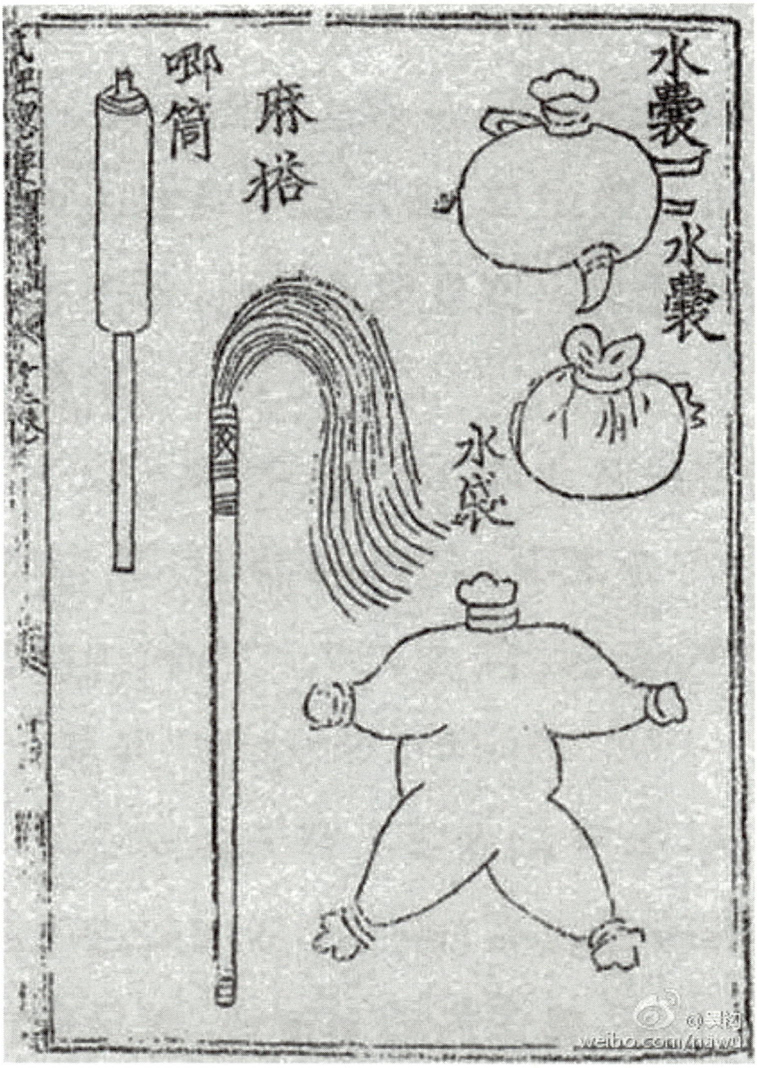

图 3　宋朝专业消防队所用工具：水囊、水袋、唧筒、麻搭[①]

---

① 吴钩.宋朝的专业消防队[EB/OL].（2015-01-04）[2018-05-01].http://blog.sina.com.cn/s/blog-636f644d0102vfl0.tm/.

为了应对火灾，古人也发明了很多灭火器具，除了基本的大水缸外，还有形状长圆、备有提梁的水桶，以及用动物皮毛和内脏制作的水袋、水囊。

明代出现了一种名叫“唧筒”的灭火装置，这在当时可以说是很先进的设备了，因为它既可以汲水又可以喷水，其工作原理类似今天的注射器，大大提高了灭火的精准度和有效范围。

清朝晚期，李鸿章从上海洋炮局购进了4架新式消防水龙并交付军队，令其负责南京地区的消防安全。自上海租界划定以来，当局一直使用这种“洋水龙”作为主要工具。其原理大概是水车和唧筒的结合，后来由于火力和蒸汽动力的引入，水龙的动力逐渐加强，但形态笨拙不易移动，故消防人员依旧随身配备原始的斧子、水桶等灭火工具。

在人力救火的过程中，唧筒为最常见的灭火工具。在清代末期，唧筒已经发展到可以喷射出数米远的水流，极大地提高了救火效率。

三、灾后处理

1. 法律方面对于火灾的预防、警告与责罚

为了弥补技术上的不足，自宋朝起政府试图用严刑峻法来控制火灾的发生。法律中将“纵火”列为“十恶”之一，遇之“不赦”，且一般对纵火采取“连坐”制度，一人纵火全家也要遭受牵连，如果一次火情中交不出纵火者，整个集体都要受罚。

明清时期，我国在法律上明确了放火和失火的区别，并且总体上加重了对纵火者的处罚。无论是故意烧毁房屋以骗取赔偿，还是火情延及四邻危害他人财产，都要按照法律接受鞭刑或杖刑的惩罚。于统治者自身而言，除了责罚相关官员，还会下“罪己诏”以示自责，但仅明代就有十几位皇帝下诏二十余次。由此可见所谓“罪己”不过是表面装样子，实则还是起威慑平民的作用。

2. 关于火险

19 世纪中期，随着资本主义入侵中国，保险制度得到引进。1805 年，英国人在广州开办了中国最早的保险公司——于仁保险公司；1899 年，中国第一家自办的人寿保险——永年人寿保险公司成立。最早在华的火险制度是英商巴勒公司借太古公司招牌而开设的专为商户提供的火险制度。想来前文提到的《研讯火头》中商家所投火险可能就是巴勒公司的。

火险制度引入以后，当地政府及保险公司对于参保和索赔的标准也做出了严格的限定。每次火灾发生之后，巡捕除了要考察火情与对周边的损害情况，还要检查投保者的保险是否过期，是否存在谎报火情夸大损失的情况，是否有故意纵火骗取赔偿的嫌疑，这些流程和今天的制度类似。如果火情延及四邻，根据法律和保险制度，邻居也能得到相应赔偿，故每次火情之后都要有严密的鉴定过程。

因此，在投保之前，会根据行业、建筑结构、周围环境以及消防措施予以制定区分，规定有很明细的费率表。保险公司会派人员对保险标的进行查勘，根据其建筑的结构、用途、环境情况、防灾设施以及所标之物本身的危险程度来确定费率。

由此可知，在晚清民国年间，火灾的发生已经有了一套保障的方法。而火灾事件的发生和记录，尤其是对于租界内场所发生人祸的关注，不仅体现着中国传统社会对于火灾的重视，也暗含着晚清背景下中西方社会生活的碰撞，以及西方先进的商业、法律制度对于中国的渗透。

《申报》作为大众媒介，既能够及时通报火情，提高民众的防范意识，也可以通过报道商户参保火险，呼吁城市改进灭火措施，将现代防火手段与制度建设介绍给民众，这就在一定程度上开启了民智，沟通了中西，其意义重大，其影响深远。

参考文献：

1. 廖蓉. 明清江南火灾及社会应对［D］. 上海：华东师范大学，2008.

2. 中国消防在线. 中国消防史溯源[EB/OL].[2018-05-01].http://119.china.com.cn/xfxc/txt/2015-01/09/con tent_7585005.htm

3. 王洪涛. 成长与迟滞：近代中国华商保险业发展历程的历史考察（1865-1945）[D]. 厦门：厦门大学，2006.

4. 梅花. 晚清上海的火灾与消防（1872—1907）[D]. 北京：中国人民大学，2008.

5. 李采芹. 中国火灾大典[M]. 上海：上海科技出版社，1997.

作者为2017级新闻学专业本科生（数据新闻报道方向）

指导老师：李煜

国货与洋牌子的斗争

——从《申报》看中西商品的“斗争”

王　遥

当我们认知了解一个商品时，往往是从它的广告开始的，而同类商品之间的竞争也可以利用广告这个高效工具来进行。《申报》的排版也说明了这么一个道理，从 1872 年 4 月 30 日《申报》创刊起，《申报》几乎每天都在报头位置刊登广告，即“告白刊例”，招揽广告客户。在其发行期间，广告版面就时常存在两大类商品间的“争斗”，一为占据先位头风的外国商品，二为后起新秀的国产商品。两者是如何较量的呢？以下本文将会对两大类商品广告的各种参数进行比较分析。

一、数量

从 1872 年《申报》创办伊始，华人便开始了在《申报》上发布广告的历程，而外商广告势力更加凶猛，如下表 1 所示[①]

表 1　1875—1925 年《申报》中外广告历年日广告量的对比　　单位：条

年份	1875	1880	1885	1890	1895	1900	1905	1910	1915	1920	1925
华商广告	10.85	26.27	55.33	78.14	76.0	59.25	69.25	105.8	225.5	212.8	205.8
外商广告	32.23	48.45	51.83	57.14	35.0	58.75	36.5	64.25	55.5	59.0	57.75
总计	43.08	74.72	107.16	135.28	111.0	118.0	105.75	170.05	281.0	271.8	263.55

从表 1 中的数据我们看出，第一，华商的广告（国货广告）数量在起跑线上就输给了外商的广告（洋货广告）。例如 1875 年，华商广告数量约为每天 10 条，而外商的广告数量却是华商广告数量的 3 倍，达到了 32 条，这一现象产生的原因有很多，其中最根本的是中国商品经济的落后与市场意识的

① 冯跃民. 从1875—1925年《申报》广告看中外企业“商战”[J]. 湖州师范学院学报，2003(5)：94.

匮乏，长期以来受自给自足的自然经济的束缚，中国经济基础薄弱，市场竞争意识缺失；第二，在外国经历了第一、二次工业革命后，外国经济基础雄厚，资本市场发达，市场竞争意识强且手段成熟，在报纸上刊登广告对外商来说已经是习以为常的事情。此外，《申报》是英国商人安纳斯脱·美查创办的，在起始之时可能会偏向西方，所以广告刊登也会以外商居多。在经过了1875年到1885年十年的发展，受到外商广告影响的华商渐渐也意识到了广告对商品宣传销售的作用，于是开始扩大广告宣传量，从而更好地立足于开放不久中国市场。从表1中我们可以看出，华商的广告数量在1875年到1890年都是逐年增长，特别是1880年到1890年有一个较大的发展。而在1885这一年的日广告总量中，华商广告数量占到《申报》日广告数量的51.63%[①]，打下了广告栏目的半壁江山。这一时期华商广告得到发展的根本原因是中国民族资产阶级的起步，另外这一时期郑观应提出的商战思想——“欲攘外，亟须自强；欲自强，必先致富；欲致富，必首在振工商”在一定程度上鼓舞了广大华商。自1895年，华商的日广告数量都占据上风，有时甚至远远超过外商的日广告数量。例如1910—1920年之间，政府实行重商政策、鼓励使用国货，民众的民族意识极大地增强，西方国家忙于应付第一次世界大战，加之20世纪20年代的国民经济运动等多种条件的催化，华商日广告数量都远超外商。

总的来说，单从日广告刊登数量这一参数来看，华商的广告总体上呈现发展趋势，这也说明国货广告在数量这一方面“胜”过了洋货的广告。

二、各行业广告构成情况

虽然国货在广告“斗争”中以数量胜过了洋货，但是仔细考究其中各行业广告构成就会发现另一个结论。以1875年到1890年国货日广告数量逐渐超过洋货日广告数量这一阶段为例，如表2[②]所示：

① 冯跃民.从1875—1925年《申报》广告看中外企业“商战”[J].湖州师范学院学报，2003(5)：94.

② 冯跃民.从1875—1925年《申报》广告看中外企业“商战”[J].湖州师范学院学报，2003(5)：95.

表2 1875—1894年《申报》中外广告分类对比 单位：条

分类	医疗保健		文教出版		矿山机械		交通运输		日用化工		金融	
	华商	外商	华商	外商	华商	外商	华商	外商	华商	外商	华商	外商
1875年	0.77	2.0	1.00	2.08	0.231	3.46	0.15	3.77	0.39	1.08	0	3.23
1880年	13.91	5.55	3.18	0.73	0.091	3.18	1.091	3.18	0	1.73	0	3.0
1885年	18.3	4.75	12.5	1.25	0.083	1.667	1.167	2.5	1.75	3.33	0.25	0.83
1890年	32.6	4.57	6.29	0.29	0.143	0.857	1.143	3.13	0.71	1.29	0.71	2.71

从这张表看来，国货也就是华商的广告，主要集中于“医疗保健”和“文教出版”这两大类，而在剩下的四项，国货广告几乎没有发展，或发展缓慢，甚至是在1875年至1880年中“矿山机械”和“日用化工”这一重工业和轻工业产品广告量均有下滑。而外商广告恰恰相反，外商广告数量始终在轻工业、重工业和服务业这三大领域领先于华商广告。

国货广告构成存在明显偏重，主要倾向于医药文教。而洋货广告构成分布则较为均匀，同时突出轻重工业和服务业广告的比重。外商在广告发布方面不仅行业分布均匀，而且频率高，占据最大篇幅，同时“都附有精工细刻的图画说明，显得非常醒目”[①]。然而就算是国货广告主要发展部分的“医疗保健”和“文教出版”，其广告也是“篇幅短小，版面位置偏僻，而且内容千篇一律，没有新意。”这是因为在19世纪后半期，中国原有的一些老药铺和书坊仍是原始的手工作坊，经营模式的滞后，同时受到根深蒂固的自然经济的影响，这两种行业依旧维持自产自销、分散经营的状态，最终导致其广告的劣质。

总的来看，虽然这一阶段国货广告的数量在医疗保健和文教出版领域有一定增长，但是广告质量较低，国货也没占到很大优势；而在轻工业、重工业和服务业这三大产业中，外商广告不仅数量多，品质也优，很大程度地保障洋货广告在所有广告中的分量。而广告制作精美可以高效吸引读者，起到最佳的商品宣传效果。所以从广告构成上看，国货在与洋货的斗争中依旧处于“下风”，洋货当道。

① 冯跃民. 从1875—1925年《申报》广告看中外企业“商战”［J］. 湖州师范学院学报，2003（5）：95.

三、宣传手段与形式

较之前两项参数，此项参数会随着时代的变化而变化。例如在 1900 年之前，外商广告的宣传手段和形式因为经历过两次工业革命逐渐成熟，洋货广告制作精美且配有直观的精工细刻的图画。比如 19 世纪后期德国在华最大贸易商行美最时洋行十分擅长运用广告进行新产品的推销，“为了提高其经销店的吸引力，美最时洋行在各地用张贴商标、涂刷墙画、分发彩色卡片、推销廉价的德国造墙灯等办法大做广告宣传。”[①] 再例如“一名曾在美孚长期服务的中国雇员提到，公司组织了一支由 20 多名画家组成的队伍，到中国各地的城乡，甚至‘穷乡僻壤’绘制招贴和广告牌。”当时美孚在中国广为流传的中文广告牌标语是“点美孚油，美孚老牌油，鹰牌油（美孚最便宜的一种火油），烛灯。”[②] 而国货因为刚刚起步，缺乏经验，只是以单纯的文字进行广告宣传，没有创新意识，广告宣传力下降。

但是这种情况在 20 世纪开始改善，国货广告渐渐超过洋货的广告。在宣传方面，国货更能够激发当时人们的爱国之情，借用爱国志气促进产品宣传销售。20世纪初的反美爱国运动，催化了中国民族工商业的国货运动。这是“一场以提倡生产、改良、宣传、销售国货为主要内容的长达40多年的国货运动”。在这一场运动中，华商将国货产品的生产、宣传、销售和消费与民族爱国主义思想感情有机联系在一起。例如 1913 年 1 月 6 日，《申报》上刊登了两则带有国货字样的广告，“一则是中馨烟厂的飞龙牌香烟广告使用了‘请用国货’的副标题；另一则是一家销售各类饰品的商号——全昌的广告中使用了‘中华新发明、自造爱国货’的副标题。”[③] 可以说，以倡导国货为主题的国货广告在气势上压倒了洋货广告，成为国货对抗洋货的杀手锏。从卷烟业这一行业来看，以南洋兄弟烟草公司的广告最为著名，“国货不好，人不购用无怪其然；

① 高家龙. 大公司与关系网（1880–1937）——中国境内的西方、日本和华商大企业［M］. 程麟荪，译. 上海：上海社会科学院出版社，2002：28–29.

② 高家龙. 大公司与关系网（1880–1937）——中国境内的西方、日本和华商大企业［M］. 程麟荪，译. 上海：上海社会科学院出版社，2002：48.

③ 王儒年. 二三十年代的《申报》广告与爱国主义世俗化［J］. 史林，2007（3）：115.

国货欠好，而人勉强用之，是谓有血性，有国家思想，然不多见；若国货既好且廉，能架舶来品之上，宜一般社会所欢迎，而国货两字始有价值。”① 国货商人利用国人的爱国情怀作为宣传手段，使得不少洋货大受打击。依旧是在烟草业，1902 年成立的占据中国大部分市场的英美烟草公司受到了严重打击，许多洋烟在这种宣传方式的打击下，在《申报》上的广告锐减。

同时，洋货广告也有自己的杀手锏，值得国货广告学习。外商在广告上采取运用商标的方法。商标具有抽象性、简洁性的特点，它对品牌建构更具有直观性。外商在广告中善于采取拟人化商标的宣传手段，譬如 1910 年《申报》刊登的仁丹广告，“在 1910 年的仁丹广告中，品牌商标——戴帽子的大胡子博士已经是患者的救星，他及时出现在痛苦的中国患者面前，手拿仁丹，一幅悬壶济世的神情”②。后来，外商甚至采用了纯商标手法，即整个广告文本都由商标组成。这一手法主要表现在汽车行业。1926 年 4 月 10 日的一则车类商标广告，“展示的商标达十四个，包括车胎商标‘邓禄普’（DUNLOP）、‘发施登’（Firestone）……一二十个之多的车类商标形成了强烈的视觉冲击力，不仅折射出彼时车类市场的繁荣和竞争的激烈，也反映出当时西方品牌广告对商标的重视程度已经达到极致。”③

总的来说，在宣传手段和形式方面，华商、洋商各有所长。华商善于运用本身国情进行宣传，以消费者的爱国情怀为宣传基点，这是洋商无法学来的。但是洋货广告亦有自己的优势，成熟的宣传手段和开创性的宣传策略（如商标）让消费者耳目一新。虽然国货的情怀广告没有将中国民族企业带入繁荣，但是从国货广告能够结合天时地利进行宣传并打击外商竞争对手，从而最大限度地争取市场占有率这一方面看来，中国近代民族企业的市场和竞争意识在觉醒与成熟。

① 冯跃民. 从1875-1925年《申报》广告看中外企业“商战”[J]. 湖州师范学院学报，2003（5）：97.

② 庞爱菊. 近代西方品牌在中国扩张的策略研究——以《申报》广告为样本[J]. 新闻界，2013（17）：72.

③ 庞爱菊. 近代西方品牌在中国扩张的策略研究——以《申报》广告为样本[J]. 新闻界，2013（17）：72.

小　结

自报纸媒体出现，广告也随之产生。作为中国近代第一大报的《申报》，创刊伊始就上演着国货与洋货的“斗争”。从文章开头的表1我们就可以看出，国货广告在一步步由少变多，国货广告在一点点成熟强大，也昭示着近代中国民族企业在一步步发展，用自己的力量积聚成一团，求国家富强。尽管曾经被洋货广告所压制，但是也在不断汲取洋货广告的成熟经验，最终成为对抗外部经济势力入侵的一股强大力量。

作者为2016级新闻学专业本科生

指导老师：艾红红

晚清女性形象的视觉呈现

——以《点石斋画报》为中心的考察

张雯杰

绪　论

（一）研究动机

晚清西学东渐，外国的女杰事迹传入中国，中国本土的女学兴起，都对中国本土的传统女性观念造成了前所未有的冲击。社会转型冲突对于妇女角色的影响，中国妇女的生活状态及思想观念在晚清时期的转变，中国本土人士对“新女性”概念的构建和描述，都是值得关注的问题。

在这个转变的过程中，画报作为视觉媒介则成为展现“女性角色转变”的重要载体之一。

作为图像的历史比起作为文字的历史在某些方面更加耐人寻味，意蕴丰厚。因为经过画师加工，画面中的人物形象往往不再是历史上某个特定的个体，而是或多或少地带有他所在的群体的特征。

以图像记录历史的代表就是《点石斋画报》，在点石斋画报中常常出现各种各样的女性形象，既包括中国女性，也包括外国女性，所描绘的女性的身份更是涵盖了妓女、小姐、太太、仆女、农妇、女学生，等等，是研究晚清女性的珍贵史料。

（二）研究内容和方法

本文在具体研究过程中将以《点石斋画报》中的代表性例子进行专门阐

述，采用科学的史学研究方法进行研究。通过文献阅读法，借助网络数据资源、校园图书馆资源以及高校图书馆网络数据库资源，学习和参考前人的相关研究论述和优秀论文帮助自己完成深入研究。同时运用分类法，将研究对象分门别类地进行深入探讨，使得文章更具有条理性。运用个案分析法，对典型的案例进行分析以佐证自己的观点。

一、《点石斋画报》介绍

《点石斋画报》创办于1884年5月8日，于1898年停刊①，前后历时约15年，报道新闻图画共计4 653幅，出刊画报共计6集44册。

《点石斋画报》的这种成功带动了当时创办画报的风潮，据统计，“截至1919年底，国人共刊行画报118种，其大部分沿用了《点石斋画报》的体

① 学界对画报停刊时间存在较大争议：

1.1894年说。陈旭麓等主编的《中国近代史词典》断言《点石斋画报》“1894年（光绪二十一年）停刊”（陈旭麓. 中国近代史词典［M］. 上海：上海辞书出版社，1982：512.）。

2.1896年说。彭永祥的《中国近代画报简介》认为《点石斋画报》“终刊于1896年底，刊行十三年之久”（彭永祥. 中国近代画报简介［M］//丁守和. 辛亥革命时期期刊介绍：第四集. 北京：人民出版社，1986：658.）。方汉奇指出“1896年年底《点石斋画报》停刊，先后刊行13年36卷473期”（方汉奇. 中国新闻事业编年史：上［M］.福州：福建人民出版社，2000：105.）。俞月亭也认为“1896年底停刊，共出版12年半，528册”（中国大百科全书：新闻出版卷［M］. 北京：中国大百科全书出版社，1990：81.）。

3.1898年说。《上海文艺之一瞥》一文的注释认为画报“一八八四年创刊，一八九八年停刊”（鲁迅. 鲁迅全集：第四卷［M］. 北京：人民文学出版社，1981：304.）。另外陈镐汉认为点石斋画报出版了14年3个月，在1898年8月初停刊［陈镐汉. 《点石斋画报》探疑［J］. 编辑学刊，1994（5期）］，陈平原在其《从独特编订法看〈点石斋画报〉终刊时间》中对1894年说和1896年说进行了论证，指出终刊时间应该是1898年8月［陈平原. 从独特编订法看《点石斋画报》终刊时间［N］. 中华读书报，1999-12-22（6）］。从广东人民出版社1983年影印的《点石斋画报》来看，此说比较可信。

4.1900年5月以前说。土尔敏推断《点石斋画报》的停刊时间当在“光绪二十四年或光绪二十六年春间”，因为“光绪二十四年上海四明公所案之后，出至贞册，未再见可参阅之图”，故“暂接受其刊至1898年为最终极限”，但他又据亨册中《游观台》（亨十二）记载法国1900年举办大博览会之事推断“《点石斋画报》当停刊在光绪二十六年（1900）五月以前”，故“至少可信《点石斋画报》在1900年仍在发刊未终，应无可疑义”（土尔敏. 近代文化生态及其变迁［M］. 南昌：百花洲文艺出版社，2002：429-430，401-402.）。

例形式，例如注重时事、新知，采用石印技术，以及图文互现的表现方式”①。因此，本节从《点石斋画报》的创办背景、创办人、内容、形式、社会影响等方面来全面分析这一刊物。

（一）《点石斋画报》的创办背景和缘起

从19世纪40年代开始，帝国主义凭借其坚船利炮轰开了中国封闭的国门，在那之后便是割地赔款，五口通商。外国资本和思潮开始顺着这道撕开的口子迅速地涌入中国。而《点石斋画报》创刊的1884年正是中法战争爆发的那年，这场战争也是《点石斋画报》创办的直接原因。

除上面提及的中法战争外，据美查本人所言，其创办画报的缘由有三点：第一，是要改变中国不重视画报、画报稀缺的局面；第二，是为市民提供“茗余饭后，展卷玩赏”和“乐观新闻者考证其事”的资料；第三，便是赚钱。②

但结合当时帝国主义对中国压迫渐深的时局和美查在华洋人的特殊身份，我们可以推知《点石斋画报》的创办应该还有更深一层的原因，那就是传播西方国家的物质和精神文明，以便打开中国的大门。

（二）《点石斋画报》的创办人和画师

《点石斋画报》由英国商人安纳斯托·美查（Ernest Major）创办。《点石斋画报》之所以影响深远，主要画师吴友如的贡献不容忽视。③吴友如（1841—1894），名嘉猷，字友如。在画作上署名吴友如、友如、吴猷等。江苏吴县人。幼年失怙，随伯父居无锡，喜绘画。稍长，入苏州山塘画铺，得以接触改琦、沙馥、任熊等名家作品及民间木版年画，画艺大进，常为桃花坞、吴太元等画铺出稿。后到上海旧校场一带弩画售稿。

他曾在《吃影阁画册》小启中描述：“弱冠后遭储寇之乱，避难来沪，始习丹青。每观名家真迹，辄为目热心存。至废寝食，探索久之，似有会悟，

① 陈平原.点石斋画报选[M].贵阳：贵州教育出版社，2000：61.

② 俞月亭.我国画报的始祖——《点石斋画报》初探[J].新闻研究资料，1981(5).

③ 画师还有金蟾香、张志瀛、马子明、吴子美、顾月洲、贾醒卿、田子琳、周慕桥、符节、何元俊等，他们构成了画报固定的画师群。

于是出而问世，借以资生。”

加入“点石斋”以前，吴友如已经是一位职业画师。[①]不过正是凭借《点石斋画报》，其名声才得以传播开来。截至1886年5月庚集第6号吴友如暂时离开，其画作占到画报作品的40%左右，奠定了画报的主导画风。他工于人物肖像，特别擅长战争画。画作大多融入民间年画线描技巧与西洋画透视技巧，擅于作层次丰富之大场景铺陈，线条简洁生动，构图新颖。

二、《点石斋画报》中的外国女性形象

在19世纪80年代的上海，华洋杂处，中西交融。《点石斋画报》中有不少女性形象，也有不少是外国人形象，然而特别引人注目的就是外国女人的形象。我选择《著手成春》这一个案例来对画报中的外国女性形象进行分析讨论。

（一）画面描述

整个画面中出现的所有人物明显地分割成了三个不同的团体：气定神闲、淡定形容的外国人，痛苦的病患和陪同病患前来的焦急的中国人。

从人物形象来看，西方女人和椅子旁的中国女人的关系具有典型的意义，其中包含了三个层次的对比：国别的中西、阶层的上下、处境的强弱。女洋人着装优雅高贵，从事着体面和受尊重的职业，而只占画面一小部分的中国女人，从高度和远近透视关系我们可以判断出来，她应该是蹲着或者跪着的姿态和外国女人一条腿屈起压在病患的腿上，完全掌握主导权的姿势相比显得卑微。中国女人的身份要么是病患的婢女，要么是病患的妻子，无论是何种身份，她的命运都是掌握在男性手中的，她的个人权利并不完全受自己控制。这两个女性形象形成了鲜明的对比。

---

① 其作品多是民俗画。1880年上海道台在豫园设宴招待德国皇孙，他也被邀请作画纪念此事。

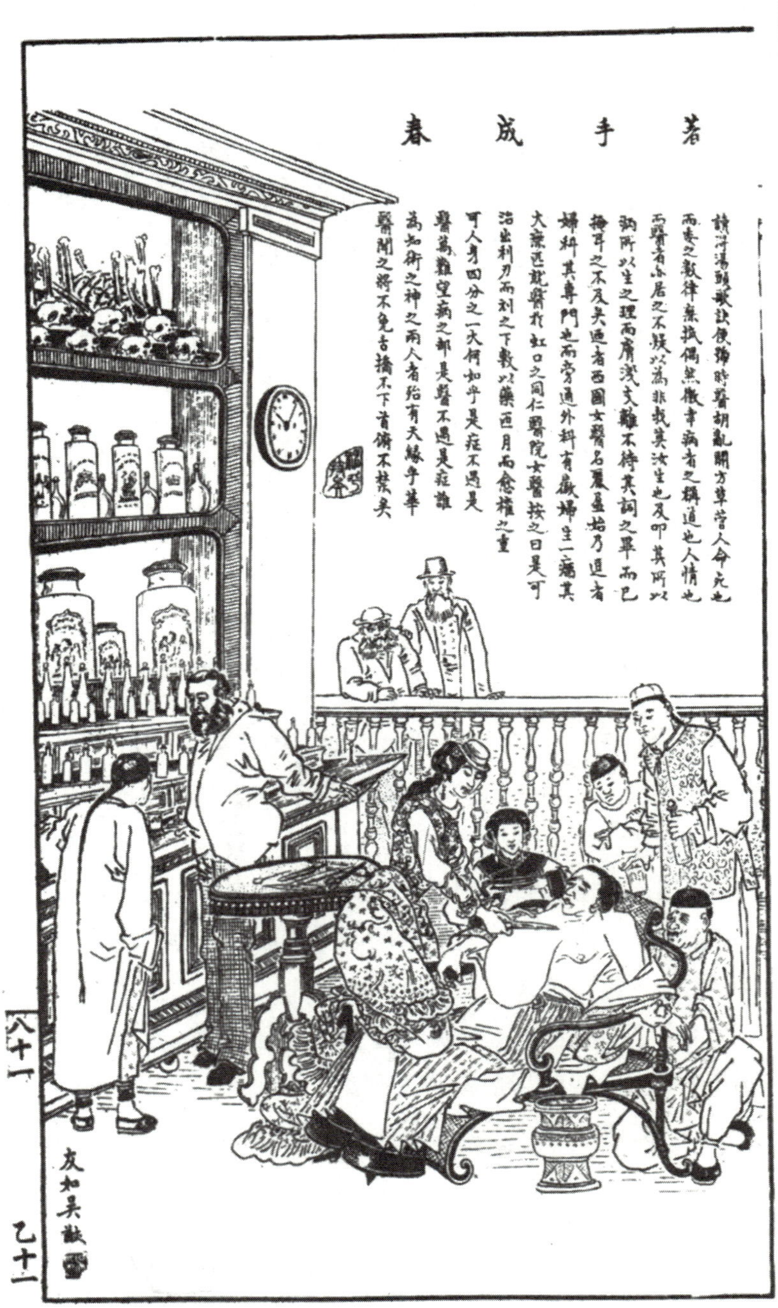

图 1 《著手成春》

（二）分析阐释

1. 四重窥视

我们从《著手成春》这幅画中可以看出几重的窥视关系：画面中男性对女性的窥视；画面外读者对画面中女性的窥视；画面外男性对女性的窥视；东方对西方的窥视。

其中，多重的窥视的视角重合起来，形成了多重意义的影射。画面中男性对女性的窥视，是画外男性观众企图参与窥视的图示化，这也体现了画者对于读者参与感和现场感的考虑。男性对于女性的窥视，在画面内就有东方和西方的差别。而画面外读者对于这“窥视”，也有一种窥视，而其中男性读者和女性读者的窥视的动机又有不同。东方对西方的窥视，是读者对于整个画面意群的体察。其中，男性读者对于画中外国女性有一种复杂的窥视：作为东方的劣势和作为男性的优势交织，而在画外又提供了不在场的机会，使得这种交织的复杂性可以不紧促地外显，而留在心中慢慢地体察和品味。

2. 想象性构建

在东方对于西方整体想象的语境下，中国人必定对西方女性有更多的想象。其中参照物便是本国的女性。在与本国女性形象的比较中，我们可以得出中国人对外国女性的想象性构建。

进行这样的想象性构建之前，想象者预先接受的一个前提条件是：承认西方比中国优越，并由此推导出一个结论，即外国的女性优于中国女性。而且这种优越性主要体现在她们所掌握的先进的科学技术知识、社会参与度、优雅的举止和得体的穿着几方面。所以在《著手成春》这张图中，外国女性的职业被弱化了，国别和性别才是关键。

三、《点石斋画报》中的中国女性形象

在晚清的社会历史进程中，女性社会地位的变化，一直是一个重要的话题。现代商业社会的发展，外来思想的冲击使得社会风俗大易，妇女的社会地位、

生活方式、价值观念和谋生手段都在这种浪潮的裹挟下发生了一定的转向。

（一）《点石斋画报》中的性工作者形象

在《点石斋画报》中为数众多的女性形象里，妓女的形象占据了很大比例。出现这样的现象，一方面是因为《画报》本身的定位，是为了吸引更多的读者，提高报纸销售量，满足男性读者群体的阅读愉悦感；另一方面，晚清时期的上海风月场所的繁荣也是一个重要的因素，大量性工作者的出现给画师作画提供了模板。

晚清上海的风月场所繁荣主要有以下几点原因：第一，商业发展，商品社会对于娱乐的需求扩大；第二，当局对于风月场所的纵容和不作为；第三，大量的女流民进入上海，因为种种原因选择从事这个行业。

而妓女在晚清上海的都市生活中占据一个特殊的地位，在市民文化发展历史中也是非常独特的一页。一方面，性工作者受到来自社会的鄙薄；另一方面，上海一些名妓的仪态、衣着、房间摆饰则受到普通市民的推崇和效仿。

正如罗岗在分析“马车上的妓女”这一形象时指出的，《点石斋画报》“有意设计了一个个相关的场景，把马车和妓女、兜风、街道、城区和公园等诸多因素紧密联系在一起，编织了一幅上海妓女乘坐西洋敞篷马车游逛城区的形象化图景”，但这不能掩盖“妓女”作为“性商品”的身份，反而“更加凸现出她们‘可出卖’与‘可购买’的性质”。

一方面，画报中突出表现女性形象的“可出卖”和“可购买”，因为画报本身，从画面到构图再到叙事，所采取的更多是男性视角，带有明显的“性别化观看”的色彩，并扩展了现实生活中男性“观看”的权利。另一方面，画报揭示出“妓女”们在城市里的移动和活动，每每处在男性目光凝视之下的现实。

（二）《点石斋画报》中的女工形象

上海开埠二三十年后，在工商业企业中也开始逐渐出现女性的身影。最开始雇佣女工的行业是茶栈和丝栈，这两个行业对于技巧的要求较高，要求从业人员耐心细心，也不需要耗费太多体力。另外有一些入沪女性原本在乡间就从事有关丝茶的工作，经验比较丰富。

在当时的社会，有一种贫家女子争做女工的风气。

但社会的主流风气依旧是保守的，舆论仍然要求女子应该“大门不出，二门不迈”，并且还有“男女大防”的礼节在，所以当女工和男子杂处在一起，并且成群结队地来往于街市之中时，就会引起社会上的一些非议。

在画师看来，女子出外做工即是引起这些邪淫事件的根由，也是雇佣女工的弊端。因此《点石斋画报》对女工下班时被调戏的新闻多有报道，如《轻薄受惩》，作者认为女工受到侮辱是女工的“轻薄”导致的。但由此同样可见，在清朝末年，随着近代工业的发展，中国妇女走出家庭走向社会，参与社会生活已成为时代的趋势。

结　论

通过上文我们对《点石斋画报》本身及其中典型的外国女性形象的分析，我们不难发现，当“外国”和“女性”这两个身份标签双重叠加到外国女性形象上时，西方文化和通俗文化也同时投射到这一群体身上，该群体的形象在四重凝视之中变得类型化，并在想象中得到重构。

在这里，晚清呈现在画报上的女性形象已经不仅仅代表着这个群体本身，而是成为了中国晚清社会的一道独特的景观，也打上了时代的特殊烙印。实际上，这既是一种想象的真实，也是一种真实的想象。

作者为2015级新闻学专业本科生

指导老师：艾红红

民族之痛：“阿芙蓉”的“罪”与“罚”

从《申报》广告看鸦片的“罪”与“罚”

刘浩川

《申报》作为一份以盈利为目的的商业报纸刊登有大量的广告。1897 年 8 月 4 日的《申报》，是平平常常的一期，上面刊印的各色广告却穿越百年的历史尘埃向我讲述当时民众生活的方方面面。

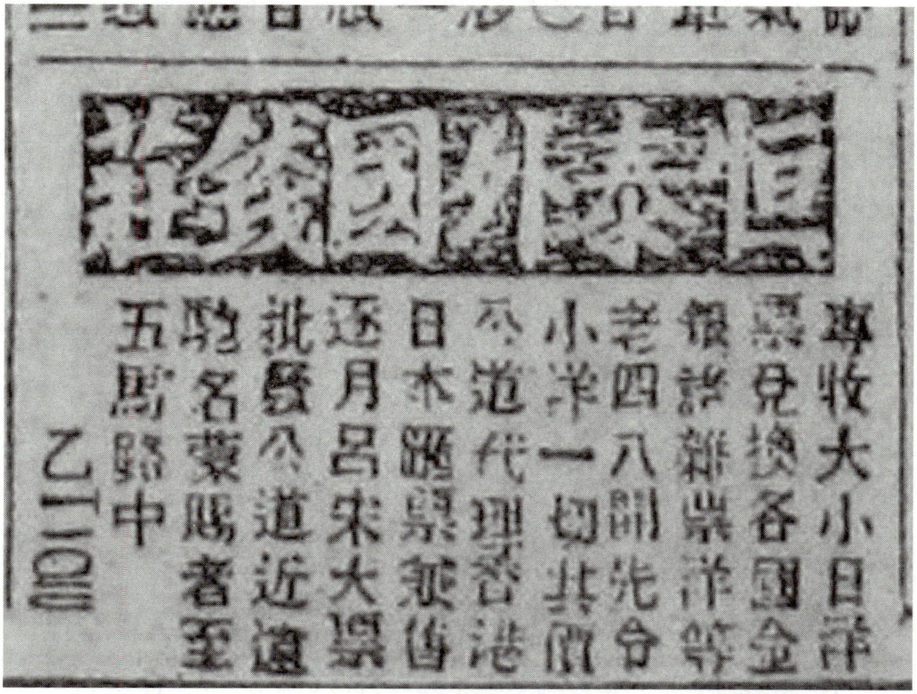

图 1　1897 年 8 月 4 日《申报》恒泰外国钱庄在寻求各类储户

图2　1897年8月4日《申报》京都天宝斋的秘制药丸在宣传自己滋阴壮阳的奇效

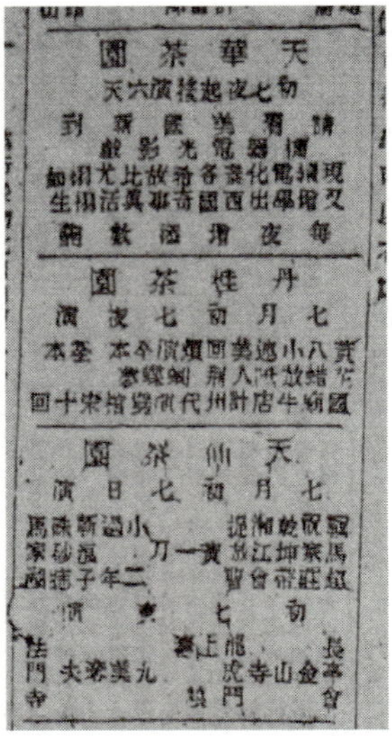
天華茶園
丹桂茶園
天仙茶園

图3　1897年8月4日《申报》几大茶楼有的在放映传统的黄梅戏，有的已经紧跟时代潮流放映起了美国机器电光影戏（电影）

在当日的69条广告中，医疗保健类广告占31条，而在医药类广告中，最多的则是各类戒烟灵的广告，多达7条。

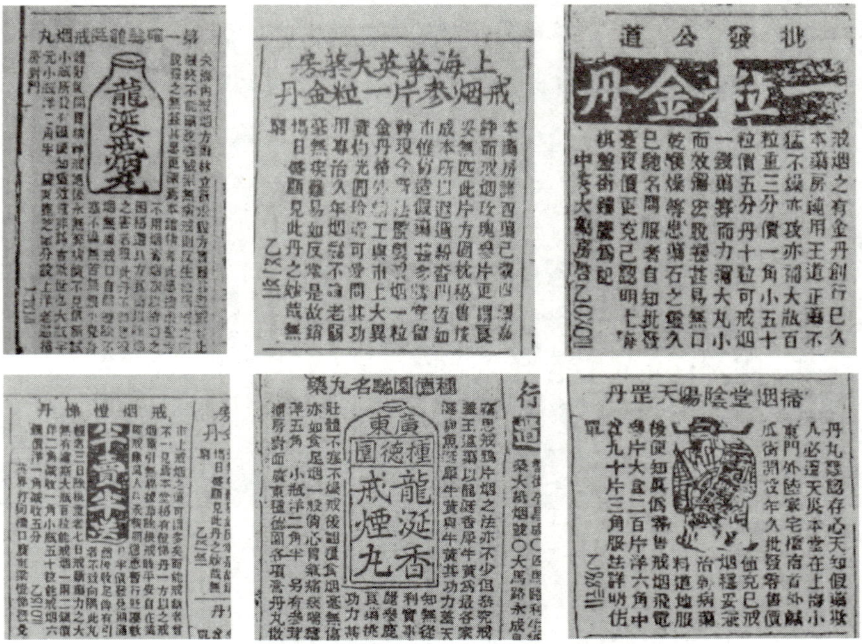
上海華英大藥房
戒烟参片一粒金丹
批發公道
五金丹
戒烟慢佛丹
龍涎戒烟丸

图4　1897年8月4日《申报》各类戒烟灵广告

而令我感到震惊的是，宣扬"义利兼顾"的《申报》，一边刊登戒烟的广告，一边竟然还登了两条毒品的广告。我不禁好奇，当时社会上人们对吸食鸦片究竟是一种怎样的态度呢？这些鸦片广告，在《申报》的编者和读者看来，是一种求利却不违义的行为吗？

各式各样的戒烟灵广告，说明在当时的社会，这类广告受众广泛，人们对戒烟有迫切的需要。可能某个老学究的家里正躺着个"吞云吐雾"的儿子；可能某个主妇的丈夫，正在一点一点抽干她辛苦支撑的家庭；可能是哪个瘾君子，也不愿再颓废下去。大批的人都想从这份报纸上找到将自己从鸦片魔爪中解救出来的方法。但报纸上的鸦片广告却表明，鸦片买卖在当时至少是合法的。血肉、良知、家产化成了一缕缕飘散的青烟，化成了某些商人的合法所得。这种荒诞的局面，浓缩在一张小小报纸上，跨越百年的时光，呈现在我眼前。让我开始思索、探究中国近代史上鸦片的"罪"与"罚"。

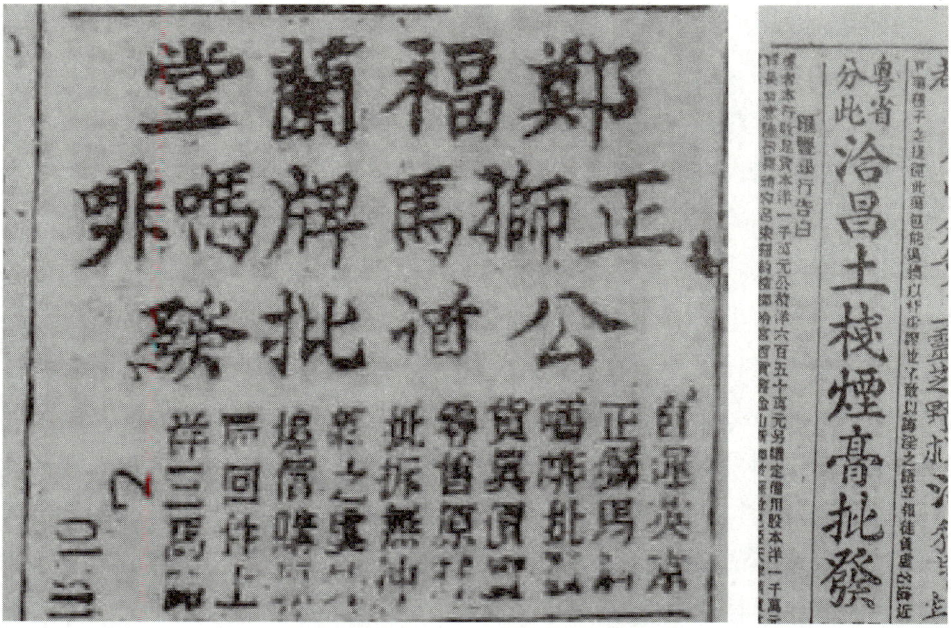

图 5　1897 年 8 月 4 日《申报》两条毒品广告

“1708 年，东印度公司完成合并改组后，英国迅速在中国开展商业贸易。然而令人尴尬的是，中国出产的丝绸、瓷器、茶叶风行英伦，而英国主要出口的呢绒、哔叽等毛织品，却在以小农经济为主且自给自足的中国乏人问津。”[①] 以商为根基的日不落帝国处于巨大的贸易逆差之中，整个国家迫切需要找到一种方式扭转这种局面。

1773 年，他们发现了扭转局面的方法，英属印度政府订立了鸦片贸易政策，同时给予英国东印度公司鸦片的专卖权，与中国进行可耻的鸦片贸易。当时的鸦片种植主要集中在东南亚地区和印度。当英国人将这种有毒的烟草推销进中国市场时，他们惊奇地发现，这个国家的人民在这种致幻的植株面前沦陷了，他们对中国的贸易记录，由巨大的逆差改为了顺差。

鸦片贸易令清政府白银大量外流，财政开始出现困难。同时鸦片腐蚀了社会各个阶层：百姓浑浑噩噩，士兵丧失战斗力，官员日益衰败。国家不得不开始考虑禁烟的问题。历史在这一刻，聚焦在林则徐的身上。

林则徐在湖广总督任上时，曾雷厉风行地推行过一些措施，设立禁烟局，没收鸦片和烟具，还拿出自己的俸禄用以发明和配制“禁烟丸”，强迫吸食鸦片者服用。当时，朝廷内部对鸦片烟害有“禁”“弛”两种意见，道光皇帝对该听谁的这件事一直犹豫不决。在地方禁烟初见成效、并得到人民拥护的林则徐见此，毅然上书，痛陈鸦片祸害，要求朝廷下令禁烟，而他在书中剖陈心迹的一番话，最终打动了道光皇帝，促成了轰轰烈烈的虎门销烟。

接下来的故事我们都知道。英国用坚船利炮撞开了中国紧闭的大门，并强迫中国继续这种不平等的贸易。我们都知道“弱国无外交”，其实弱国连正常的贸易权都没有。司马迁说：“天下熙熙，皆为利来，天下攘攘，皆为利往。”这在人与人之间可能不适用，可在国与国之间却极其适用。国家间的竞争很像自然界物竞天择、适者生存的残酷斗争，一切行为都基于国家利益展开。只有同一重量级的两个选手才有走上谈判桌正经谈判的资格。在桌子两旁的谈判，是一轮利益的博弈。

但是林则徐的禁毒成果很快就随着鸦片战争中清廷的战败烟消云散了。

---

① 雍宛凉. 历史上的禁毒　林则徐发明禁烟丸　民国禁毒收效甚微[EB/OL].（2015-07-30）[2018-05-01]. http://www.chinanews.com/cul/2015106-25/7364871.shtml.

《南京条约》签订后，清政府对西方列强一步步妥协，鸦片继续源源不断地输入中国，和战争前比较，鸦片吸食现象有过之而无不及。"许多有识之士也纷纷就此问题提出自己的主张，如著名的洋务派大臣左宗棠、李鸿章分别提出对鸦片加重征税、广种罂粟以抵制进口鸦片的建议；中国第一位外交官郭嵩焘受英国启发，建议用疏导的方法，先教化士绅，再派士绅劝谕民众戒毒；大思想家、翻译家严复则要求设立戒鸦片烟会帮助民众戒毒，并在报上刊登戒烟歌文，使民众认识吸食鸦片的危害。"①但无奈朝廷迫于外国压力，不敢采取强硬手段，这些努力大多半途而废，没有一个人能够成功阻止神州大地上越来越多的人滑向毒品深渊。

然而更荒唐的是，为了争夺利权，清廷采纳了有关大臣所谓的"鸦片救国"理论，鼓励国内罂粟的种植，而中国企业这次竟"不负众望"，振兴了本国鸦片产业，与洋药展开了激烈的市场竞争。19世纪80至90年代，土药终于战胜了洋药，掌控了鸦片市场主动权。此时的吸食者遍布了社会的各个阶层，"上至官宦缙绅，下至工商优隶，以及妇女、僧尼、道士，随在吸食"，鸦片也开始成为人们日常生活中招待客人的"佳肴"，甚至有时人戏称，"大烟已经是除柴、米、油、盐、酱、醋、茶之外的开门第八大件，而罂粟花，也可称中国的国花。"②1897年8月4日，就是这荒诞时代的平凡一天。当时烟馆在社会上是一种流行的社交场所，在《申报》上也有烟馆开业大吉或促销招客的广告。因此当时的环境是国家推行"土药"以争夺利权，大多数民众也将吸食鸦片看作一项日常消遣活动。而当时的禁烟论调，根本被排斥在社会主流之外。

另一方面，1897年时任《申报》主笔为黄协埙，他在科举中屡试不中却念念不忘功名，具有浓重的传统知识分子气息。他主笔的《申报》在言论方面拘谨保守、落后于时代，在上任之初还创了一种格式化言论体裁，题目如出一辙，内容千篇一律，用以恭维称颂朝廷政令。可以说，那个时期《申报》的言论方向与朝廷的舆论导自有很大的一致性。考虑到当时朝廷对土药的态

① 雍宛凉．中国禁毒史：最早时崇祯已下禁令［EB/OL］．（2015-07-30）［2018-05-01］.http://news.zxxk.com/article/448077.html.

② 西方传教士与近代中国的禁烟运动［EB/OL］．（2010-07-01）［2018-05-01］.http://blog.sina.com.cn/s/blog_648b46c80100jj41.html

度，“义利兼顾”的《申报》出现的两个毒品广告仿佛也是对“义”与“利”两方面都有利。[①]

整个国家沉沦在鸦片里的命运看似已经不可改变。但是通过一部分国际友人的努力，最终促成了《中英禁烟条例》的签订，阻止了英国向中国继续输送鸦片。

清朝末年，为挽救统治危机，朝廷掀起一场规模浩大的社会改良运动，鸦片问题作为整个社会难以根治的痼疾，自然也是这场改革的重点。期间通过传教士的努力，整个西方社会了解到中国受鸦片毒害之深，最终英国决定停止向中国输送鸦片。

在当时的中国，传教士是最了解中国的一批外国人，他们为传播福音跨越千山万水来到东亚。无论从利益上还是从道德上，鸦片贸易都与传教士的追求不相容。鸦片贸易不利于传教士终极目标的达成——让基督福音传遍中国。而且在传教士看来，鸦片贸易也违反基督教道德。以改善社会、服务人类为己任的基督教道德，化为了传教士心中的良知。

英国传教士李修善在 1881 年称，传教士对鸦片的看法是一致的：“对于鸦片的进口，中国各地的传教团体抱一致的看法；三百五十位传教士中，没有一位准许吸食鸦片的人进入教会。”[②]

“19 世纪末以来，这种反对的声音日益强大。1890 年，在上海召开的传教士大会宣告成立‘外国传教士禁烟联合会’，号召全世界传教士祈祷终结罪恶的鸦片贸易。1891 年，传教士创办的《教务杂志》收集了有关鸦片在中国流毒的资料与图片，将它们发回国内，引起西方社会对英国鸦片贸易的极度反感。在这些宣传带来的强大舆论压力下，1906 年，反对鸦片贸易的自由党终于在英国议会选举中获胜，并很快通过议案，要求英国政府迅速采取措施，签订《中英禁毒条例》，终止不光彩的鸦片贸易。”[③]

阅读《申报》，查阅研究文献，发现“售烟”和“禁烟”的广告并存是

---

① 张功臣. 民国报人：新闻史上的隐秘一页［M］. 济南：山东画报出版社，2010：320-326.

② 天路客. 西方传教士与近代中国的禁烟运动［EB/OL］.（2010-07-10）［2018-05-01］. http://blog.sina.com.cn/s/blog_648b46c80100jj41.html

③ 丁光. 慕雅德眼中的晚清中国（1861-1910）［M］. 杭州：浙江大学出版社，2014：104-117.

历史的真实反映。鸦片作为毒品的罪恶也许是历史事实不断放大累积的结果，而在百年前的社会现实中，鸦片只是人们的日常消遣，或是祛除小病小痛的常备药。这大概才是历史残酷的真相。当中国上下在“阿芙蓉”里一片吞云吐雾之际，醉生梦死的民众却完全不知道即将到来的深重灾难和屈辱。报纸的时效性，也不过“今天”而已，由此看来，《申报》也没有能超越时代！

作者为2016级新闻学专业本科生（数据新闻报道方向）
指导老师：李煜

短新闻与大历史

——从《急救吞烟》看《申报》的禁毒宣传

王晨曦

我的生日穿越到百年前是 1899 年 10 月 3 日。首先，我想带着大家简单了解一下这期报纸的内容：

1. 时政新闻（第 1、2、3 版）

2. 社会新闻（第 1、2、3、8 版）

3. 广告（第 4、5、6、7、11、12 版）

4. 正误（第 3 版）

今天我想重点讲的是第 3 版的《急救吞烟》，它位于整个版面的最左端。

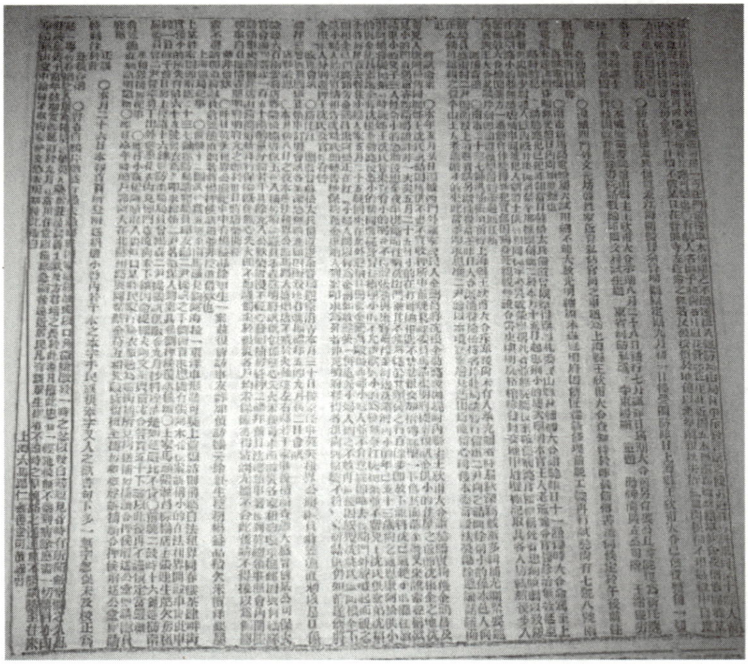

图 1　1899 年 10 月 3 日《申报》第 3 版

> 自鸦片烟盛行，愚夫愚妇或因家庭细故，或以口角微嫌，基于一时之愤，以致自寻短见者，时有所闻。敝堂悯之，久思延一专救吞烟之人，广为施治。华英药房庄凌晨善士谈及方君培之长于此道：凡罹此患者一经施救，无不药到病除。应需一切药料亦由庄凌晨善士常年资助。爰即延订于九月，通常川住堂，以备缓急。嗣后远近，居民凡有误服生烟者，不论时之早晚、路之遥远，无不随请随至往来。车资概由堂中给发，不取病家分文。恐未周知，特此布白 。

这篇文章的大致意思是说：19 世纪末，鸦片严重危及百姓生活，"吞烟自杀"之风盛行，于是一个叫庄凌晨的人愿意无偿资助这些误服生烟的人治病，并且无论时间早晚、路程远近。

为什么会出现这样的状况呢？我们先来了解一下鸦片传入中国的历史和 19 世纪末民众吸食鸦片的社会背景：鸦片自隋唐以来，由阿拉伯传入中国，作为一味治疗痢疾同时还具有安神催眠等奇效的中草药，常常被历代医家所看重。明代中后期以后，南洋土人吸食鸦片的新式方法通过在南洋经商的中国商人传入中国沿海的闽粤等省。这种吸食方法使吸食者感觉奇妙，便逐渐传入内地。因当时鸦片价格较贵，吸食鸦片者通常是官僚阶层和富商群体。明朝灭亡后，因清朝统治者对汉人的防范与歧视，很多关注国事民生的汉族士大夫报国无门，心情苦闷，无处排解，于是吸食鸦片以求超脱便成为部分文人的排遣方式，并很快蔓延到民间。由于吸食鸦片会产生一种难以言说的舒适感，于是这也被部分清朝贵族官僚所接受，而鸦片具有使吸食者成瘾的特性，以致吸食鸦片的人数日渐增加。

19 世纪初期，随着中国吸食鸦片的人数不断增多，国内逐渐形成一个巨大的鸦片消费市场。这个具有巨大潜力的市场让正愁无法打开中国大门的英国政府（对华贸易长期处于逆差）找到了商机——向中国贩卖鸦片是有利可图的事情！英国商人认为把鸦片输入中国不但赚钱，还可以通过鸦片毒化中国国民，并为把中国纳入英国殖民体系制造机会，为此英国制定了详细的对华倾销鸦片的政策。

在晚清社会，上至皇帝所代表的官僚阶层，下至贩夫走卒等底层民众，广泛存在吸食鸦片的现象。据学者们估计，晚清吸食鸦片人数在不同的年份有不同的数据：范文澜估计 1835 年全国吸食鸦片者为 200 余万人；罗耀九认为不超过 100 万人；刘明清推算为 1000 万至 4000 万人；何程远认为 1838 年有 400 万人。

据 1872 年 4 月 8 日《申报》中《烟饷》一文记载："印度国现年鸦片烟饷溢去年所测料者至一百二十万罗卑之多，此烟俱是中国消流。"上海开埠以后，逐渐繁华起来，烟馆林立，吸食鸦片盛行，"抽吸鸦片点灯所用之油，沪上日需二三十篓"。

下面的图片可以让大家直观地感受晚清吸食鸦片人数的增长速度：[1]

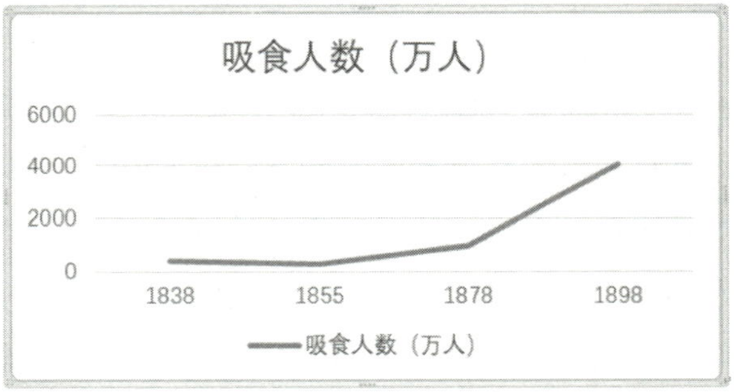

图 2　1838—1898 年鸦片吸食人数

与此同时，鸦片对于人们的毒害已经不止伤害身体和心灵这么简单，许多人在自杀时都选择了吞食鸦片这种方式，可见人们对于鸦片的依赖程度之深，这也是《急救吞烟》这篇文章出现的原因。在《申报》的数据库中检索"鸦片自杀"有 103 条结果，检索"鸦片自尽"有 76 条结果。例如在 1874 年 11 月 17 日《申报》刊载："沪上城厢内外，服生烟枉死者层见叠出，几无虚日。"在 1897 年 6 月 25 日《申报》第 2 版提到："前报曾纪，扬州郡城广储门内某寺住持被土棍胡等借口于向浣衣妇某氏家闲话，无端索诈，致吞服鸦片自尽。氏女闻而羞炸，亦以死继之。"在 1890 年 10 月 11 日第 2 版中提到："前报西河沿有一人吞服鸦片自尽。"

① 陆吉康.晚清时期中国吸食鸦片人口数量研究［J］.历史教学问题，2014（4）.

因此，针对这种现象，官府做出了一系列的禁烟举措，但都收效甚微。早在1869年，苏松道官员涂宗瀛即在管辖区内施行"禁烟六条"，但在实施过程中，"日久弊生，又成具文"。1872年上海地方官府遂下令查禁烟馆，由于不少烟馆开设在租界内，故禁令难以执行下去。吸食鸦片自杀之风也由上海逐渐蔓延至全国，1876年初，有官员条陈："各省百姓服鸦片自尽者无日无之。"

正是在这样的社会背景下，官府的相对不作为，才引发民间的自救行为。《申报》上的《急救吞烟》就是这种民间自救行为的最好反映。其实，《急救吞烟》这一类新闻在《申报》中出现过多次。例如在1890年4月12日《申报》中也曾提到：

> 鸦片流内，中国愚民因此轻生者不知凡几，自得此方，活人不下百数。拟欲公诸同好，除刊印分送外，敬请时列报章，以遍传宇。内方用南硼砂七钱、潮二钱、海金砂一钱五分、轻粉三钱，共为细宊，用老桐油调摊油纸上。令吞烟者正坐，将药紧贴肛门，药从下部入，烟毒即从口中吐出。无论吞服烟土烟膏皆可救活，屡试屡验，海内君子勿轻视焉。皖北林之豫谨布。

其实自19世纪70年代，吞服洋烟自杀现象就已经引起社会广泛关注。《申报》在刊登的药类广告中时有救治吞烟自杀者的药方，如上海省吾斋药堂的广告声言：其配制的戒烟膏丸可兼救治误吞生烟者。一些行医者则通过《申报》将多年积累的救治吞烟药方告知民众，更有热心人士重价购买中医秘方在《申报》刊登，共人辗转抄传，以造福更多人。[①] 由此，我们看到了民众思想的觉醒与民间互助的力量。

1906年9月，清政府发布禁烟令，全国上下在"新政"的改革声中积极响应禁烟，并针对不同地区的实际情况制定了禁烟措施和禁绝时间表，成立戒烟组织，设立鸦片专卖机构，限制吸食者，清查鸦片存量，严厉打击种植者，实行中央财政统税政策，参与国际禁烟事务。这些措施对于禁烟才真正取得了比较好的成效。

---

① 刘正刚，曾繁花. 中西医救治吞服鸦片中毒的博弈及其社会影响——据19世纪70年代《申报》分析[J]. 南京中医药大学学报，2010(9).

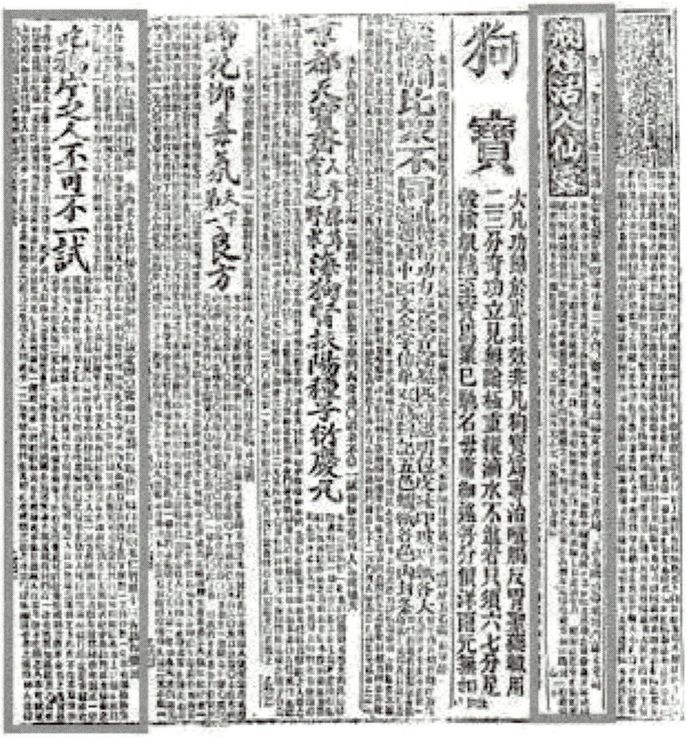
戒烟活人仙露
狗宝
吃鸦片之人不可不一试

图 3　1899 年 10 月 3 日《申报》第 4 版刊登的戒烟广告“戒烟活人仙露”“吃鸦片之人不可不一试”

与此同时，政府的强力戒烟令也极大地激发了民间的戒烟热情。许多民众自发地加入到禁烟的宣传工作之中。如天津遗风乐会会长刘子良则新编禁烟戏曲一出，“作出种种警讽节目……逐段加以演说，情节极为沉痛。”有些具有一定医学功底的人士则毫不吝啬地将自己研究的戒烟药方公之于众，以“普及戒烟”。更可贵的是，一些有过多年烟瘾的戒烟之人还以自身经历为例，“自暴其丑”而劝人戒烟向善。民间禁烟会社也如雨后春笋般涌现出来。在北京，民众成立有京师拒烟会、京师在理戒烟公所……经过不断改良，会务也日益拓展。在山西，省垣商界对于禁烟一事也极具热心，特联合各团体召开特别会议，“提议组织商界禁烟公会”。福建地区，福州去毒社在清末禁烟实行之前即已成立，禁烟上谕颁布后，会务益形推广，“一时父老均表欢迎”。

而在这清末立宪时期推行的新一轮声势浩大的禁烟运动中，《申报》就密切关注着全国的禁烟形势，不断地刊发禁烟诏令、禁烟章程、禁烟措施和各级官员提出的禁烟建议，以及有关外国人士对中国禁烟运动所持的态度的文章，还及时报道全国各地的禁烟情形，并对这一时期的禁烟运动作出了较为客观的评论。同时，它还对这一时期在中国上海召开的万国禁烟大会作了大量翔实的报道，为后世留下了珍贵的档案资料。中华民国成立后，在新政权的引领下，无论是南京临时政府还是之后掌权的北洋政府都对彻底扫除烟毒危害表现出极大的关心和重视。作为一份日渐成熟的报刊，《申报》一如既往地对民初的禁烟禁毒运动给予了客观的跟踪宣传报道。

除此之外，《申报》还积极宣传各种戒烟良药和偏方。有关戒烟药方的宣传基本上可以分为两类，一类是相对科学、正规的医学方法，例如戒除之法，无非是这两种途径：一方面使烟瘾逐渐减轻，另一方面使吸食者在戒除之时不遭受痛苦。另一类诸如一些从心理作用和卫生关系入手的戒烟方法，可以达到“不觉困苦，而脱除痼疾”的效果。具体戒除之法又分为急、渐两种，其中急速戒法用于身体强健年幼之人，可使其数月之内戒除毒瘾。而渐缓之法，适用于身体虚弱或年老之人，例如对身体虚弱的吸食者来说，需要坚持多食用牛肉汁、牛乳等物，这些食物具有强健筋骨祛病延年之功效。

除了详细宣传戒烟良方之外，《申报》还对官方设立的戒烟医院给予了关注。例如上海禁烟局就决定定期开办戒烟医院“令烟民投愿自戒，不予深究”，让烟民主动前来戒毒。在积极宣传这些戒烟良方的同时，《申报》还积极鼓励吸食者自觉戒烟。通过《申报》“自由谈”栏目下的一则社会小说《烟民泪》，也可以看出《申报》在规劝吸食者坚持戒烟中所作的努力，该文章中这样描述：“咳可怜！咳可怜！！死期近了！死期近了！……现在的烟禁利害得狠，膏店闭歇已尽，买丸药也要领照，弄得我们贫苦烟民是不得不戒，戒却不能与戒，无法可想，岂不是死期近了么。照现在的情形，固是不能不戒也。为了吸烟甘心做罪犯，不值。我劝你安安静静地戒绝了，你将来的希望大得很呢。有志者事竟成，你只要用药代瘾，逐天、逐天地减少自然断绝了，这也极容易的。”

这篇文章形象地表达了《申报》鼓励吸食者坚强勇敢地戒除烟毒，重新回归正常社会生活的殷切希望。[①]

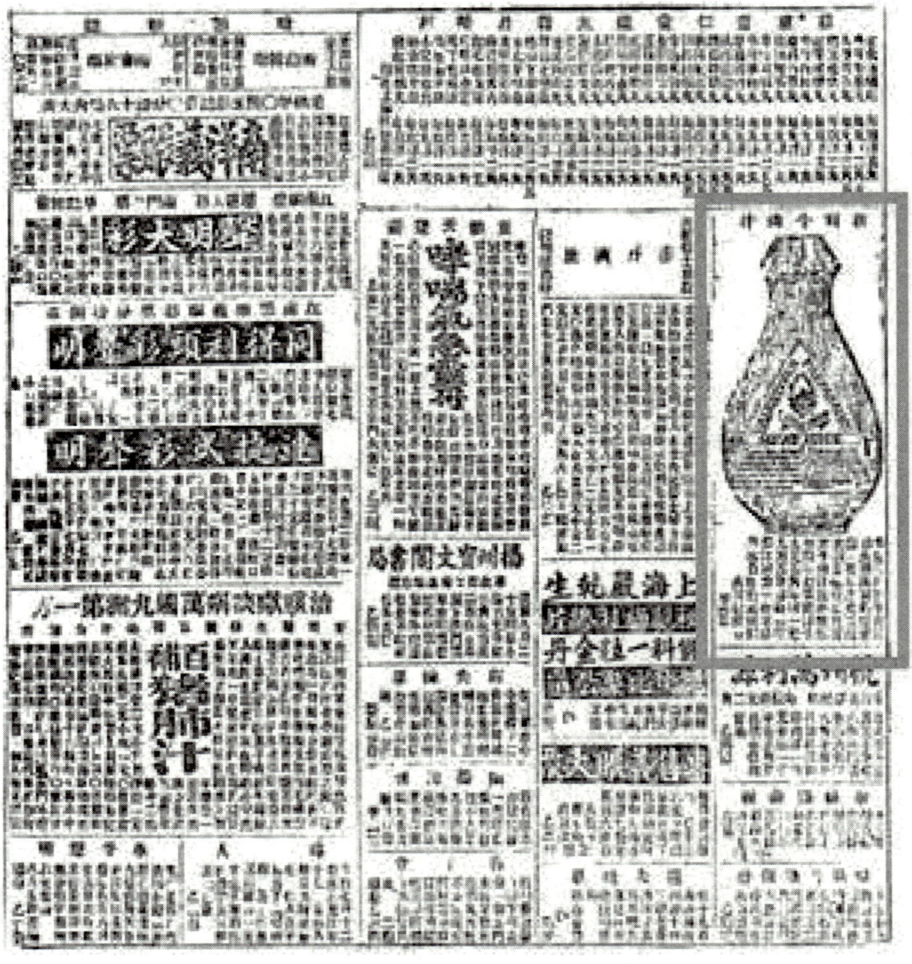

图 4　1899 年 10 月 3 日《申报》第 7 版中的牛肉汁广告

作为近代中国拥有最长出版时间和最大影响力的报刊之一，《申报》一直都被誉为“中国近现代史的百科全书”“中国近代史的档案报”。在清朝

① 刘亚东.《申报》的禁烟禁毒宣传研究1912—1918［D］. 贵州：贵州师范大学，2016.

末年和民国初年，它在禁毒宣传方面发挥着重大作用，成为救治吞服洋烟者的重要传播机构，体现了报刊的强大社会传播功能。

穿越百年读《申报》，从这篇短讯《急救吞烟》中，我们看到了民间社会的善意，以及《申报》对这种善意的极具时效性的广泛传播。也许，这才是Newspaper——这种"舶来的"大众传播媒介能够"中国化"的真正原因吧。

作者为2017级新闻学专业本科生（数据新闻报道方向）

指导老师：李煜

晚清新媒体 新文人 新技术

读《申报》，看“Newspaper”如何变身为中文“报纸”

蒋楚沁

我的生日是 1999 年 6 月 12 日，往前推 100 年是 1899 年 6 月 12 日，正是大清光绪廿五年，农历五月初五，端午节，当天出版了《申报》第 9395 号。当年距离《申报》创刊 27 年，距离我国第一条电报线路铺设完成 18 年，距离洋务运动结束 4 年，距离戊戌变法失败 1 年。这是历史上再平凡不过的一天，没有什么惊天动地的大事。在开启我的主题之前，先带大家浏览一下当天的《申报》。当天的报纸一共 14 个版面，其中正刊 8 面，附张 6 面。

申報

五月初五日

大清光緒廿五年

图 1　1899 年 6 月 12 日《申报》第 1 版（一）

第 1 版正中有“申报”二字，周围罗列售报处地名，两边为竖版农历时间，下面一行小字是价格、西历、广告语（附张是免费赠送的）。

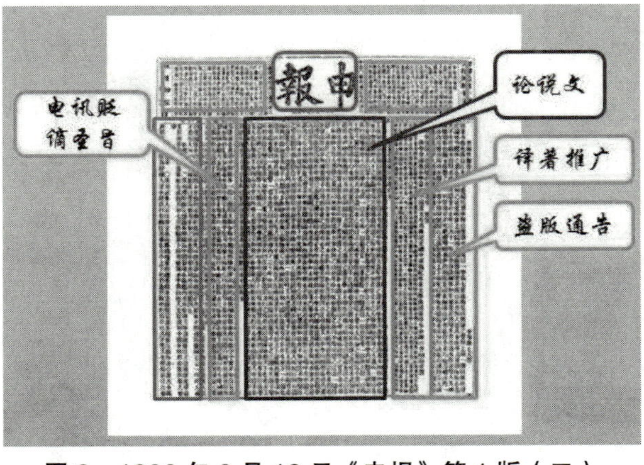

图 2　1899 年 6 月 12 日《申报》第 1 版（二）

第 1 版最右边是一则盗版通告，对汉口有人盗版《申报》的行为表示强烈谴责并要追究责任，然后紧邻的是一则对广学会译著翻刻重印版的通告，里面罗列了详细的价格。

中间篇幅最长的一篇文章是报纸评论，主要借《湘省学约》的发表，批判康有为的所作所为。文章认为他的那套理论只是耍耍嘴皮子功夫，对中国实际问题的解决没有任何益处。《湘省学约》其实是王先谦、叶德辉、孔宪教等保守派为攻击维新派而作，主要目的是约束士人言行，对抗新思想传播。《申报》最后的结论是要向日本学习，以实业救国。原文为“我中国而欲求强也，不再多言，莫如务实。欲务实，舍制造曷由哉？试观日本，可以兴矣”。

看到这个我有点吃惊，因为之前一直以为《申报》这种在当时引领社会思潮的报纸应该是支持新思想传播的，但这篇社论却明显反对维新思想。于是我查阅文献，发现这是因为这个时候的《申报》主笔黄协埙是保守人士。

相关资料显示，黄协埙在清光绪十年（1884 年）进入申报馆工作，每日著论发挥，声名大噪。光绪二十年（1894 年）冬主笔何桂笙逝世，总编纂钱昕伯年迈多病，他继任《申报》总编纂，先后主持《申报》笔政二十年之久。在他主笔期间，《申报》立场日趋保守，从原来的同情和赞扬维新变法运动，客观报道运动的进展，转变为批判、鞭挞康梁。再加上当时新兴报纸后来居上，报坛竞争激烈，这个时候的《申报》其实处于困境之中，陷入了发行量不断下降，广告收入一落千丈的窘境。

评论的左边是一条贬谪圣旨，是用电报从北京传到上海的。说几个官员“不知自爱”“才德庸劣”“办事疲缓”“萎靡不振”，四字短语节奏铿锵，颇有天威震怒的阵势。

再往左边是两条国际新闻，一条是俄罗斯人突然要求访华，《申报》分析了几种可能原因；另一条是德国人给中国人造了条船，已经发货了，正在运输途中。

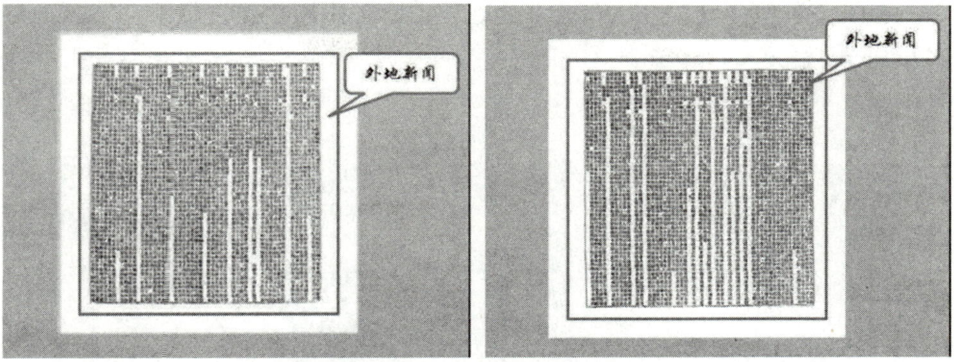

图 3　1899 年 6 月 12 日《申报》第 2、3 版

第 2 版是按照地域划分的国内新闻，内容包括火灾损失、查户口、翻船事故、节日庆祝活动、发现一具尸体疑似通奸被杀、发生翻船事故、划龙舟庆祝节日、违反规定卖田鸡被抓……林林总总，不一而足，都是社会生活中一些零碎的小事情，读来很有意思，能够满足人们的猎奇心理。

为什么会有这么一些零碎的内容呢？可能的原因是当时中国处于被迫与西方文明融合碰撞的时期，这些新闻里有封建迷信的残余，比如天久不雨，太守设祭坛求雨，然后“清风徐来，雷声隆隆，大雨如注，曰此实为太守一诚所感也”，也有非常先进的西方科技，比如当晚试燃电灯等。

这些国内新闻一直延伸到第 3 版。

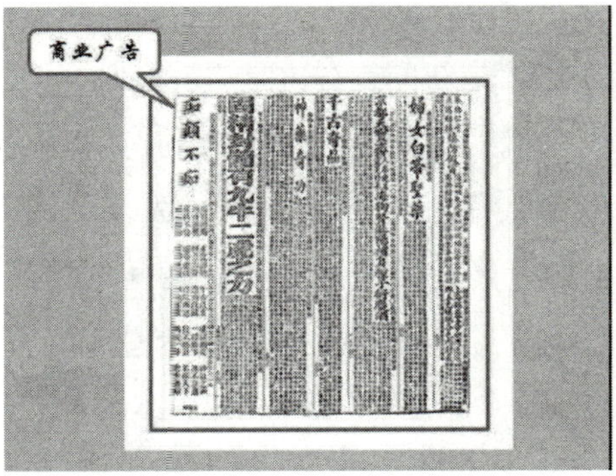

图 4　1899 年 6 月 12 日《申报》第 4 版

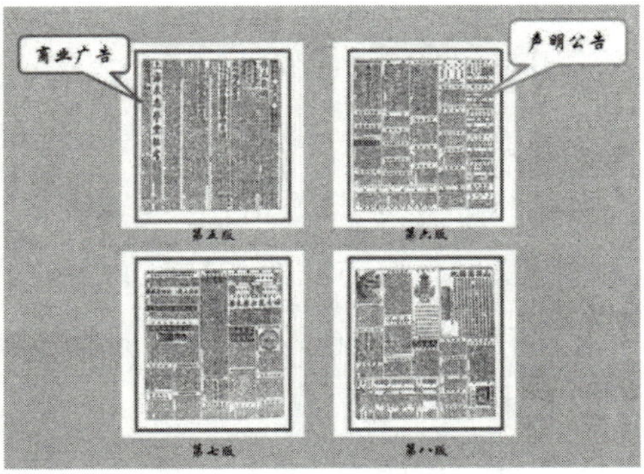

图 5　1899 年 6 月 12 日《申报》第 5、6、7、8 版

接下去的第 5 至第 8 版都是广告，之前有很多同学做过相关专题，就不予赘述了。

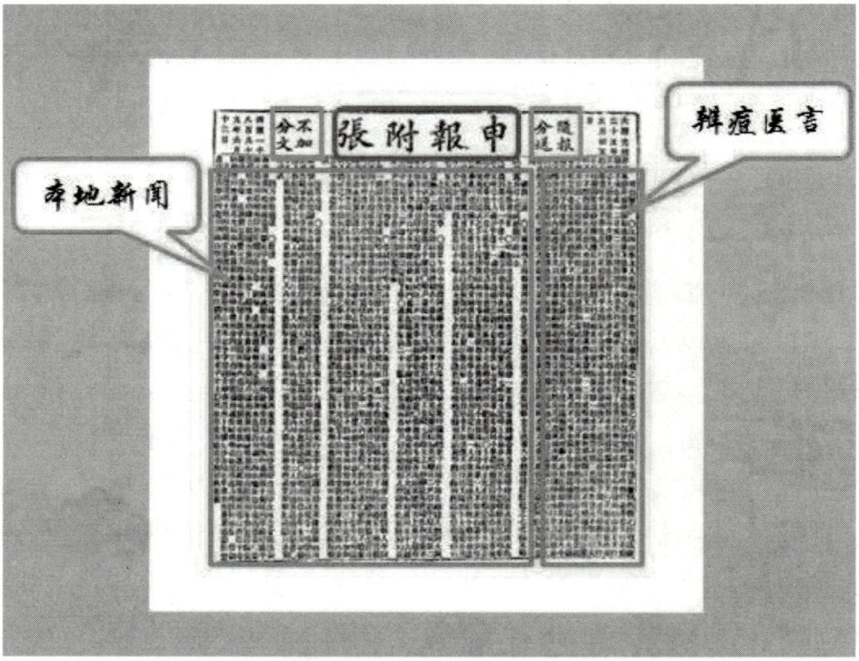

图 6　1899 年 6 月 12 日《申报》附张第 1 版（总第 9 版）

再看附张，附张的第 1 版（总第 9 版）仍然是新闻，右边是“辨痘医言”，主要讲了某个皮肤传染病的发病症状和处理办法，中间是上海警察局、英租界、法租界的新闻。可以看出，这些新闻都发生在上海地区，且有明确的发生时间，基本上都发生在前日或昨日。而之前的国内新闻是某个地区这段时间的要闻总和，有些事件确切发生的时间不详。由此可见不同地区的新闻传递需要一定的时间。

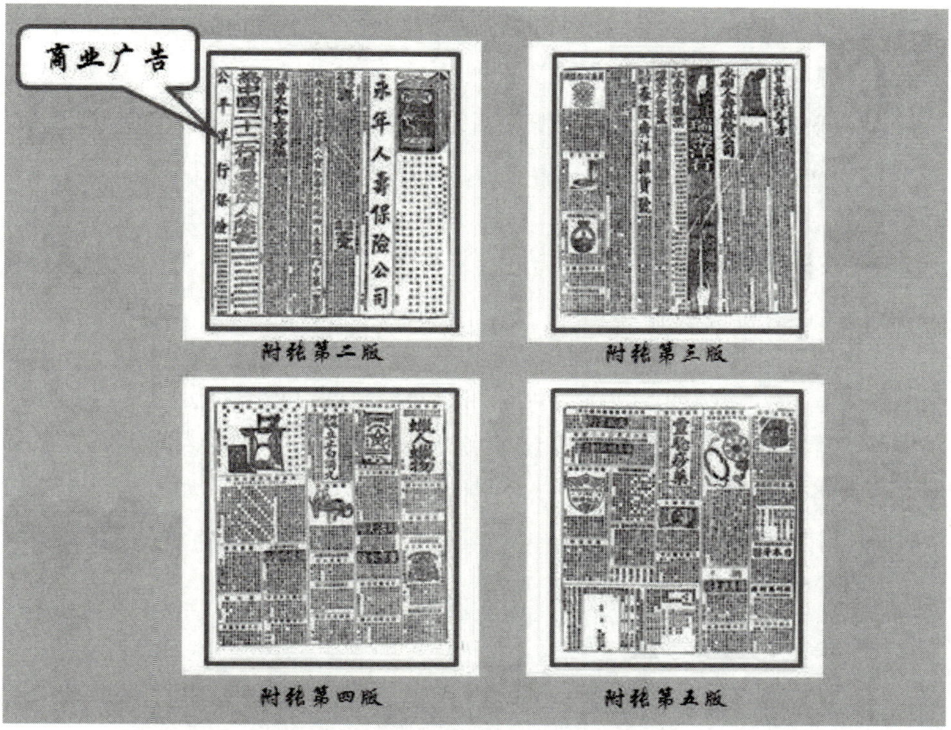

图 7　1899 年 6 月 12 日《申报》附张第 2、3、4、5 版（总第 10、11、12、13 版）

《申报》附张的第 2 至第 5 版（总第 10 至第 13 版）仍然是商业广告。

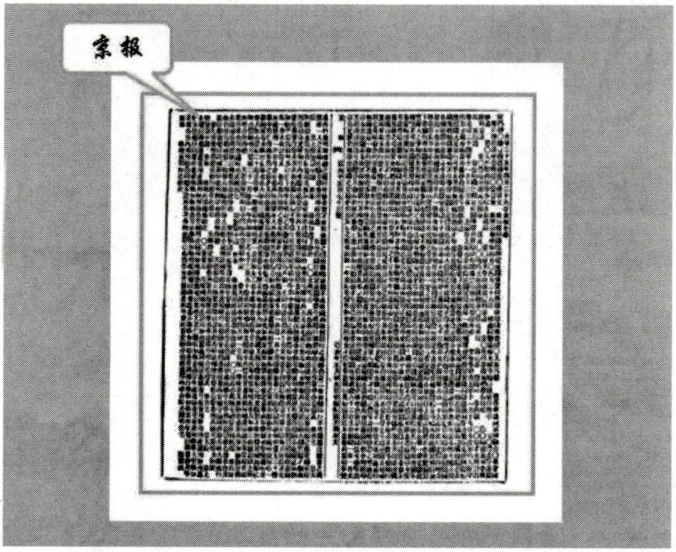

图 8　1899 年 6 月 12 日《申报》附张第 6 版（总第 14 版）

值得注意的是，最后一版，申报附上了光绪二十五年四月二十六日（1899年6月4日，即八天前）的《京报》全录。

读完报纸，我很好奇，这个源于西方的“Newspaper”是如何变身为中文“报纸”的呢？从内容及版面设置来看，这期《申报》具有以下特点。

一、内容比例

《申报》的内容一般分为四部分。第一部分为论说，一般为头版二条或三条；第二部分为新闻，包括本地新闻、外地新闻，还有部分选录自《香港新报》、译录自英文报刊、转载自《京报》和“宫门抄”的内容；第三部分为广告及各货物价格表，轮船出入日期表及各类商业声明，如失票、乔迁、倒账等；第四部分是附张，即副刊。这四部分被学界称为中国近代报刊四大样。

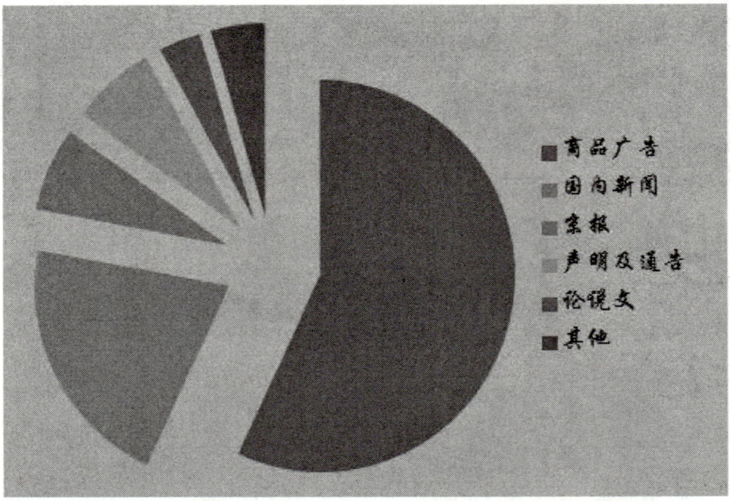

图9　1899年6月12日《申报》不同内容的版面统计

二、编排体例

《申报》通体用四号字活体排印，标题也用同样字号，没有标点，两条新闻间用圆圈隔开。广告及价格表、船期表则用五号字体排印，版面不分栏，竖行排到底。①

查阅有关研究文献，我发现中国近代报刊的样式源起并创刊于1815年的《察世俗每月统记传》，直到1857年《香港船头货价纸》问世，主要有两种类型。一是以《察世俗每月统记传》《东西洋考每月统记传》《遐迩贯珍》为代表的线装书式的直排式，其版面编排几乎与中国书本无异。考虑到上述刊物都为西洋传教士所办，因此，创办人采取这种排版方式，主要是为了尽可能地迎合中国读书人的阅读习惯，从而达到最大限度地争取中国读者的目的。由《察世俗每月统记传》开创的这一编排形式，之后问世的《六合丛谈》《万国公报》等报刊都多有继承。②

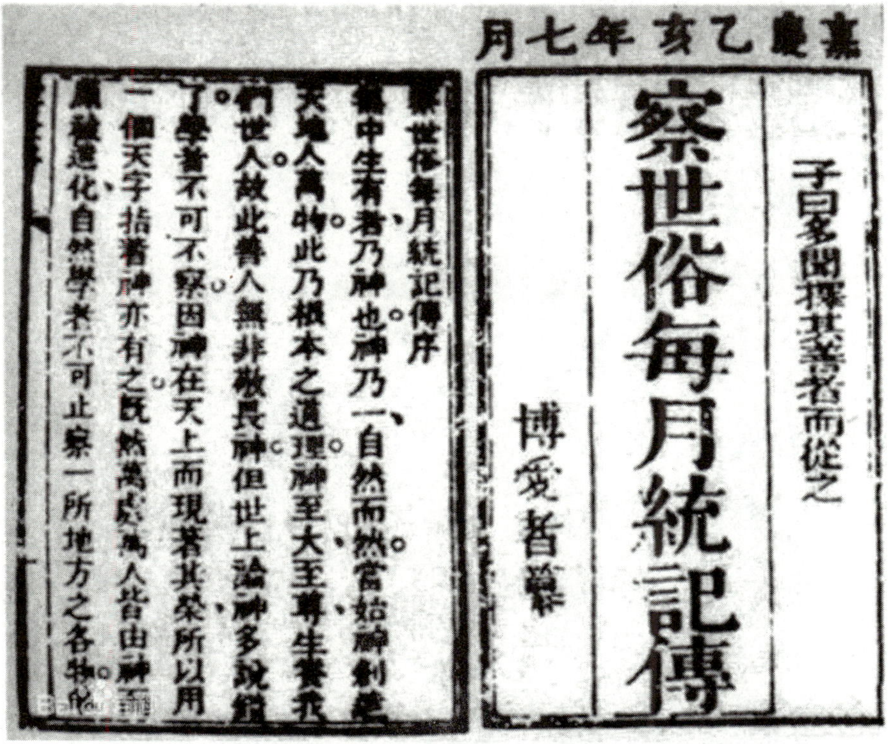
嘉慶乙亥年七月

子曰多聞擇其善者而從之

察世俗每月統記傳

博愛者纂

察世俗每月統記傳序

蓋中生有者乃神也。神乃一、自然而然。當始神創造天地人萬物。此乃根本之道理。神至大至尊。生養我們世人。故此善人無非敬畏神。但世上論神多說錯了。學者不可不察。因神在天上。而現著其榮。所以用一個天字。指著神亦有之。既然萬處萬人皆由神原被造化。自然學者不可止察一所地方之各物

图10 “线装书”式的直排式的《察世俗每月统记传》

① 上海图书馆编. 近代中国第一报——《申报》[M]. 上海：上海科学技术文献出版社，2013：20.

② 萧永宏.《循环日报》之版面设置及其演变探微——附及近代早期港、沪华文报纸间的影响[J]. 新闻大学，2011（1）.

近代报纸的另一种样式是完全采用西方报纸的分栏直排法，主要以 1857 年 11 月（或更早）的《香港船头货价纸》为代表，打破了《察世俗每月统记传》创刊以来以书本形式为主的报刊形态，可以说是中文报业史上的一大突破。[①] 之后相继有采用此类样式的《香港中外新报》（1858）、《香港近事编录》（1864）、《中外新闻七日报》（1871）、《香港华字日报》（1872）、《循环日报》（1874）、《上海新报》（1861）、《申报》（1872）、《字林沪报》（1882）、《新闻报》（1893）等报刊问世。一般除版面分成若干栏目外，各栏目前还加有较为醒目的标题。

新聞報

图 11　分栏直排法的《新闻报》

① 卓南生. 中国最早的中文日报——《香港中外新报》及其前身《香港船头货价纸》[M] // 中国近代报业发展史（1815–1874）. 北京：中国社会科学出版社，2015：106.

我认为近代中文报纸的内容及版面设置变化的原因有以下几点：

（一）报纸的定位

《申报》是中国近代最有影响力的商业日报，它的创办人美查是一位英国商人，创办《申报》自然是以盈利为目的。我觉得那个外国人也没有高尚到为了“发展中国新闻业”而创办这份报纸。考虑到日报的刊发周期及零售方式，自然不能再采用线装书的样式，相反，西方“Newspaper”散页形式肯定是成本最低，时效最快的形式。

同时，《申报》的主要版面都被广告占据。自创刊以来广告的版面一般都在一半以上。为了招揽广告，苏杭等地的广告由卖报人代理，卖报人兼理广告业务，从中收取佣金。为了满足华人社交应酬的需要，《申报》将广告范围扩大，甚至包括上海戏馆的剧目、新开菜馆的信息等内容。

另外，《申报》为了扩大受众面，在编排上更多地考虑了广大市民的阅读需要和心理诉求，满足其通俗化、娱乐化、贴近现实生活的阅读兴趣。它宣称“要把阅读者扩展至‘上而学士大夫，下及农工商贾’”。这样，诸如伦理道德、礼仪风俗、奇闻逸事、家庭婚姻等反映现实的社会新闻就成了首要选择。

（二）本土化策略

《申报》最早是由英国人创办的报纸，为进入中国市场在本土化方面做出了巨大努力。首先是在排版方面，竖行、先写农历再写西历、没有标点符号——创办人采取这种排版方式，主要是为了尽可能地迎合中国文化人的阅读习惯，从而达到最大限度地争取中国读者的目的。

然后是消息来源，在刊登的新闻中，国内新闻占了绝对多数，且有来自扬州、安庆、宜昌等各地的新闻。这些新闻一般都以“XX 访事人云”开头，说明当时《申报》已经在各地设立了通讯员，每天及时传输中国各地新闻。

最后是转载《京报》。在所有版面的最后，《申报》都会附上记录前一周朝廷重大政事活动的宫门抄，皇帝诏发的圣旨，或者发自朝廷内外官员的奏章。这都是为了争取上层官员成为读者，为他们提供最及时的信息。

（三）舶来西方“Newspaper”的新技术和新观念

刚刚已经提到，《申报》的创始人是外国人，受到租界的庇护。这样的背景让《申报》在创办之初就受到了西方更加先进的新闻业的影响。

比如有当时最具时效性的电讯新闻。《申报》对先进的技术有前瞻性，知道抓住机会采用最新的技术，最大限度地保证了新闻在时效上的竞争性。如前所述，本期《申报》头版评论左边有关官吏贬谪的圣旨，就是用电报从北京传到上海的。

另外，《申报》几乎每天都会刊发评论。民间报纸与洋化背景的双重身份，也让它能在相关法律的保护下，更大胆地发表一些社评，实现一定的政治参与及舆论监督的功能。虽然在 6 月 12 日当天的报纸中并没有体现。

最后，一些诸如广学会译著通知、租界新闻等内容，都与《申报》本身的西方背景分不开。

从 1899 年 6 月 12 日的《申报》见微知著，它真的做到了囊括“国家之政治，风俗之变迁，中外交涉之要务，商贾贸易之利弊”。它像是 19 世纪末上海社会生活的一个横截面，让我们穿越回去，流连驻足……

参考文献：

1. 周玉华. 论美查时期〈申报〉社会新闻编辑猎奇性［J］. 编辑之友，2014（9）.
2. 萧永宏.《循环日报》之版面设置及其演变探微——附及近代早期港、沪华文报纸间的影响［J］. 新闻大学，2011（1）.
3. 孙藜. 再造“中心”：电报网络与晚清政治的空间重构［J］. 新闻与传播研究，2015（12）.
4. 上海图书馆. 近代中文第一报——《申报》［M］. 上海：上海科学技术文献出版社，2013.
5. 卢宁. 早期《申报》与晚清政府——近代转型视野中报纸与官吏关系的考察［M］. 上海：上海科学技术文献出版社，2012.

作者为 2017 级新闻学专业本科生（数据新闻报道方向）
指导老师：李煜

现代新闻报道由何而来

——浅议百年前《申报》新闻的收集方式

李凌睿

我的生日是1999年7月25日，一百年前是1899年7月25日，清光绪二十五年六月十八，《申报》当日出刊第9438期。

19世纪晚期，中国近代报刊业发展迅速，《申报》借由上海这处“东方巴黎”独特的政治经济地位与丰富的信息资源异军突起，很快成为中国近代报业的先锋。这个时期的《申报》通常每期都有12个版面，内容涵盖政治、经济、文化等领域，以本期为例，除去广告、附张以外仍有33篇新闻。

进一步整理，我们发现，这些新闻的来源地很有玄机：除记录海外新闻1篇外，国内新闻主要来源于江浙沪及京津一带，其中上海本地11篇、京师2篇、天津3篇、烟台1篇、浙江5篇、江苏4篇、福建福州1篇、湖北汉口2篇、另3篇来源未知。上述新闻来源地都是当时交通、通讯条件较为发达的地区。如下图所示：

进一步检索地名后，我们发现，在《申报》存在的1872—1949年中，除上海外，金陵（南京）、京师（北京）、武汉、天津、香港、杭州等地新闻最多，这些地方大多为交通足够发达的地区。

这些结果不由得让人猜测：这些新闻消息由何而来？是什么人负责收集这些消息呢？是什么原因导致新闻地域分布如此集中呢？

要想知道答案，就必须了解当时《申报》的信息收集手段。自《申报》1872年4月30日创刊之后，其新闻收集手段主要有三种：

第一种是成为官府信息公开的媒介，照录官府需公示的公文。这《申报》创刊早期的新闻收集手段。同治十一年（1872年）五月二十一日所登《禁赌告示》是《申报》所发的最早的一条政府公文。

《申报》初创时期与地方官府的互动相当积极。上海知县叶廷眷在和《申报》交恶之前，经常在《申报》上发布各类公告，具体内容如下表所示：

表 1 《申报》上刊登的部分公告

序号	内容	刊登时间	版次
01	邑尊开浚都台河工告示	1872.11.6	3
02	邑尊据报禁约滋扰明心寺告示	1872.11.22	2，3
03	邑尊奉行设立粥厂查禁乞丐露宿告示	1872.11.22	2
04	邑尊禁止毒药取鱼告示	1872.12.6	4

此外，督抚、道台及会审公廨也经常在《申报》上发公告，如下表：

表 2 《申报》上刊登的部分公告

序号	内容	刊登时间	版次
01	租界会审分府陈司马奉行禁止扎挂鸡鸭告示	1872.11.26	3
02	督抚宪会禁哥老会告示	1872.12.25	3
03	苏淞太道禁绝女堂倌告示	1873.2.28	2

但是，由于当时《申报》馆内从事新闻编辑的人员多为科举不第之人，并没有太强的新闻意识和新闻职业素养，在报道过程中经常不加核查就发布新闻，这也渐渐导致官府对于《申报》大肆报道官方新闻的不满，认为这些人经常通过报纸有意无意地造谣泄密，给政府执政带来了不良影响。1873 至 1875 年，《申报》与官员的冲突似乎达到了一个高峰，由此引发官府对《申报》的第一次查禁。其理由正如上海道台给英国驻沪领事发出的公文所言：查上海英国租界由英国商人安纳斯脱·美查于上年创设申报馆，所刊之报，皆系汉文，并无洋字。其初原为贸易起见，迨后将无关贸易之事逐渐列入，妄论是非，谬加毁誉，甚至捏造谣言，煽惑人心，又复纵谈官事，横加谤议，即经职道函致英领事饬禁，未允照办。① 这固然是因为徐壬癸案中《申报》对政府的审判制度产生了质疑（关于此案《申报》共刊登两文，分别在同治十二年二月初八与二月十四，即 1873 年 3 月 6 日和 3 月 12 日刊发），还与《申报》

① 卢宁. 早期《申报》的政治参与及查禁风波［J］. 福州大学学报，2010（1）.

的几篇涉及官员的失实报道有关。

官府对《申报》的第二次查禁，则是由于官员黄体芳抨击《申报》为流言推波助澜；而《申报》得罪上海道台冯焌光，原因也是在报道庭审案件时“胡言乱语”；封疆大吏左宗棠厌憎《申报》，则是因其报道新疆兵事时，“侈谈海务，旁及时政，公造谣言，以惑视听，人所共知”。[①]

但1879年后，《申报》与政府交恶的情况又有所改观，这一现象的出现与同治光绪年间自上而下的“清流”议政活动有关，《申报》借此良机，从打“擦边球”的角度通过谈论政治争取了新的读者。[②]“清流”一派试图推动晚清的政治变革，逐步发现了诸如《申报》的此类商业报纸对于推广他们言论的重要性，而《申报》也对当时颇为得势的“清流”一派采取了就势迎合的态度，又得以在适当的尺度上谈论政治。

同时，为了扩大读者群体，自创刊第二期起，《申报》便每期都不遗余力地载录《京报》全文，铅字印刷。这一方面吸引了“有钱”有闲阶级，同时在当时的传播条件下，成为获取最权威的时政新闻的最经济的手段。

《申报》收集新闻的第二种手段是向社会公开征集新闻。创刊半个月后，《申报》第一次刊登了征求新闻稿件的启事，这是一篇骈四俪六的短文，希望见多识广、通达时务的“鸿儒硕彦”为《申报》写稿。原文道：

> 盖以录订骏鸾，广采遗闻于桑娇。词吟打鸭，博采轶事于枫径。又况考郡国利病之书，亦资谈助，集中外会盟之礼，尤籍旁求。凡兹闻见之周详，经济之宏远，固不可囿乎窥管，信其扪槃也。所冀博览鸿儒，通时硕彦，或得之于阅历，沿革参稽；或证之以史书，讲求切实；或事可资夫鉴戒，不徒夸干室搜神；或言实妙夫新奇，竟可拆虞初作志，惠来杰构，固篇幅之咸登，领到清谈，亦语言之必录。尚各赐夫雅教，庶可广乎新知。跂余望之，弗我吝也。（1872年5月14日，第11期，第1版）

① 卢宁. 早期《申报》的传播策略初探［J］. 编辑之友，2013（4）.

② 王维江. “清流”与《申报》［J］. 近代史研究，2007（6）.

大意是期望社会各界名流、博学之士能够为《申报》提供一些有价值的新闻稿件。创刊一个月后，《申报》又刊登了一则向社会各界征集新闻稿件的广告，名为《采访新闻启》，原文如下：

> 盖闻采风之使，记自哲王间俗之条，详于前代，诚以求民情之上，达无使或蒙将，以致德意之旁流，有足相益者也。若夫买子撰新书，刘君成世说，各述一篇；陆生传新语，王氏着论衡，并垂千载。然而麕（jūn）摭异说，或出淤无稽，鳞次佳章，不关于有用，是则搜寻故纸十洲，终古望杳蓬壶。何如博采奇闻，万象维新，词成珠玉？此西人新闻纸所由设，而中外所共乐观者也。兹际暮春之下，浣爰开新馆于上洋，或录令甲之颁不求其旧，或载某乙之事务述其详，或丙鉴课资长言兴叹，或丁桥驰誉短什遥吟，或诹戊吉以诘尔戎兵，或檡已孚以志其革改，或经拜庚逢博稽典籍，或事符辛秘罗列笑言，或添海屋之筹晋颂则壬林介福，或感洛妃之枕写怀而癸鼎殊烟，凡兹声应而气求，不惮旁搜而远访伏骥，博兰君子、词林丈人，兰其琳笈之珍，福我琅环之秘，近事贵详其颠末，远代尤藕以表彰，庶几，赠芍低吟，犹据事直书之旨，天桃弥望，为有目共赏之文，谨启。（1872 年 5 月 29 日，第 25 期，第 1 版）

本篇文章大意与文风与上文没有显著的差别，依旧是辞藻华丽的骈文，表达了《申报》效法西人、刊登时事的决心，但基于当时报纸的普及程度，这样征集新闻的方式，其效果并不理想。

不论前两个信息收集手段高明与否，效果如何，《申报》的最后一个手段可谓是开创了中国近代报业之先河，成为日后中国新闻事业中的重要一环，为“记者”的出现打下了坚实的基础，这一手段即为“访员”——中国记者（记者这一称呼最早出现于《申报》1905 年 3 月 10 日第 版文章《论今日各国对付中国之大势》）的前身。

“访员”又称“笔者”“笔耕者”“友人”“访事”。自《申报》创刊后，在埠（当地）的访员和不在埠（外地）的通讯员就随之出现。凡不是只对一家报纸服务而以消息供给各家报纸的人员即称为“访员”，1927 年前《申报》等上海在埠报纸的消息来源基本依靠访员或访事。[①]《申报》发展鼎盛时期的总经理史量才曾言：“编辑方面以消息为最难选择，盖今日之新闻界尚少忠诚之通讯员也。”

《申报》上第一则登报招聘访友的启事《延友访事告白》是这样要求的：

> 本馆兹欲延一抄录案件及采访新闻之友，必须学识兼长，通达世务，并植品巧端方，实事求是者方于本馆有益。其薪金自当从丰酌送。如有能胜任愿于承办者，祈即来本馆面议可也。（1875 年 7 月 5 日，第 978 期，第 1 版）

之后连续两天（7 月 6 日、7 日），《申报》还是在头版刊登此文招募访事，以彰显其殷切的期盼。

就外埠通讯员而言，《申报》在创刊后三年中，在北京、南京、苏州、杭州、武昌、汉口、宁波、扬州等处布置了十多个通讯员，专司新闻采访。1875 年（光绪元年）6 月，为了增强各地通讯员阵容，半个月中连续刊登了六次广告招募访员。从光绪元年九月到光绪二年二月，《申报》

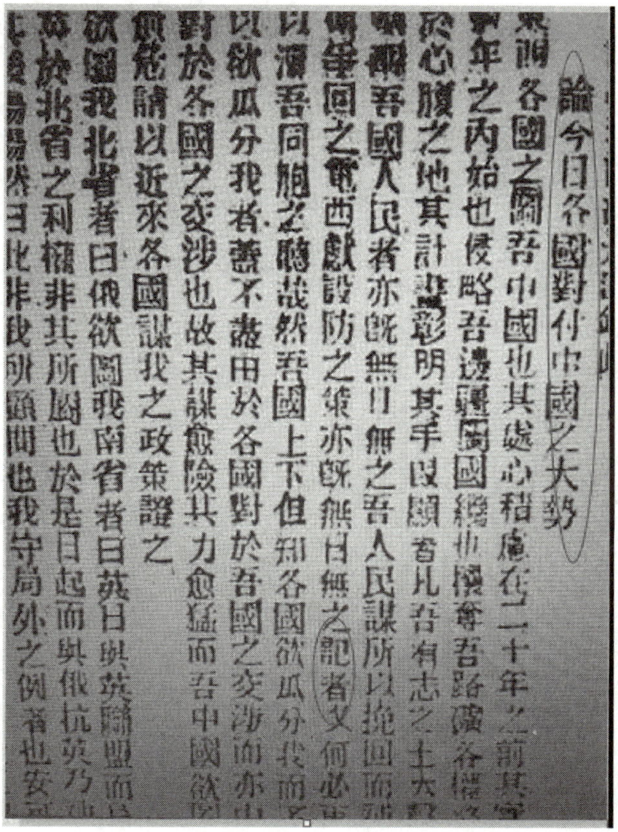
論今日各國對付中國之大勢

图 1　1905 年 3 月 10 日《申报》中首次出现“记者”一词

① 孙恩霖. 早期《申报》的新闻搜集者[J]. 新闻大学, 1983(3).

曾多次招请北京、汉口、天津、苏州等地通讯员。每个地方的要求和条件不同。访员或通讯员的薪水，大概分每月固定和论稿计酬两种，一般较为重要的访员是前种计薪方式，而一般的访员则是后种。当时《申报》称本埠访员或外埠通讯员为“友”或“友人”。又因《申报》为英国人美查所办，所以又称为“华友”。除称“访员”“访事”之外，又称采访新闻的人为“报事人”或“访事人”，美查也在中法战争期间雇佣俄国人去往前线搜集新闻。早期的《申报》也曾利用它的分馆作为新闻或投稿者的联络中心，可以说是一个信息的中转站。

由于访员的收入微薄，所以少有人愿意担任专职访员，都更多地把这份工作当做兼职。《汉报》对访员的报酬是这样规定的：

> （甲）按月支坐薪，每日至少须寄新闻四则，头等月薪二十四元，二等月薪十六元，三等月薪八元。（乙）按条计算，每月新闻不拘多寡，凡以二号字列题目者，每条酬洋五角；以◎为记者，每条酬洋二角；以●○▲为记者，每条酬洋一角；无记号者，每条酬洋七分；与他报雷同酬一半；落他报之后不酬。

这实际上也是民国之前大多数访员的薪酬水平。另据《新闻报》主笔孙玉声在其著作《报海前尘录》中的回忆称：“大抵外埠访员，均熟悉当地衙署、广通声气之人，故应召者多就地士绅及末宦一流。本埠则类为官署之书役人等承充。即非书役，亦必与书役等相稔者为之，方能得到种种消息。”亦可见搜寻时政新闻的困难程度，再加上报酬低廉，也难怪担任访员的人多不把它当做自己的本职工作。

孙恩霖先生称：“当时访员的来源不广，人才也极缺乏，这时期各报的访员，其初仅本埠延聘一二人，外埠则除京师照登邸钞外，各省会则摘录一二督抚辕门抄而已。即本埠访事亦大抵以沪上各衙门之房吏充之。故报纸所登事实，无过于官厅中日行寻常公事。社会新闻则更绝无仅有矣。”①

但不得不说，访员制度不断地发展完善，为《申报》乃至其他近代报刊发展奠定了制度基础，尤其是之后如黄远生、邵飘萍等一众真正现代意义上

---

① 孙恩霖. 早期《申报》的新闻搜集者［J］. 新闻大学，1983（3）.

的记者的出现，更是为中国新闻业的职业化之路起了示范作用。“记者”这一现代职业的诞生，使得大众的知情权得到了进一步的保障与扩充，在中国现代化转型的过程中，其意义几近于现代化的使者。

由上述收集信息的三种手段可见，晚清通讯手段有限，电报、电话机都为舶来品，待其在报业中发挥作用时已迁延时日。在此传播技术条件下，《申报》作为晚清直至民国时期中国报业的佼佼者，与政府互动不断，随时调节自身与政府之间的关系，又注重“访员”的招募使用，用以扩大信息的来源和渠道。但由于交通条件、通讯手段的限制，访员依旧只能派遣到京津沪、江浙鄂这些地区，因而导致我们看到的近代新闻多来源于这些地方。相较于现代新闻专业化、技术化的收集手段，晚清民国时期的新闻收集方式自然是十分落后，但就当时的传播条件而言，《申报》这样的近代报纸已经在引领报业风潮，为近代化过程中新闻业的发展推波助澜。

参考文献：

1. 孙恩霖. 早期《申报》的新闻搜集者[J]. 新闻大学, 1983(3).
2. 许梦雅. 民初新闻记者职业化现象研究——以《申报》(1911–1927)招聘启事为中心[D]. 合肥: 安徽大学, 2016.
3. 孙藜. 再造“中心”: 电报网络与晚清政治的空间重构[J]. 新闻与传播研究, 2015(12).
4. 张功臣. 民国报人——新闻史上的隐秘一页[M]. 济南: 山东画报出版社, 2010.
5. 卢宁. 早期《申报》新闻传播策略初探[J]. 编辑之友, 2013(4).
6. 李悼宇, 钱培荣. 晚清报刊的发展历程[J]. 杭州大学学报, 1996(4).
7. 中国“记者”两字最早来自《申报》[N].沈阳日报, 2009-11-7.
8. 王维江. “清流”与《申报》[J]. 近代史研究, 2007(11).
9. 陈玉申. 论我国早期的新闻“访员”[J]. 国际新闻界, 2007(10).
10. 肖尔亚. 论早期《申报》的“新闻化”之路——以 1872–1877 年铁路报道为例[D]. 北京: 中国传媒大学, 2011.

作者为 2017 级新闻学专业本科生（数据新闻报道方向）

指导老师：李煜

《申报》假药广告与文人道德失范

——以“燕窝糖精”广告为例

管珮伊

我出生于1999年3月11日。往前推一百年是清光绪二十五年，正月三十。

那是曾在科考中屡次名落孙山的黄协埙进入申报馆的第16个年头，也是他接管《申报》笔政的第五年。晚清时的上海申报馆中，像黄协埙这样的时运不济者比比皆是。科举场上败阵的秀才们却成为近代报业的奠基人，走到了时代前沿。行至“文人末路”的他们，风骨真的一尘不染吗？

一、假药广告及其历史渊源

这天的《申报》共有12版，讲的无非是海内外大事、地方治安事件、民间琐事等，主题平淡，内容无奇，甚是无聊。1899年的中国与近邻频频交恶，世界强国割据又急，国内变革呼声四起，本应是报纸发挥撼动人心作用之时，然当时“总主笔黄君，竞竞竞于字句间，撰述之稍涉激烈者，记载之略触忌讳者，必于阅总（看大样）时悉数删去。”[①]

于是我浏览了占大约4个版面的保险洋行与药品的广告。其中一则标题为“贸易场中 方便第一 燕窝糖精 四远驰名 老少可服 年礼最宜”的广告吸引了我。翻阅整份报纸，我发现当天一共有三个不同的商家所登广告主体都是“燕窝糖精粉”，不过侧重点各不相同。以下为三条广告的具体内容：

①上海南京路……燕窝公司……禀谕中西官长给示禁止，别

① 雷瑨. 申报过去之情况［M］//徐载平，徐瑞芳. 清末四十年申报史料. 北京：新华出版社，1988：26.

人勿得仿冒，附送精印燕窝糖精谱书一本。……自连外洋食用，各货兵轮应用物件俱全。（节选自第4版，图1广告②）

②燕窝一物……本公司用机器去其毛疵……销路日广。不意竟有射利之徒，多方作伪，以音同字异牌号假冒百出，可恨之极。赐愿者须认明……外埠函购原局回件。（选自第4版，以打假为名义的间接广告。图1广告①）

③前有人假冒本公司燕窝糖精名目，禀蒙中西官长给示查禁，此风少息……又有不肖之徒串同信局影射，特再登报。请认明包皮刊有中西官长告示及函送燕窝糖精讲，方不错。（节选自第7版，以中西官长的名义打击假冒产品，借以为之正名。图2广告③）

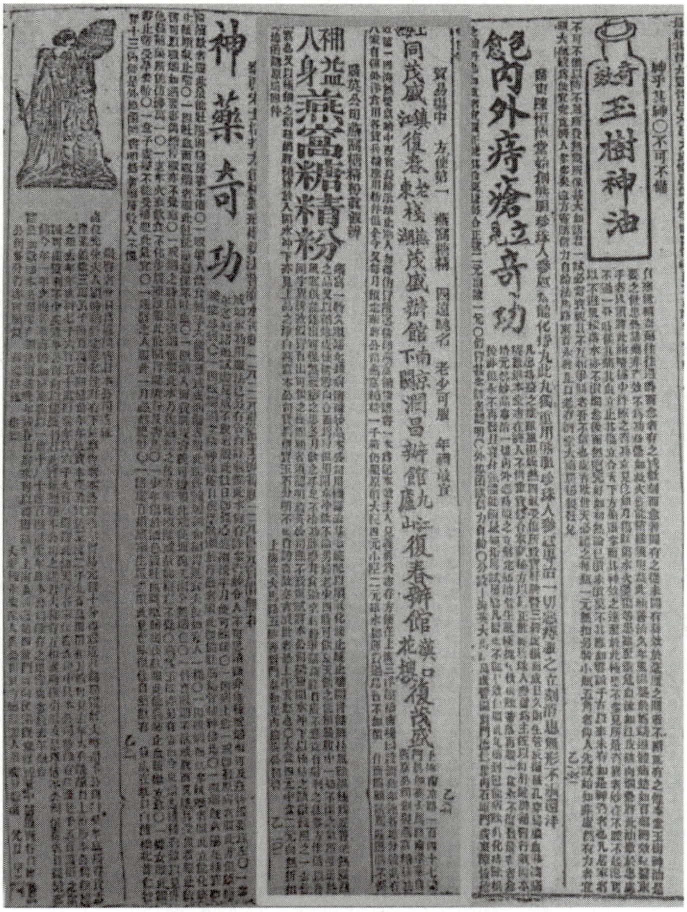
王樹神油
內外痔瘡
奇功
神藥奇功
燕窩糖精粉

图1　1899年3月11日《申报》第4版，框内右为广告①，左为广告②

图 2　1899 年 3 月 11 日《申报》第 7 版，广告③

“燕窝糖精”之广告可谓用词考究，且逻辑清晰，不仅涉及机械化生产过程，还搬出“中西官长”来为自己维权，可是如此大张旗鼓宣扬的补品，其实是由萝卜和冰糖制成，“实则糖精而附以杂品，借燕窝之实全无燕窝”，是名副其实的假药。正如近代史研究者在《当糖精变为燕窝——孙镜湖与近代上海的医药广告文化》一文中所言：

> 燕窝糖精，为晚清上海药商孙镜湖发明制造的著名“补药”。该药的成分其实不含燕窝，主要由糖精构成，完全不具备滋补或治病作用，但孙镜湖依靠花样百出的广告手法，特别是收买诸多文人为其撰写各式各样的谀药文字，强调该燕窝糖精的滋补效力与包治百病的作用，吸引了很多消费者上当购药。

其实，假补药盛行与时代发展息息相关。自 1840 年鸦片战争后，西方贸易打开了中国海关的大门，西药也乘机打着“本土化”的口号进入我国的补药市场。明代中期随着商品经济发展，全国性的药物商业化带来了私人药局的兴盛。晚清时的上海——当时全国开放程度最高的城市，销售市场非常活跃，出现了专营人参鹿茸银耳燕窝等补药的药店，比如同治年间的参业公所。再加上战争年间社会处在极不安定的动荡状态，生产水平得不到保障，同时医疗卫生条件低下，使得晚清时期人们对于生命的不安全感大大增加。民间各阶层盛行温补之风，有“不怕补死，就怕虚死”的说法。

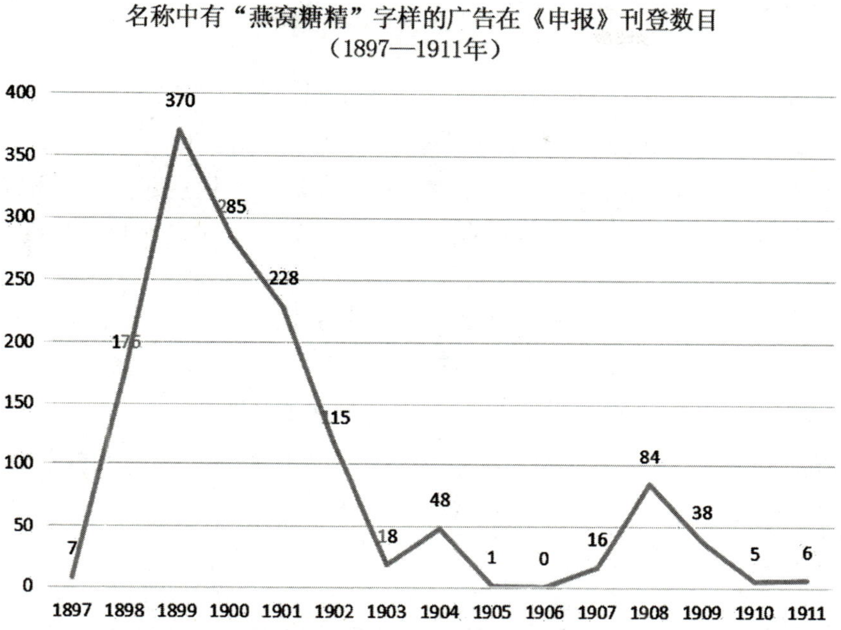

图 3　1897—1911 年《申报》所刊登标题含有“燕窝糖精”字样的广告数目

（数据来自《申报》全文数据库 2.1.5 版 http://spcuc.egreenapple.com/WEB/INDEX.html）

笔者以“燕窝糖精”为关键词，在《申报》数据库中搜索后得到 1897 年至 1911 年的数据，从图中我们可以看出：“燕窝糖精”假药广告在 1899 年达到了数量的高峰。一年有 370 条，平均每天一条有余。前面提到时任主笔黄协埙“昧于时势”，所著所刊文章在言论方面多拘谨保守、落后于时代。在当时国内变革急需发声的时刻，他的所作所为“致为编辑部数位年轻而思想较新之同事所不满”。[①]同时黄协埙竭力维护《申报》与朝廷的关系，使《申报》失去了占据社会主流思潮的支持维新变革之读者，进而使它的销量日益下降，导致广告经营也举步维艰。也许就是在这个当口，不得不采取来者不拒的广告刊登方式，才使得假药广告乘虚而入。

① 申报馆内通讯：一卷第十期［M］//清末四十年申报史料. 北京：新华出版社，1988：25.

二、时代之恶疾：文人谀药

沈毓桂（1807—1907）于1876年进《申报》担任主笔。作为晚清上海的资深报人，沈毓桂翻译了大量西学著述，撰写了许多报刊评论，在上海文人圈颇有声望。燕窝糖精推出不久，精明的孙镜湖马上找到有文采又高寿（年近90）的沈毓桂做宣传，沈不仅生造西方制法，还将平生功业与假药相联系：

> “考其制法，取地道燕窝，以机器去其毛疵，以化学撷其精华……实非寻常药饵所可及其万一也。”
>
> “忆昔美国进士林君乐知，创著《万国公报》，仆实掌华文迨二十载……夙夜匪懈，不惮劳瘁，然一生心血，日渐耗散，故饮食起居，慎之又慎。幸承华兴公司惠我糖精，助我精力，尚不致疲乏，皆得力于此。”

为了加强广告效应，孙还借助《游戏报》发起征文，利用文人的应试热情与竞胜心理，邀请各地文人参与，围绕燕窝糖精撰文抒情。由沈毓桂评选出“优秀作品”被他集合装订成一本《燕窝糖精谱》，再让名流官员题签作序，附送给购药者。这就是《申报》广告中商家为验明真伪强调的“燕窝糖精谱”内容来源。

结合清末实际，由于新闻行业存在政治风险、经济回报不明显等原因，同时《申报》创办者美查于1889年回国，《申报》失去了外资的支持和依靠，加之当时《申报》因挽回读者急需打开销路，获取经济利益，本不宽裕的有识之士投身报界后，无不感到压力巨大。在多方压力下受金钱驱使作假宣传的行为也就说得通了。

除了用金钱收买文人，孙镜湖还有用人情“裹挟”文人之嫌。这段事迹在晚清四大谴责小说之一《二十年目睹之怪现状》中略有体现。

> 这个人性沈，名瑞，此刻的号是经武。（沈经武，上海发音同孙镜湖，笔者注）……这当铺的东家是姓山的，号叫仲彭……这位仲彭，虽是个当铺东家，却也是个风流名士，一到上海，便

结识了几个报馆主笔。那丫头（沈经武内人）又千般巴结引得仲彭欢喜，便认做了女儿。那丫头本来粗粗的识得几个字，仲彭自从认了他做女儿之后，不知怎样，就和一个报馆主笔胡绘声（音同何桂笙，1887-1895年担任《申报》第三任主笔）说起。仲彭带去见了，又叫他拜绘声做先生。

这就是他后来做贼得保的来由了。从此之后，那经武便搬到大马路去，是个一楼一底房子，胡乱弄了几种丸药，挂上一个京都同仁堂的招牌，又在报上登了京都同仁堂的告白。谁知这告白一登，却被京里的真正同仁堂看见了，以为这是假冒招牌，即刻打发人到上海来告他……他一见了之后，问起知道真正同仁堂来的，早已猜到了几分。又连用说话去套那伙计。他听了要告，倒连忙堆下笑来，和那伙计拉交情。又说：我也是个伙计，当日曾经劝过东家，说宝号的招牌是冒不得的，他一定不信，今日果然宝号出来告了……把那伙计灌得烂醉如泥，便扶他到床上睡下。他把人家灌醉之后，便连夜把那招牌取下来，连涂带改的，把当中一个仁字另外改了一个别的字……等到明日，那伙计听说，抬头一看，只见不是同仁堂了，不禁气的目瞪口呆。

此他便自以为足智多谋，了无忌惮起来。上海是个花天酒地的地方，他不知怎样逛的穷了，没处想法子，却走到妓馆里打茶围，把人家的一支银水烟袋偷了。人家报了巡捕房，把他查着了，捉到巡捕房，解到公堂惩办。那丫头急了，走到胡绘声那里，长跪不起的哀求。胡绘声却不过情面，便连夜写一封信到新衙门里，保了出来……混到此刻，听说生意还过得去呢。这个人的花样也真多……①

这段小说文字尽管有些夸张和戏剧化，但是在近代中国商业最为发达的上海，药商与医生协同报馆和文人为之鼓吹的现象却是不争的事实，双方合演双簧，推波助澜，将医药广告的虚假之风吹向民间，加剧了社会风气的败坏。

① 吴趼人. 二十年目睹之怪现状［M］. 上海：上海古籍出版社，2005：140-144.

当时影响和发行量最大的《申报》《新闻报》应该是这种虚假之风的重灾区。这是由于，在具有相当传播效力的大众报纸上刊登的假药广告所使用的语言、所讲述的药效，以及从中展示出的强身、强种的心态迎合了时人的真实心理状况，建构起民众新的消费观，从而达到了虚假宣传的真实效果。

但是到了20世纪二三十年代，报纸杂志对糖精的成分和来源做了介绍，告之并无滋补作用，加上糖商因为糖精的出现导致砂糖销路减少，于是散布出“糖精有毒”的谣言。糖精逐渐退出了补药的行列，在1911年后的《申报》再也看不到假药燕窝糖精的广告。

三、结语：文人要论政，先要品自高

我们对清末“落魄文人”的印象往往是“文人议政”透露出的正直，通过这次“穿越百年读《申报》”我看到了他们的另外一面。“广告和舆论，一向是吸引商贾和民众的利器。”1899年的《申报》在舆论上趋于保守，只得以广告吸引读者，但是舍本逐末，报馆的经营怎能有好的发展？在新世纪的开端，《申报》果然销量大跌，到1905年，已从鼎盛时的一万份减少到六七千份。[①]黄协埙也不得不辞职回乡，告别报坛。

民国新闻理论大家徐宝璜于1918年的《新闻学》讲义中曾言：“吾国报纸，虽不以提倡道德自命，然查其新闻，常不确实，读其论说，常见平允，往往使是非不明，致善者灰心而恶者张胆。更观其广告，则诲淫之药品，冶游之指南，亦登之而无所忌讳。……既损本身之价值，亦失阅者之信任。”

严复于1895年在《直报》上发表政论文章《救亡决论》，其中提到了“华风之弊，八字尽之，始于作伪，终于无耻。”这句话一针见血地道出了当时中国弊病之根本。意思是说，中国风气的坏处用八个字可以道尽，以作假始起，以无耻而终。一个人如果失去内心的道义守则，就会外化为造假行为，最终沦为无赖之徒；倘若一个集体、一个民族、一个国家不兴求实之风，没有坚守的道义准则而言行背离，那无疑会陷入失去民众信任的危机，这是非常危

---

① 张功臣. 民国报人：新闻史上的隐秘一页[M]. 济南：山东画报出版社，2010(9)：325.

险的。这经验在如今的全媒体时代同样值得借鉴。假如一个国家从上至下皆行“造假”之风，那么绝不会是以“无耻”作结这么简单了。希望历史不会在现实重演“呜呼！岂不信哉！岂不信哉！”的悲鸣。

参考文献：

1. 张功臣. 民国报人：新闻史上的隐秘一页［M］. 济南：山东画报出版社，2010（9）.

2. 李统兴. 清末民初报刊职业道德失范的原因［J］. 当代传播，2007（6）：87-89.

3. 王维江. “清流”与《申报》［J］. 近代史研究，2007（06）：62-77，161.

4. 范雅君. 滋补与健康：《申报》补药广告的社会文化史研究（1873-1945）［D］. 南京：南京大学，2012.

5. 张仲民. 当糖精变为燕窝——孙镜湖与近代上海的医药广告文化［J］. 社会科学研究，2017（01）：141-155.

6. 陈伯熙编著. 上海轶事大观［M］. 上海：上海书店，2000.

作者为 2017 级新闻学专业本科生（数据新闻报道方向）

指导老师：李煜

报人何海鸣

——不完美、但完整的“男神”

徐　鹏　汪惠怡

指导老师点评：

我不知道把一百年前的著名报人称为“男神”是否妥当，我甚至怀疑自己走上了专业历史学者最鄙视的“戏说”之路，但是，我还是想将这种最鲜活的感受公开出来，尽管经过我的打磨，这些文字已羼杂了些“老旧”的痕迹。

大一新生，第一学期，两门数学课、三门专业课，外加学位英语和政治课的间歇，这些文字一定不是“长期阅读、持续思考”的结果——也许我们的制度安排上从来就没打算让我们的新鲜人能够这样。

在我的再三督促下，他们在“新闻史”结课后还补写了这许多的文字，翻检各种故纸堆，以达到“critical thinking”的专业水准，这要感谢他们“优秀”的惯性。

图 1　何海鸣（1887–1945）

何海鸣是不会出现在新闻正史上的早期报人，他的复杂性和争议性仿佛是一个百年伏笔，让新千年之际的新闻后进们用来参悟今天风云变幻的新媒体时代，让他们理解代表“公共利益”的媒体公器其实是需要公众作为的。

主编，刚刚过了19岁生日的潘雯智说，我们就是要做一个严肃的公号，这次我们就来严肃地谈谈新闻史上名不见经传的著名“男神”。踏入新闻业，那一年，他也不过22岁。

我们所说的男神：并非完美，他也会幼稚、会冲动、会不计后果，甚至会抛下朋友自己逃跑，但他就是他，这样的他才完整、才真实，才每一个行动都让人心动。

一、时势造男神

何海鸣，湖南人，出生于第二次鸦片战争之后，洋务运动之时。

在他7岁那年，爆发了甲午中日战争，13岁那年爆发了八国联军侵华战争。

20岁那年，在列强的入侵之下，救亡图存的运动兴起，张之洞创办湖北新军，何海鸣加入其中。

这样的历史情境使他对时势深有感触，对革命思想情有独钟。在革命浪潮之下，他的才华有了用武之地，产生了巨大的影响力。

此时，报业兴起，文笔好的他经常投寄稿件。1908年清末新政中清政府颁布《钦定宪法大纲》，放松了对言论、办报的限制，这无疑为他开始自己的新闻事业创造了良好的条件。1909年，22岁的他创办了汉口《商务报》，开启自己的新闻事业。他的文稿理论大胆、言辞锋利、文笔出色，正中时代的下怀。

特别要注意的是，由于军人的特殊身份，他的文章也常在军营中被诵读，这就为后来的武昌起义、辛亥革命奠定了强大的舆论基础。也正是因为有这样的舆论能力，他才能在《大江报》上发表惊世骇俗的时评《亡中国者和平也》，言人所欲言而不敢言，并由此被捕入狱，引发了军中和报界对清政府强烈不满的“大江报案”，点燃了武昌起义的导火索。

武昌起义成功后，说服黎元洪出任军政府都督这样的任务，也就责无旁贷地落到了黎的昔日下属何海鸣的身上，也正是何海鸣一天一夜的说服，才最终使黎元洪走向革命的前台。

由此，报人何海鸣成功晋级为革命男神！

二、男神养成记

何海鸣系湖南衡阳县北乡合江套人，生于光绪十三年（1887 年）。少年时就读于衡州官立小学堂。因为住在衡阳城里的姑父藏书甚多，每逢新年，何海鸣总会到姑父处住上几天："因为他家里小说很多，我一肚子的旧小说，都是在他家看来的。"少年何海鸣在家乡是个孩子王，过年讨压岁钱时，有主见、有口才的何海鸣总被伙伴推选出来打头阵。在衡州官立小学堂，无法忍受学校克扣学生膳食费，何海鸣带头抗议，足见其少年时期就颇具叛逆精神。

世纪之交，何海鸣跟随在湖北做官的父亲进入省城武昌，就读于两湖书院。这个书院是由湖广总督张之洞创办的，以"才识出群、志行不苟"为入学条件。以此为平台，张之洞网罗到诸多的英才豪杰，也孕育了一批革命志士，何海鸣就是其中之一。这段经历是他作为报人、革命者的前传。

宣统元年（1909 年）秋，何海鸣与湖南同乡刘蛰庵共同创办汉口《商务报》，佯称"沟通商务"，实际上就是宣传革命思想。由此，何海鸣正式开始了自己的报人生涯。

湖北最早的革命组织日知会于 1906 年被官府破获后，何海鸣所在的湖北军队同盟会为避免因名称惹眼招来祸患，改名为"群治学社"，对外声称"研究学问、提倡自治"。汉口《商务报》创刊时，群治学社已经是汉口革命党人的核心机关，何海鸣报人兼军人的双重身份，使其成为革命组织中的活跃分子。

1910 年春，因群治学社成员在汉口《商务报》秘密策划起义，走漏风声，报纸被勒令停刊。

汉粤铁路国有化运动期间，群治学社遭到打击，又更名为"振武学社"，何海鸣担任学社代表之一。随着时间的推移，何海鸣等人发现“振武”一名已引起官方注意，故又改称“文学社”。此举足见年轻的何海鸣已经具备敏锐的政治洞察力。

汉口《商务报》停办后，文学社重组舆论机关，创办汉口《大江报》开展革命宣传。1911 年，汉口发生英国巡捕殴毙人力车夫吴一狗事件，何海鸣对官府“禁止登录”的谕令不予理睬，于报纸上揭载真相、大张讨伐；7 月 17 日《大江报》上刊出何海鸣《亡中国者和平也》一文，剖析清政府欺骗国人、许愿预备立宪的动机，说明轰轰烈烈的革命才是救国正道。如此振聋发聩的声音，自然不容于当时的官方统治者。8 月 1 日，《大江报》报馆被封，报馆同仁被捕，何海鸣因听戏爱好不在报馆而逃过一劫，随后在发公电得到全国舆论声援后，于 8 月 8 日投案自首，并将有关责任推诿于同案同仁，得以具保开释。无奈，官府串通必置这些鼓吹革命者于死地，年仅 25 岁的何海鸣在辛亥前夜，被判处一年半徒刑。在狱中又因以唱戏为排遣，不服管制，吃尽苦头，“几至于杀头”。

汉口《大江报》无辜被查封，报人被迫害下狱，这就是全国报界一致声讨的著名的“大江报案”。此案带来的牢狱之灾并没有摧垮何海鸣的意志，反而凝聚了反清革命的力量，催响了武昌起义的隆隆炮声。

汉口大江报被封情形

图 2　《时报》刊发的“汉口《大江报》被封情形”

武昌光复当日，成立了中华民国军政府鄂军都督府，拟请黎元洪任都督。然而黎元洪对起义一事的态度不明朗，众人束手无策。何海鸣伶牙俐齿、善于辞令，终于劝服游移不定的黎元洪转变身份，顺势反清。由此男神开启了自己枪林弹雨的革命生涯。

1913年3月宋教仁案发，孙中山起兵讨袁，何海鸣在“二次革命”中自认江苏讨袁总司令，成就了自己一生中最辉煌的时刻。然而时运不济，何海鸣兵败南京城下，随后不得不亡命日本。之后的故事就不再波澜壮阔，男神厕身于“鸳鸯蝴蝶派”作家之列。抗战期间又晚节不保，出任汪伪政府官员，1945年郁郁病死于南京。

三、跟男神看报纸的力量

清末民初，言论相对自由，报纸作者也可以名正言顺地公开署名，这就使志同道合的有识之士有了一个互相了解认识的渠道和桥梁。何海鸣就是通过报纸与革命同志相知相识，共同走上推翻晚清王朝的革命之路的。

再有，报纸作为舆论的战场，一是可以进行思想的宣传，二是可以将各种思想统一起来，形成一种巨大的舆论洪流。这一点可以用“大江报案”中军界和报界的同仇敌忾来佐证。

舆论作为思想的表征，完全有影响现实的可能，只要这种思想为更多的民众所知晓，为大众所掌握，这种力量就不再是纸上谈兵，非常有可能转化为一种现实的驱动力。所以，改天换地的辛亥革命，就是在男神一手操持的报纸中引发的。然而报纸成就了革命，却没能成就男神一世的命运！

作者为2016级新闻学专业本科生（数据新闻报道方向）

指导老师：李煜

晚清新媒体融合记

——《申报》与电报

王一宁

我出生于1998年4月28日，往前追溯一百年，正是1898年4月28日，也就是清光绪二十四年闰三月初八。

这一年，国内外战争频仍，大清帝国内忧外患、风雨飘摇。这一年，朝野上下动荡不止，各流各派各执一词，纷争不休。这一年，废八股，改策论，断了一批人的旧梦，成了一批人的新功。而这一日，距离恭亲王奕䜣去世只有不到一月。这一日，距离近代史上为变法开始流血的“戊戌政变”亦只一月有半。

正如暴风雨前的宁静一般，与须臾两月后相比，这日是平静的，这一日的《申报》亦无大事。然自古乱世而言路开，文章出而枭雄现。这是帝国垂暮、大清残喘之际，亦是世界局势风云变化、科学技术突飞猛进、新生力量不断积蓄的重要历史阶段。这一时期的种种变化，丝丝缕缕都得以在作为新兴言论载体的《申报》上窥见。我粗览这日报纸内容，对其上密密麻麻长篇大论兴致缺缺，唯独对几处短讯感到好奇，特此摘出。

下图中框出的三则快讯，报道的是当年美西战争一事，具体文字如下，为了便于阅读，括号内是我后加上的批注：

1. 获船续述

> 本月初六日（26日）伦敦来电云：本日，美利坚国兵舰获日斯巴尼亚国（西班牙）商轮船三号一名，米该利荣文一名，茄得利纳一名。杀多米拿又获小艇数号。至日斯巴尼亚国则限三十日内，令美国泊在日境之各商船一律出口，违则即须擒拿。日斯巴尼亚国各兵舰之听在圣云森的埠者，定于华闰三月初七日（27日）开赴战地。

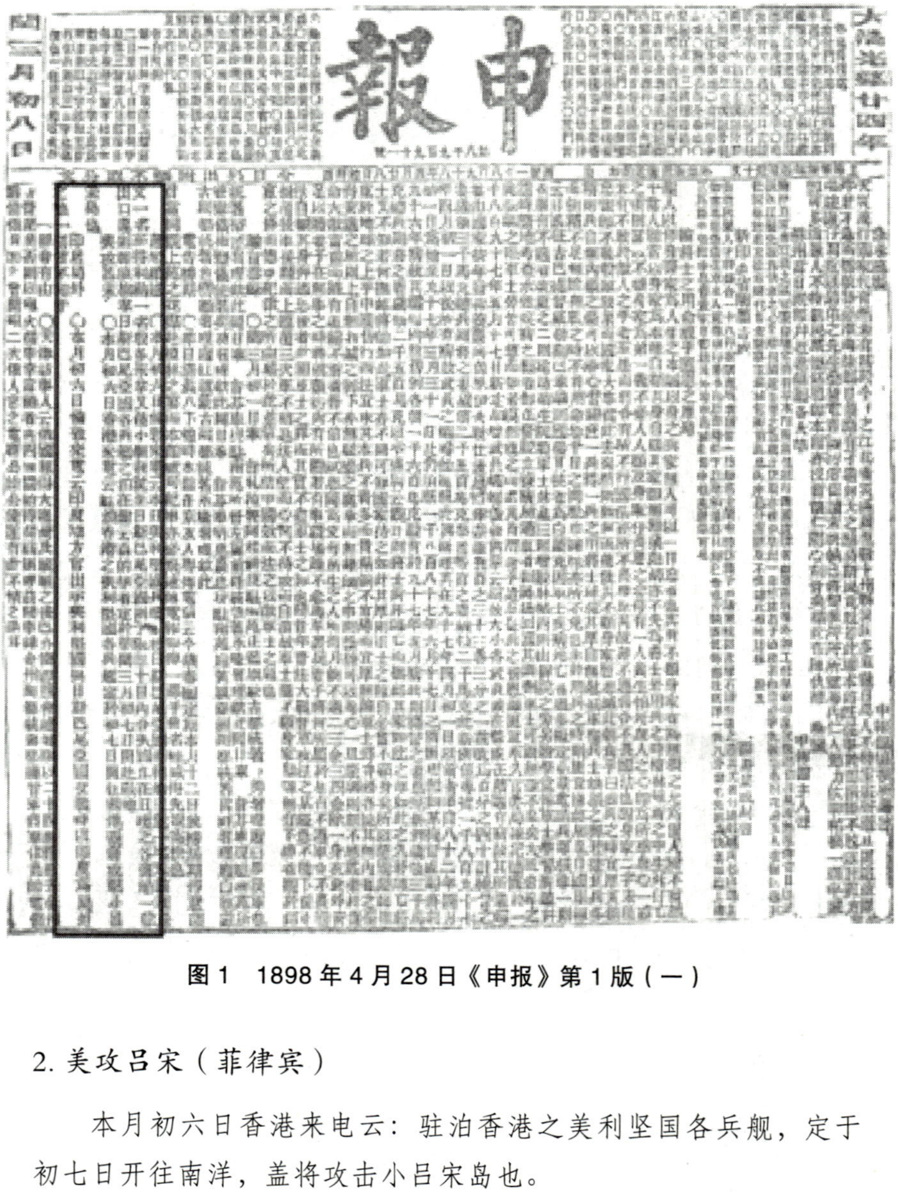
申報

图 1　1898 年 4 月 28 日《申报》第 1 版（一）

2. 美攻吕宋（菲律宾）

本月初六日香港来电云：驻泊香港之美利坚国各兵舰，定于初七日开往南洋，盖将攻击小吕宋岛也。

3. 印居局外

本月初六日伦敦来电云：印度地方官出示，美利坚国与日斯巴尼亚国交战时，以印度为局外之地，一切皆不相干。

美西战争进程如何姑且不管，我主要是被“来电”两字吸引了注意力。此“电”非“电话”之电，而为“电报”之电。与得到广泛普及的电话相比，近似时代过渡产物的电报在我的印象里一直没有什么重要作用，然而这短短三条国际新闻改变了我对电报的认识：短短两日之内，“伦敦”（距上海约 9 200 公里）、“香港”（距上海约 1 500 公里）的消息就可以到达京畿，时效性虽然比不上电话，比起“邸报”之类却不知快上多少。我不禁好奇，电报是何时介入中国报业，《申报》又是何时引进此种技术用于新闻报道的，引进此种技术对于《申报》的发展又有何意义？由此寻书问友，整理前因后果如下。

一、电报进入中国

自 1852 年有关电报的知识传入中国到 1881 年底中国电报总局开始营运服务为止，中国费时近 30 年才接纳电报。[①] 之所以历时如此之久，简而言之，是因为清廷在“利”与“权”上犹豫不决。在电报没有真正显示出其作为新兴通讯工具的实在之“利”时，清廷只将其与铁路、火车等一同视作“中”与“洋”的又一次关于“权”的角逐和交锋。

而在警觉电报实在之“利”后，清廷反应迅速，用了不到 20 年时间就在广袤疆土上建立了一个电报网络。1877 年，丁日昌下令使用曾一度废弃的“福州—厦门线”架设了中国第一条电报线；1879 年，为了便利军事通讯，李鸿章命令架设了一条大沽口炮台与天津之间的短线；又于 1881 年建设完成至关重要的津沪线。至 1899 年热河线设立，再到 1908 年，包括商用和官用在内，中国电报线总长达 22 724 公里，一个完备的电报网络就此形成。而电话在 1881 年才传入中国，真正普及已经是新中国成立以后的事情了，电报可谓是与近代中国息息相关。

至于 1898 年 4 月 28 日的《申报》，其所处情境已经是中国电报建设的中后期，新闻报道运用电报似乎不足为奇，那么《申报》和电报又有何渊源呢？

---

① 周永明. 中国网络政治的历史考察：电报与清末政治［M］. 北京：商务印书馆，2013：39.

二、《申报》如何引进电报技术

1882 年 1 月 16 日，‘津沪线’开通不到三周，《申报》刊登了一则两天前发出的谕令。周永明在《中国网络政治的历史考察：电报与清末政治》中提及此事，并作出如下评价：“……谕令的内容没有什么特别重要之处，主要涉及一位失职官员的降职。但它是第一则在主要中文报纸上出现的中文电报新闻，标志着中国历史上政治信息传播的一次革命。就商业操作而论，《申报》的举动很有魄力，因为当时拍发电报非常昂贵，而且在政治上相当敏感。”①

这段历史令人好奇。第一，‘津沪线’开通之前的中国也并不是没有电报线路，《申报》为何这时才拍发这第一则电报新闻？第二，既然当时拍发电报需要魄力，《申报》这一当机立断的举措是否对其发展有很大助力？

第一个问题同样在周永明这本书中找得到答案，他记录说：“……1882 年刊登的第一则中文电报新闻，并不是《申报》第一次登载从电报渠道取得的新闻。正如我们已经知道的，随着电报线在全世界的延展，新闻早就可以经由电报传至中国了。在西方，电报催生了像路透社（Reuters）和哈瓦斯通讯社（Havas，日后的法新社）这样的现代新闻通讯社。早在 1867 年，路透电报有限责任公司（Reuter's Telegram Co. Ld）就在上海设立了办事处，主要为其伦敦总部收集有关中国的新闻，以及为《字林西报》（*North China Daily News*）提供稿件。1871 年大北电报公司的海线连通上海后，路透社在上海正式建立分支机构，既向海外也为中国国内的《字林西报》独家发送新闻快件。《申报》虽然自 1874 年 1 月就开始刊登电报急件，但它不得不依靠洋行的电报拷贝，或转载外国报纸，因此，在 1882 年前，《申报》还不具备与上海的外文报纸在电报急件上竞争的能力。”②而津沪线开通使拍送新闻变得触手可及，一直明白电报益处的《申报》自然不会再有迟疑。

为何偏偏是《申报》首先使用津沪线拍发电报新闻呢？总结来说，其实很简单。其一，此时上海的中文报纸有限，有实力使用昂贵电报发新闻的，更是有限，《申报》有财力支撑；其二，《申报》是现代报纸，是“新闻报

① 周永明. 中国网络政治的历史考察：电报与清末政治［M］. 北京：商务印书馆，2013：67.

② 周永明. 中国网络政治的历史考察：电报与清末政治［M］. 北京：商务印书馆，2013：70.

纸”，与传统官办《京报》最大的不同之处就在于对新闻的重视，对时效、事实、公开性的追求。另外，作为政治中心与重大时政新闻的策源地，北京的新闻消息举足轻重。从对《京报》的整版转录中就可以看出，《申报》对于来自北京的消息的重视。此时，既然《申报》拥有快速报道北京新闻的手段，那么即使砸重金也是要迅速跟进的。

三、电报对于《申报》“胜出”的意义

清末是变革的时代，是“洋务”强势进入的时代。在这样的环境中，埋头圣明学问，一味苦读，或是搜求“断烂朝报”已经不再是当时政府官员官运亨通的不二法则。此时，官员需要一种迅速而轻松地获取新信息和新知识的媒介，大众也需要一种能够带来新奇和娱乐的读物。

因此，在这样的历史新时代，政府衙门里有钱、有需的各级官员就成为《申报》的首选读者。而要做到这一点，商业报纸就不能不谈政治，但谈什么、怎么谈，则需要经营者的智慧。[①] 因此很多报纸都会寻求“打擦边球”的方案，《申报》也不外如是。

在诸多“擦边球”中，战争新闻是“常客”，而电报在传递战争新闻上有着独一无二的优势，有记录如下：“……《申报》大量利用电报传递战事报道。在此方面它享有自身优势，能够利用从广州到广西龙州新竣工的电报线。龙州靠近中越边境，中国记者通过此线将新闻从越南北部转发到上海。结果，以往需费时四十多天传送的消息缩减为两三日可达之事。至1884年，中国收回了所有陆地电报线的控制权。（中法）战争爆发后，电报总局中止了法国人密码电报的收发，同时截取所有与战争相关的明码电报。在浙江东部的战斗中，法国人不得不贿赂丹麦大北公司从长江口岸帮他们拍发电报。与其他来源相比，局势的变化使《申报》的电报急件具有相当的竞争力。”[②] 正因如此，电报在战争新闻上的应用为《申报》快速获得第一手的战争新闻提供了保证，满足了议政所需，不仅争取了广泛的官员文人读者群体，也满足了大众的政

① 王维江.“清流”与《申报》[J].近代史研究，2007(6).

② 周永明.中国网络政治的历史考察：电报与清末政治[M].北京：商务印书馆出版，2013：74.

治好奇心。

除了官员群体以外，电报在灾情传递上的应用也使得《申报》在民生领域备受普通百姓青睐。《申报》虽是外国人创办，但也像其他商业报纸一样希望顺应国内民众的普遍心理，一直对灾荒这类广大普通民众关注且感兴趣的消息保持高度的新闻敏感。只要属于读者关心的灾难事件，无论灾难规模和范围，无论天灾还是人祸，都纳入《申报》登载的内容。其中，不仅有对重大、特大灾害进行连续报道，同时对经常发生的火警、大风、失窃之类事件也有详细报道。[①] 本期《申报》头版头条便是一则言辞恳切的《急求施赈》。图上文字由于年代久远难以辨认完全，然而从能够辨认的部分，诸如“谆谆催促”“所望海内仁人钦助稍稍”等字句中可以看出，《申报》担当了呼吁赈灾的传声筒角色。这一功能在电报介入后更是得到了极大的发挥。有记载如下：

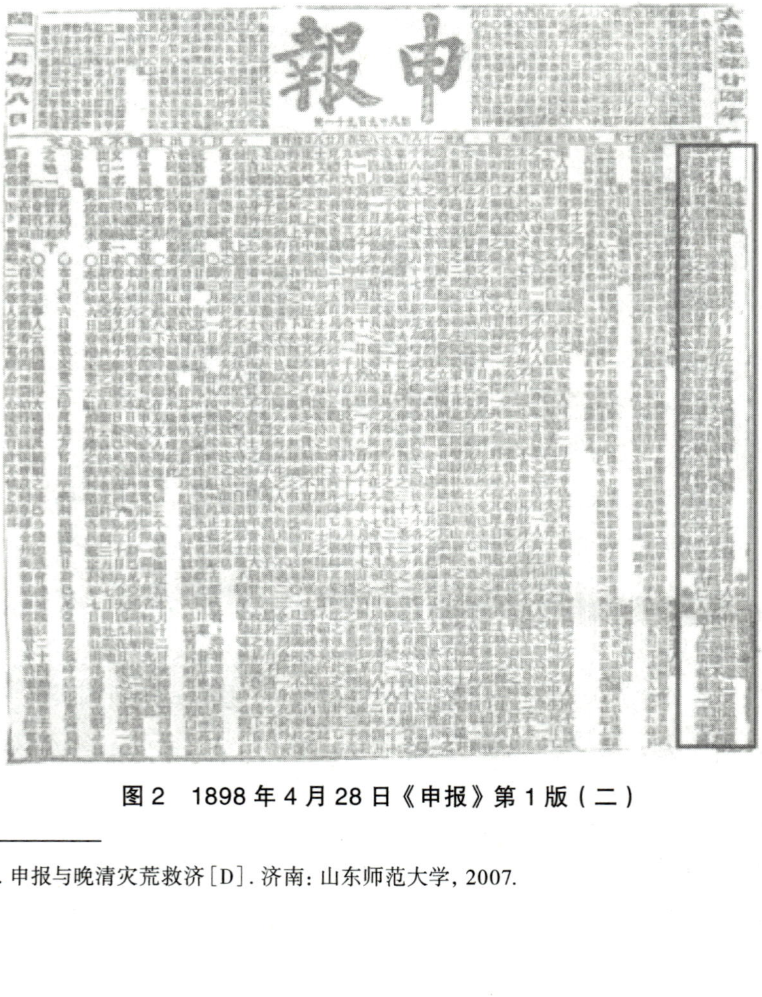
申報

图2　1898年4月28日《申报》第1版（二）

① 蔡虹. 申报与晚清灾荒救济［D］. 济南：山东师范大学，2007.

"……电报在救灾方面的便捷性，最突出的一次表现就是1887年郑州黄河决口，《申报》上到处是'急切筹捐赈济电报''飞电乞赈'或者'据某某电致'及'某某来电'等，《申报》有效地利用电报发挥了其传递灾情的功能。1894年香港瘟疫和1910年东北鼠疫期间，《申报》基本可以刊登前一两天甚至当天灾区的最新境况，新式通讯工具已经广泛利用在救灾中，极大地推动了灾区和非灾区之间的沟通。由于电报是架设在天津与上海之间，从而也就缩短了上海与政治中心北京之间的距离，使《京报》比从前快十倍的速度传递到上海，因而为东南地区人们了解国家权力机关的政策导向提供了便捷，无论是对灾区还是救灾者都是好消息。"①

如此，有了电报的助益，《申报》既在政事上略得先机，又在民事上不失人心；既提高了新闻的时效性，又保证了信息的真实性、全面性（来自外国通讯社、京城的第一手消息），极大地提高了报纸的吸引力，从而收获了大批读者，增强了竞争力。

《申报》作为现代报刊，能够更好地发挥其在引导社会舆论、传播先进思想等方面的作用，为晚清民国时期的社会生活进程发展作出了极大的贡献，如果说这都是电报的功用，未免有夸大之嫌，然而，重视最新传播技术，及时跟进应用，一定是媒体胜出的有力法宝。一百年前的经验，在今天看来好像也不过时！

作者为2016级新闻学专业本科生（数据新闻报道方向）

指导老师：李煜

① 蔡虹. 申报与晚清灾荒救济[D]. 济南：山东师范大学，2007.

从《申报》招聘启事看清末民初新闻记者的职业化现象

罗美涵

引　言

互联网时代，“全民皆记者”，但这些“记者”更多的是信源，他们只会短暂地关注某一事件，而接下来深入调查、探求原因的任务则需要职业记者付出努力。

1900—1921 年是一个新旧交替的年代，一方面，封建残余势力仍然存在；另一方面，各种新气象不断萌生，推动着社会进步。正是在这一时期，新闻事业得到发展，新闻记者的职业化也开始起步。

收集了 1900 年至 1921 年《申报》上刊登的 60 篇新闻记者招聘启事，试图探析这段时期中国新闻记者职业化现象的出现和发展。

一、《申报》新闻记者招聘启事

1.“记者”称谓的变迁

1905 年以前，对记者的称呼以“访事”“访事人”“访事友人”“访事员”“采访友人”“访友”为主，1905 年及以后“访员”成为主流称谓。

自 1911 年起，“特别访友”“特别访员”“特约通信员”这类称呼开始频繁出现。1912 年《民国新闻社广告》中明确将访员分为特别、普通两种[①]，1915年，《（上海）亚细亚日报》“招聘……各处特约访事，须每日用快函报告重要消息并以长函通信”[②]，表明了特约访员的功能和职责。

除了上述报纸，《申报》的招聘启事中也多次提到对“特别访员”的需求。1911年8月2日至8月14日，《申报》连续13天发布《本馆添聘特别访员广告》[③]。1913年—1916年，《申报》连续四年间断发布标题中含“特别”二字的题为《招请特别访员》[④]的广告。

2. 发布招聘启事的主体增多

通过对60篇新闻记者招聘启事的总结，现将每个年份的招聘主体列表如下：

表1 《申报》60篇新闻记者招聘启事招聘主体列表

时间	招聘主体
1900年	江汉新报馆、《申报》
1902年	《上海采风报》
1904年	时报馆、《申报》
1905年	《申报》《汉口日报》
1906年	《申报》
1907年	《申报》
1911年	《申报》
1912年	民国新闻社、《亚东新报》《鼓舞报》《东方杂报》《东方日报》《太平洋报》《民声日报》《天津民约报》《民报》《扬子江日报》《齐鲁民报》《务本报》

① 《民国新闻社广告》分别见于以下日期《申报》：1912.5.25，5.27，5.28。

② 《上海亚细亚日报招聘宁苏杭广护特约仿事》分别见于以下日期《申报》：1915.8.14-8.17。

③ 《本馆添聘特别访员广告》分别见于以下日期《申报》，1911.8.2-8.14。

④ 《招请特别访员》分别见于以下日期《申报》：1913.11.18，11.20，11.22，12.1，12.4，12.6-8，12.15，12.16，12.18，12.24，12.26，12.28-30；1914.1.7，1.14，1.17，2.8，2.19，2.21，2.26，3.9，3.13，5.20，5.21，5.31，6.19，6.22，8.17， 9.20，9.24，9.26，9.27，9.29，9.30，10.1-3，10.6，10.7，10.9，10.22，10.27，10.30，10.31，11.15，11.16，11.18，12.1，12.10-12，12.14，12.19，12.20，12.24，12.31；1915.1.7-9，1.19，1.21，1.28，2.7，2.8，3.5，3.29，6.12，9.28，10.9，10.30，11.9，11.11，11.12，11.22，12.3，12.9-11，12.13-15，12.28；1916.1.25，2.27，4.11，4.18，4.19，4.24，4.25。

续表

时间	招聘主体
1913 年	《申报》《之江日报》《生活日报》
1914 年	《申报》
1915 年	《申报》《（上海）亚细亚日报》《中华新报》
1916 年	《申报》《民国日报》《共和新报》《国是报》《民德报》《东亚日报》
1917 年	《亚洲日报》
1918 年	《申报》
1919 年	《中外新报》《天虚我生钝根发起晚报》《苏报》《大生日报》《平江日报》
1920 年	《宁波时事公报》《（安庆）皖铎日报》《商报》《大公报》
1921 年	《太平洋报露布》《市场公报》《上海四民报》

通过上表可以直观地看到，1900—1921 年在《申报》上发布招聘启事的招聘主体数量总体呈增长趋势，表明各大报纸、报社逐渐重视通过正规的招聘启事、广告招聘记者，从侧面反映了当时新闻记者的职业化趋势。

3. 招聘范围断拓展

1900—1910 年，位于经济发达地区的报纸报刊占招聘主体的绝大部分包括沿海地区、省会城市。

1902 年，《上海采风报》在《申报》刊登《上海采风报放大纸张改订新章及招请各省访事告白》，“招请京津、苏杭、南京、湖北、芜湖、九江、汉口、宁波等各处访事友人各一位”①。1905 年，《汉口日报》“招北京、天津、烟台、广东、福建、上海、苏州等埠特别访员”②。

《申报》于 1904 年发布《延请杭州访事人》③《礼延天津采访友人》④；于 1905 年发布《添请各省访友》，“添延访友如东三省、长沙、济南、广西、开封、九江、宜昌、沙市、烟台、福建、重庆、成都、清江、苏州、扬州或

① 《上海采风报放大纸张改订新章及招请各省访事告白》分别见于以下日期《申报》：1902.2.27，2.28，3.1。

② 《汉口日报添招特别访员》分别见于以下日期《申报》：1905.9.5–14。

③ 《延请杭州访事人》分别见于以下日期《申报》：1904.6.4，6.5，6.7，6.9，6.11，6.13，6.15。

④ 《礼延天津采访友人》分别见于以下日期《申报》：1904.12.27，12.28，12.31。

系省会要区，或系通商大埠”[①]

1911 年及以后，招聘区域开始向边疆扩展，并对陕甘宁加大关注。

蒙古、新疆……“西安”[②]“咸阳、兰州”[③]“陕西”[④]，《申报》在《招请特别访员》中更是明确提出“欲招请……各边省访员”[⑤]。

4. 薪酬数额逐渐明确

从总体上看，各大招聘主体均抛出了“薪水从优”“薪金从丰”“厚礼相延”“每月薪金若干”等优厚条件。虽然明确到具体数额上的并不多，未形成较为广泛的趋势，但仍有薪酬数额逐渐明确的倾向。

1915 年，《上海亚细亚日报招聘宁苏杭广沪特约访事》中明确提出“以三十元至百元之报酬”[⑥]招聘特约访事。1919 年，《天虚我生钝根发起晚报征集同志广告》中提到，“通信员月薪少至十元，多至一百元”[⑦]。同年，《苏报》[⑧]在《苏报出现》中也提到了对来稿的待遇：“一经登录甲等每千字酬洋五元，乙等三元，丙等二元。”[⑨]

5. 对记者的招聘要求提高

1900—1904 年，对访员的能力要求侧重熟悉官场，“熟悉官场公事土俗民风”[⑩]并且这种要求是具体的，具有特殊性。

1900 年 10 月，《申报》刊登《礼延访友》(《延访友》)招请绍兴采访友人，

---

① 《添请各省访友》分别见于以下日期《申报》：1905.2.7，2.8，2.16-2.25，2.28，3.1-3.3，3.5-3.7，3.15-3.17，3.19-3.21，3.27，3.30，3.31，4.4，4.14，4.17-4.19，5.22，5.31，6.6，6.9，6.12，6.16，7.8，7.28，8.3，8.10，8.28，9.29，10.1，10.18。

② 《本馆招请访员告白》见《申报》：1913.1.24。

③ 《中华新报国庆日出版》分别见于以下日期《申报》：1915.10.4-10.9。

④ 《太平洋报露布》分别见于以下日期《申报》：1921.9.2-9.5，9.7，9.8，9.11，9.15，9.20。

⑤ 《招请特别访员》见《申报》：1913.11.18。

⑥ 《上海亚细亚日报招聘宁苏杭广沪特约访事》见《申报》：1915.8.14-17。

⑦ 《天虚我生钝根发起晚报征集同志广告》分别见于以下日期《申报》：1919.8.9，8.12，8.21。

⑧ 指镇江苏报，1919年11月1日创刊，为国民党江苏省党部机关报，其前身是镇江县党部机关报《国民日报》。

⑨ 苏报出现[N].申报，1919.10.31。

⑩ 《添请金陵访事友人》见《申报》：1900.11.7-9，11.11，11.2。

要求“熟谙越中时事”[①]，同年，其在《招请（英租界）访事人》中提出“熟悉官场及租界中一切情形”[②]，1904年，《申报》提出“熟悉一切新政新法与夫官场事故商旅情形”的要求[③]，专门强调了“新政新法”。

1905年以后，除了政治报道，各大招聘主体开始关注新闻报道的时效性和真实性，其报道领域也开始拓宽。

1905年，《申报》登出要求“于内政外交消息灵通争人先”[④]的招聘广告，强调“争人先”。1911年，为及时报道瞬息万变的川鄂地区局势，《申报》“广订特别访友随时发电，每日不下数十通”[⑤]，还提出“以消息灵通，能探得政界重要事件及社会上极有关系之新闻而又确实可靠者为合格”[⑥]。

1905年，《申报》在《添请各省访友》中写到的“足以录入报端者”除了“政事吏治”外，还列出“学界商务以及农工与作民生休戚”[⑦]等，其中提及学界、商务、民生等问题，这是一大进步，反映了其报道领域的增多。1920年，《商报出版布告》中声明《商报》是“工商界组织之言论机关，以传达世界工商业消息，增进国民工商业知识为主旨……”[⑧]，更加侧重于工商业等经济方面的报道。

二、清末民初新闻记者的职业化

1.新闻记者的职业认同感提升

1900—1921年，新闻记者的称呼经历了从“访员”到“记者”的变化。

---

① 《礼延访友》(《延访友》)分别见于以下日期《申报》：1900.10.23–28，10.30，11.2，11.3。

② 《招请（英租界）访事人》见以下日期《申报》：1900.6.5–7。

③ 《礼延天津采访友人》分别见以下日期《申报》：1904.12.27，12.28，12.31。

④ 《敦请特别访员广告》分别见于以下日期《申报》：1905.2.14–16，2.18–21，2.23，2.25，2.27，3.2–3.8，3.11，3.13，3.16，3.18，3.21。

⑤ 《本馆特别启事》见以下日期《申报》：1911.8.20。

⑥ 《添聘访员》分别见以下日期《申报》：1906.4.16，4.17，4.19，4.20，4.29，5.2，5.4–9，5.19，5.21，5.23，5.25，5.28，5.31，6.13，6.17，6.19；1907.2.28，3.10，3.11，3.12，3.15，3.17，4.16；8.1223，8.24，8.25，8.29，8.30，9.23，9.25，9.27。

⑦ 《添请各省访友》分别见以下日期《申报》：1905.2.7，2.8，2.16–25，2.28，3.1–3，3.5–7，3.15–17，3.19–21，3.27，3.30，3.31，4.4，4.14，4.17–19，5.22，5.31，6.6，6.9，6.12，6.16，7.8，7.28，8.3，8.10，8.28，9.29，10.1，10.18。

⑧ 《商报出版布告》分别见于以下日期《申报》：1920.2.1315，2.24，2.25，11.27–30，12.1–.3，12.8，12.10，12.13，12.14，12.16，12.18，12.20，12.22，12.24，12.26。

1905 年以前，虽然“记者”二字并没有用于招聘启事，但自 1905 年在国内首次出现后就频频在《申报》上刊登的文章中“露脸”，当时的名记者黄远生还多次以“记者”署名发表文章。

由“访”到“记”，从表面上看，是对这个职业的称呼发生了变化，而实质上却是从单纯的收集工作变为带有一定选择的记录工作，使得记者更有可能发挥一定的主观能动性，体现了对新闻记者自身价值的肯定、对这一职业的社会认同。

除此之外，招聘主体的不断增多、招聘区域的不断扩展，折射出社会对新闻信息的需求和对记者数量的需求增加，薪酬数额逐渐明确也体现了社会对新闻记者的重视。

2. 新闻记者职业素质提升

不同于普通访员的特别访员类似于现代媒体的驻派记者，常驻重要的特别区域，从事专门的新闻工作，对所负责区域内的一切新闻事实进行及时、快速、准确的报道，1911 年以后，特别访员群体的出现，体现了新闻记者职业化、专业化的要求。同时对新闻记者的国际视野的要求也逐渐提高。

如 1912 年《太平洋报出版通告》中的宣言“以唤起国人对于太平洋之自觉心，谋吾国在太平洋卓越位置之巩固为宗旨，其纲如下：……（六）促进海外发展；（七）输入世界智识”①，1921 年《市场公报出版露布》中所说的“以传播中外新企业正确消息供诸市场为宗旨……采访至环球世界，无美不臻”②。

除此之外，职业素质的提升还体现在新闻报道的及时性、真实性和报道类别的丰富性上。

作者为 2016 级新闻学专业本科生

指导老师：艾红红

① 《敦请特别访员广告》分别见于以下日期《申报》：1905.2.14–16，2.18–21，2.23，2.25，2.27，3.2–8，3.11，3.13，3.16，3.18，3.21.

② 市场公报出版露布［N］.申报，1921.9.7，9.8.

《申报》与郭嵩焘的名誉纠纷

刘彧彤

一、“郭星使案”始末

（一）虚假刊登

“星使”是清朝政府对驻外使臣的官称，这里的“郭星使”就是清朝政府的首位驻英公使，被后世称为“近代最先进的中国人之一”的郭嵩焘。

1878 年 7 月 19 日（清光绪四年六月二十），《申报》刊登了一篇题为《星使驻英近事》的文章，文章称清政府驻英公使郭嵩焘令画师为其画像时，提出了各种奇怪的要求。据画师古曼云：“予欲图大人小像时，见大人有踌躇之意，延迟许久，始略首肯。予方婉曲陈说，大人始允就座。予因索观其手，大人置诸袖中，坚不肯示。予必欲挖而出之，大人遂愈形踌躇矣。”既定，大人正色言：“画像须两耳齐露；若只一耳，观者不将谓一耳已经割去耶？”大人又言翎顶必应画入；予以为顶为帽檐所蔽，翎枚又在脑后，断不能画。大人即俯首至膝，问予曰：“今见之否？”予曰，“大人翎顶虽见，大人之面目何存？”遂相与大笑。后大人科头箕坐，将大帽另绘一旁。予又请大人穿朝服，大人又正色言：“如穿朝服，恐贵国人民之泥首也。”[①]

1878 年 8 月初，郭嵩焘看到了 7 月 19 日《申报》的报道，感到极度不满。他在清光绪四年八月二十四的日记中这样写道：“次关系轻重得失之数，殆不可以道里计。吾之蹇运，实与国家蹇运相表里。”[②] 郭嵩焘认为，《申报》的失实报道不仅仅使自己颜面尽失，而且有损清政府在西方人心目中的形象。

---

① 星使驻英近事［N］. 申报，1878-7-19.

② 郭嵩焘. 郭嵩焘：伦敦与巴黎日记［M］. 长沙：岳麓书社，1984.

郭嵩焘要求其立即道歉，并呈明消息来源。

郭嵩焘三次致电《申报》皆无回复，无奈便声称若再不做出回应就将对其提起诉讼。《申报》对其敷衍，说消息来自于4月某日《欧我兰美报》，郭嵩焘则令马格里查核，结果发现该报是一份周报，而非《申报》所说的日报，于是郭嵩焘更加愤怒。

（二）《申报》公开道歉

上文郭嵩焘立即让画师古曼和马格里分别写出各自的澄清词，并将译文电致《申报》，要求《申报》刊登，以澄清事实，恢复自己的名誉。然而《申报》并没有认真对待郭嵩焘的来电。《申报》在11月28、29两日分别刊登古曼和马格里的证词时仍认为"泰西各纸之例常有意颇严正而必涉诙谐者，其或虚或实，一望而知，阅者亦可付之一笑"①。

面对《申报》戏谑的态度，郭嵩焘已忍无可忍，次年三月，郭嵩焘卸任回国后，便决定向英国法院提起诉讼，依照英国法律治《申报》之罪。在正式提出诉讼之前，郭嵩焘就已委托英国驻沪领事馆领事达文波和《申报》老板美查沟通，言明了其中的利害关系。为避免事态进一步恶化，美查决定向郭嵩焘公开道歉。1879年4月10日，《申报》就诬蔑郭嵩焘画像事件，在头版头条上刊登了名为《纪郭侍郎出使英国事》的文章："钦派大臣吩咐各国驻扎之议，而湘中郭筠仙侍郎首膺。""深晤侍郎入驻英都，得以长亲教益，尤不禁遥颂中朝皇上知人善用也。"②郭嵩焘在接受《申报》的道歉之后，挽回了名誉，没有再追究误传消息的源头。这场名誉纠纷就不了了之了。

二、纠纷起因

（一）《申报》的商业性质

作为一份商业报纸，《申报》的根本属性是：营利。

---

① 画师辩诬书[N]. 申报，1878-11-28.

② 纪郭侍郎出使英国事[N]. 申报，1878-04-10.

在美查经营《申报》的30年间，《申报》的商业色彩尤为浓重。《申报》在新闻价值取向上的商业化经营理念，来源于西方资本主义世界的大众报纸经营模式，即在以营利为目的的前提下，读者兴趣将左右市场导向，进而影响报道者对新闻的选择。在某些情况下，大众报纸会因急功近利而过分迎合读者口味，从而违背新闻真实的原则。

早期《申报》的新闻并不能算得上是真正的新闻，它更像人们口口相传的传奇故事，其真实性很难保证。在某些奇异事件的标题中，常常用以“狐仙”“神明”等富有迷信色彩的词语。与这种编辑方式早已是《申报》惯有的风格，因而郭星使画像一事首以趣味采纳，而忽略了对其真假考证的环节。

《申报》的主要受众是中国人，国内新闻占大部分，国外新闻常有不设之时，最多时不超过三条。国外新闻因比重小，故取材必先考虑受众兴趣，改造过的“郭星使画像事件”饶有趣味，吸引眼球。

虽然不能确定郭星使画像一事是否属实，但如能进行比较报道，所带来的经济效益必定是可观的，因而利润是《申报》发此失实之文的决定性因素。

（二）郭嵩焘和刘锡鸿的恩怨

在整个事件中，郭嵩焘最为怀疑的就是他的属下——驻英副使，刘锡鸿。而郭遭诬蔑与二人的思想差异有重要关系。

郭嵩焘是晚清少有的开明之士，而刘锡鸿是典型的保守封建士大夫，二人在思想上有着激烈的冲突。二人驻英期间曾多次产生矛盾，郭嵩焘多次在日记中提及刘锡鸿之保守行径，言辞多有不满。郭嵩焘在清光绪四年八月二十六日的日记中记录了一段他与总署官员巴兰德的对话，其中提到了双方对刘锡鸿的看法。（巴兰德）曰：“中国用此等人，通两国之好，实是不中。”吾曰：“鄙心极虑之，恐不止不中而已。”又曰：“柏林中国钦差，真是遍三十国公使衙门，下及民人，皆怀厌恶之心。”“亦不说坏西洋，止说中国万不能行。”[①] 在郭嵩焘眼中，刘锡鸿是个城府极深、心胸狭隘、处心积虑对抗中国西化改革的人，清朝廷派他出使英国大有监视之意，郭对此也是极度无奈。《申报》纠纷事起后，郭嵩焘曾感叹：“两年之内，蓄意媒孽构陷，

① 钟叔河. 郭嵩焘：伦敦与巴黎日记［M］. 长沙：岳麓书社，1984：734-736.

无微不至。一经申饬，而神气沮丧，不复言矣，其无赖如此。”[①] 刘锡鸿曾在日记中列举他所认为的郭嵩焘的十宗罪名，其中包括“效洋人尚右”“违背程朱”“以妇女迎合洋人等”，甚至连“披洋人衣”“握手”都成了刘锡鸿眼中的罪状。二人由于思想不和，矛盾日益激化。而真正成为名誉纠纷导火索的则是1878年5月19日发生的“茶会”事件。

1878年5月19日，郭嵩焘在清政府驻英使馆成功举办了中国外交史上第一场招待茶会。茶会的完全西制让刘锡鸿十分反感，最让他无法接受的是郭嵩焘竟效仿西人，让自己的正妻接待宾客。8月6日，《申报》在头版即登出题为《钦使宴客》的报道，其中提到“侍郎与其如夫人暨英参赞官马君，出至厅室，接见男女诸尊客。”[②] 暗有讽刺郭有反旧制的意味。8月9日，《申报》又在头版发表《论男女礼别》的评论。评论中将郭嵩焘在茶会中让正妻接待宾客作为反例，直接提出了“假在中国官衙宴客之所，则传为笑柄”[③] 的观点，郭嵩焘遂对《申报》反感。虽无直接证据证明《申报》的戏谑之词为刘锡鸿授意，但从动机上分析，刘锡鸿仍最有可能是幕后主使者。

三、《申报》在事件中的责任

事实上，不管是谁构陷了郭嵩焘，《申报》的责任都不可推脱。《申报》在国内有巨大的影响力，所以郭嵩焘的名誉受到如此严重的损害。而且在郭与《申报》的交涉中，《申报》始终是以一个玩笑的态度来看待郭嵩焘的申诉。《申报》在刊登画师古曼和参赞马格里的澄清词时仍对自己诬蔑郭嵩焘的行为不予承认，反倒是在得知译稿经郭嵩焘修改后气焰更盛，嘲讽郭措辞不佳，有篡改证词之嫌。在《申报》刊登的《马格里致本馆书》中甚至毫无歉意的讽刺道：“但闻马君于英国文字实为出类拔萃之才，而阅其原译之文殊有鄙俚不堪者。”[④] 直到郭嵩焘回国与其进行诉讼交涉，《申报》才以公开致歉而收场。

---

① 郭嵩焘. 郭嵩焘：伦敦与巴黎日记［M］. 长沙：岳麓书社.1984.

② 钦使宴客［N］. 申报，1878-08-06（1）.

③ 论礼别男女［N］. 申报，1878-08-09（1）.

④ 马格里致本馆书［N］. 申报，1878-11-29（2）.

《申报》在此事件中忽略了两个问题，一是新闻的真实性，二是新闻涉及人物的政治影响。《申报》作为一份大报，在搜集新闻的同时就应该考证信息真实与否，但在实际操作过程中只是优先考虑了新闻的新鲜性和趣味性，不再追究其来源和虚实，这是《申报》的原则性错误；而根据郭嵩焘的怀疑，《申报》极有可能是在他人的授意下发表有损郭名誉的文章，也就是说，《申报》极可能是在发文之前就已经知道事件并非真实。倘若事实如此，那么《申报》就涉嫌故意损害他人名誉，这将是比未考证消息真假更加令人鄙夷的错误。再者，《申报》一贯有“戏说新闻”的风格，在过往的新闻报道里也常有“道听途说”之嫌。而且《申报》对这一事件作追踪报道，这使得虚假新闻的恶劣影响进一步扩大。《申报》没有考虑到郭嵩焘作为驻英公使身份的特殊政治身份，也没有预料到郭嵩焘会对此事穷追不舍，甚至动用法律手段。其实从郭嵩焘最后的宽容态度可以得知，他只是认为自己作为驻外使臣的形象会影响国家在国际上的地位，所以才会对《申报》穷追不舍，因而事件的恶化绝大部分是因《申报》对新闻当事人政治地位和影响力的判断有误。

四、总结

报纸有了新鲜的新闻，才会有生机与活力，《申报》能畅销的重要原因也是其对新闻的重视。《申报》以新闻之“新”吸引读者，获得利益，却忽视了新闻最根本的属性：真实。从社会影响来看，虚假的新闻会对人产生错误的引导，轻则损害个人名誉，重则破坏社会的稳定与和谐；而从市场经济角度出发，有利益的前提是有信任，媒体依赖于受众，收益于受众，如果缺失了读者的信任，其生命则不能长久。

新闻报道除了要做到真实，还要考虑到政治性与阶级性。媒体要具备审视大局的能力，在客观的基础上分清各阶级利益，要在纷争中保持清醒的头脑，尽量避免纠纷。

作者为 2015 级新闻学专业本科生

指导老师：艾红红

跋

基于纪念中国新闻学教育百年华诞的心愿，我们萌发了选编这册文集的想法，文集所辑录的是中国传媒大学新闻学院一些本科同学的新闻史课程作业，旨在表达年轻人对历史的尊重、致敬和继承。

若以1918年北京大学新闻研究会的成立，作为中国新闻学教育和新闻学研究正式发轫之时，至今恰好整整一百周年。

其实，中国新闻学研究之滥觞或先于中国新闻学教育，例如，早在1834年《东西洋考每月统记传》就刊发了中国近代第一篇有关新闻学的论文《新闻纸略论》；1900年，报人郑贯公撰写并发表了《论新闻纸之益》等一系列文章；1902年，上海商务印书馆出版了日本学者松本君平的《新闻学》中译本（这是中国印行的第一本新闻学专著）；1913年，美国记者E. L. 舒曼（Edwin Liewellyn Shuman）的《实用新闻学》在上海翻译出版（“新闻五要素”即由该书译介来中国）；1917年，商务印书馆出版了中国新闻学者姚公鹤的专著《上海报业小史》；1918年，徐宝璜的《新闻学大意》问世。凡此种种，不一而足。

尽管如此，北大新闻研究会的成立明确标志了中国新闻学高等教育的正规化和系统化之肇始。自此，一个世纪的时间内，中国新闻学的发展虽时有起伏，但在新闻学界和业界长期不懈努力下，学术视野不断拓展，教学、研究和实践的内容日益丰富。而今，中国新闻学科终成体系，教育规模亦令国外同行大为叹羡。

百年以来，历史与新闻的关系始终是新闻学教育的重要内容之一。法国记者、哲学家、诺贝尔文学奖得主阿尔贝·加缪（Albert Camus）曾认定：“记者是记录时事的历史学家，而历史学家则是记录往事的记者”。国内学界也有权威教授明确表示："今天的新闻就是明天的历史。"这些关于新闻与历史关系的解读或都有过于简单之嫌，值得商榷。在这一问题的思考上，反倒是美国报人菲利普·格雷厄姆（Philip L. Graham）的说法——"新闻是历史的初稿"，显得比较容易为人接受，因为历史与新闻毕竟不是全等的或直接转换的关系。于是，格雷厄姆的观点被借用来作了书名。

的确，除了编年史的学习，历史学的方法论和学术观点对于认识当前的社会、厘清历史与现实的勾连均不无裨益。读者眼前的这本文集从文字到观点都还显得稚嫩，但从中或有可能管窥当代青年对待新闻与历史的某种认知，一如小水滴对阳光的折射。

简而言之，新闻史的学习和研读将有助于新闻学子们历史观的形成，而青年一代对历史的态度，将决定他们对国家未来的心态。

感谢中国传媒大学新闻学院新闻史论教研室各位同仁对文集出版的支持和对青年学子成长的关爱。

编者

戊戌年仲夏于京城东郊

图书在版编目(CIP)数据

新闻：历史的初稿：致敬中国新闻教育 100 年 / 李煜，刘昶，艾红红主编. -- 北京：中国传媒大学出版社,2020.9
（新闻传播学丛书. 第二辑）
ISBN 978-7-5657-2726-9

Ⅰ. ①新… Ⅱ. ①李… ②刘… ③艾… Ⅲ. ①中国历史—近代史—文集
Ⅳ. ①K250.7-53

中国版本图书馆 CIP 数据核字(2020)第 110327 号

新闻：历史的初稿
XINWEN：LISHI DE CHUGAO
致敬中国新闻教育 100 年
ZHIJING ZHONGGUO XINWEN JIAOYU 100NIAN

主　　编	李　煜　刘　昶　艾红红		
责任编辑	王　硕		
特约编辑	张　蕊		
责任印制	李志鹏		
封面设计	拓美设计		
出版发行	中国传媒大学出版社		
社　　址	北京市朝阳区定福庄东街 1 号	**邮　　编**	100024
电　　话	86-10-65450528　65450532	**传　　真**	65779405
网　　址	http://cucp.cuc.edu.cn		
经　　销	全国新华书店		
印　　刷	北京玺诚印务有限公司		
开　　本	710mm×1000mm　1/16		
印　　张	20		
字　　数	370 千字		
版　　次	2020 年 9 月第 1 版		
印　　次	2020 年 9 月第 1 次印刷		
书　　号	ISBN 978-7-5657-2726-9/K·2726	**定　　价**	108.00 元

本社法律顾问：北京李伟斌律师事务所　郭建平